赤币

红色钱袋子传奇

王纪洁 著

中国工人出版社

图书在版编目（CIP）数据

赤币：红色钱袋子传奇 / 王纪洁著. —北京：中国工人出版社，2022.11
ISBN 978-7-5008-8011-0

Ⅰ.①赤… Ⅱ.①王… Ⅲ.①革命根据地－货币 Ⅳ.①F822.9

中国版本图书馆CIP数据核字（2022）第210591号

赤币：红色钱袋子传奇

出 版 人	董　宽
责任编辑	刘广涛
责任校对	赵贵芬
责任印制	黄　丽
出版发行	中国工人出版社
地　　址	北京市东城区鼓楼外大街45号　邮编：100120
网　　址	http://www.wp-china.com
电　　话	（010）62005043（总编室）　62005039（印制管理中心） （010）62379038（社科文艺分社）
发行热线	（010）82029051　62383056
经　　销	各地书店
印　　刷	天津中印联印务有限公司
开　　本	880毫米×1230毫米　1/32
印　　张	15.5
字　　数	450千字
版　　次	2023年3月第1版　2025年1月第3次印刷
定　　价	88.00元

前 言

赤币，即红色货币，是1949年以前中国共产党领导的红色政权在不同历史时期发行的各种货币的统称，形成于大革命时期，发展于土地革命战争时期，壮大于全面抗日战争时期，成熟于解放战争时期。这些货币在中国共产党打破外部封锁、发展经济、改善民生、保障革命战争胜利、实现民族独立和人民解放的进程中发挥了非常巨大的作用。

革命要想成功，必须一手抓枪杆子，一手抓钱袋子。中国共产党自成立之日起，就高度重视对货币发行和金融工作的领导，在革命战争年代，一直坚持牢牢把握金融事业发展的方向，不断探索金融支持革命战争和创立红色政权的道路。党对金融工作的正确领导活跃了根据地和解放区的经济，为新民主主义革命的胜利奠定了坚实的物质基础。

据不完全统计，中国共产党领导的红色政权先后建立了400余家货币发行机构，发行了500余种货币，材质涉及纸、铜、布、银等。红色货币由农民协会、苏维埃政权、抗日根据地民主政府、解放区人民政府的金融机构和银行等发行，在本地区流通使用。

大革命时期（1924年—1927年），是红色货币最初印制流通和破土萌芽阶段。这一时期，中国共产党人明确提出要创建农民自己的金融机构，帮助农民解决在生产、生活中遇到的资金困难等问题。这些早期的红色金融思想为开创我国新民主主义的金融事业奠定了基础。

1926年下半年，随着北伐战争的节节胜利，农民运动在各地轰轰烈烈开展，农民协会广泛建立，在一定程度上发挥了地方政权的作用。中国共产党在农民运动中的金融思想，具体体现在建立农民银行、发行货币、实行低利借贷上。当时，农民的迫切目标之一就是禁止高利贷，以政府的力量组织农民银行，调剂金融，禁止奸商、地主操纵农食。在浙江萧山，湖南衡山、浏阳、醴陵，湖北黄冈、麻城等地，农民协会为活跃农村经济，方便农民借贷，把没收土豪劣绅的财产作为准备金开办农民银行，成立信用合作社和农民借贷所，广为贷款，帮助农民解决经济困难。

因为当时生产条件极其落后，钞券印制较为粗糙，所以发行量很少。票幅有横式和竖式两种，性质有银元票、铜元票、制钱票。大革命时期农民协会发行的各种货币是我国最早的红色政权货币，尽管存在时间不长，却开创了无产阶级领导新型农民运动、反抗地主剥削、建立金融机构的历史，为土地革命、全面抗日战争、解放战争时期金融事业的发展壮大提供了宝贵的经验教训。

土地革命战争时期（1927年8月—1937年7月），是红色货币金融快步发展阶段。1927年，蒋介石发动了四一二反革命政变，大革命陷于失败。中共中央总结经验教训，召开“八七”会议，确定了土地革命和武装反抗国民党反动派的总方针。南昌起义、秋收起义和广州起义等相继爆发。中国共产党领导创立了以江西中央革命根据地为中心的湘赣、湘鄂赣、湘鄂西、闽浙赣、鄂豫皖、川陕、陕甘、琼崖、左右江等革命根据地。

为缓解、打破国民党反动派军事“围剿”和经济封锁给革命军队造成的供给困难，保证革命政权的巩固发展，进行一切可能的与必需的经济建设，很多根据地在具备一定条件的情况下，首先采取的措施之一，就是建立了自己的财政、金融体系，成立银行，发行货币。中国共产党领导下的新民主主义革命金融事业由此正式建立。

根据地的金融机构各自独立，发行的货币在各自控制范围内使用。据统计，这一时期共有60余家革命根据地金融机构，发行了200余种货币。这些货币是工农武装割据的产物，对支援革命战争，促进苏区经济发展，安定根据地百姓生活，巩固苏维埃政权起到了重要作用。根据地开始发行的是兑换券，可以兑换银元。1935年到1937年之间的货币，是以根据地的物资作保证，纸币不再兑换银元。因为苏区币值稳定，受到广大群众的信任和称赞。

第三次反“围剿”战争的胜利，使赣南、闽西两块根据地连成一片，形成中央革命根据地。1931年11月，中华工农兵苏维埃第一次全国代表大会在瑞金叶坪召开，成立中华苏维埃共和国临时中央政府，并决定成立中华苏维埃共和国国家银行。国家银行在苏区执行统一的金融政策，统一币制，开展各项金融业务，为苏区经济的发展提供保障，中国历史上第一个实行工农民主专政的红色政权国家银行的雏形开始形成。

1932年2月1日，中华苏维埃共和国国家银行在瑞金叶坪组建，7月，开始正式发行纸币。国家银行纸币由黄亚光同志设计，有5种面值，包括壹圆主币券，伍分、壹角、贰角、伍角4种辅币券，在中央苏区广泛流通。

中华苏维埃共和国国家银行在中央苏区印制和发行的货币主要有以下几个特点：一是材质多样，有纸、铜、银三种；二是面值丰富，充分满足了苏区百姓日常使用；三是信誉极高。由于币值稳定，一经面世，就受到人民群众的广泛欢迎。

中华苏维埃共和国国家银行是中国共产党领导下的革命政权建立的第一个国家银行，也是建设中国社会主义金融事业的一次伟大实践，奠定了党领导下的红色金融事业的基石，为党领导下的金融事业积累了宝贵经验，为新中国的金融事业培养了优秀人才。

全面抗日战争时期（1937 年 7 月—1945 年 8 月），是红色货币发展壮大阶段。抗日战争全面爆发后，八路军和新四军相继挺进敌后，开辟了大片敌后根据地，到抗日战争胜利前夕，全国共建立了 19 块抗日根据地。抗日根据地是八路军、新四军的总后方，其重要任务之一就是粮草动员，保障军队供给，本质上是解决抗日战争的物质基础问题。这就要求各根据地必须有计划地与敌人发行伪币及破坏法币的行为作斗争，在被隔断的区域设立地方银行，发行地方纸币，严格检查和禁止私人操纵金融、扰乱经济，同日伪政权进行针锋相对的货币斗争。

在中国共产党的领导下，各抗日根据地民主政府为发展经济、防止敌伪钞的侵入和流通、保护根据地人民的财产，相继建立银行，发行货币，通称“边币”或“抗币”，作为根据地的本位币。各抗日根据地的金融事业随着根据地的巩固而不断发展壮大，红色货币随着根据地面积的扩大，其流通范围也不断扩大，为抗日战争的最终胜利奠定了坚实的物质基础。这一时期是红色货币由奠定基础到发展壮大的时期。

解放战争时期（1945 年 8 月—1949 年 9 月），是红色货币日益成熟阶段，并开始走向全国。抗日战争胜利后，原来各抗日根据地的货币继续发行流通。随着解放战争的胜利发展和解放区的日益扩大，为驱逐法币，保护物资，促进生产，繁荣经济，各解放区的银行逐步增加和调整，开始走向合并和统一，并扩大发行自己的货币。

此外，在一些新解放区，各银行和各级政府还印制了不同名称的流通券。这些货币和流通券对稳定解放区的金融市场、发展生产、保障供给、支援解放战争起到了积极的作用。

随着解放战争的胜利、解放区的不断扩大，之前分散的解放区逐渐连成一片。随着经济的恢复和发展，解放区之间的物资交流日益频繁，经济往来更加密切。但各解放区流通的货币种类繁多、版别复杂、比价不统一等问题，阻碍了全国货币走向统一的进程。为了支持解放战争和迎接新纪元，中国共产党及时吹响了统一各解放区财经工作的号角，解放区的金融工作从分散逐渐走向集中统一。

1948 年 12 月 1 日，以华北银行为基础，合并北海银行、西北农民银行，中国共产党在河北省石家庄市组建了中国人民银行，并发行人民币，成为中华人民共和国成立后的中央银行和法定本位币。中国人民银行的建立，是新中国集中、统一的金融体系形成的开端。人民币的发行，结束了国民党统治下的通货膨胀和中国近百年外币、金银币在市场流通买卖的历史，促进了人民解放战争的全面胜利。

早期红色货币的印制技术很差，这是由于根据地大多处于偏远的山区，经济比较落后。即使是处于经济基础比较好的平原地区，由于受到敌人的军事封锁，印制钞票的油墨、纸张、机器设备等来源也极为困难。一些必要的材料，虽然可以从敌占区购买到，可是因为运输困难，所以购买数量很有限。在这种情况下，根据地印制钞票只能白手起家，因地制宜、因陋就简，采取蜡纸印制、木刻印制、石印印制，只有为数不多的采用铜版印制技术。因为纸张匮乏，有的就以布代纸。这一点也正是根据地广大军民艰苦奋斗的真实写照。

红色货币发行和使用的时间虽然只有短短的20余年，但它诞生于硝烟弥漫的战争年代，在我国货币发展史和革命史上都留下了浓墨重彩的一笔。“常思奋不顾身，而殉国家之急”。红色货币凝聚了共产党人在战争年代保障民生、发展经济的使命与担当；承载着革命政权的情感和基因，诉说着人们对革命历史的崇敬和缅怀。

所以，我们说，红色货币是革命先辈给我们留下的宝贵精神财富，也是进行革命传统教育、爱国主义教育不可多得的实物教材。因为红色货币是革命文物，是中国共产党金融事业发展历程的实物见证，通过深刻挖掘每枚钱币的铸造背景、印制工艺和发行量、蕴含的金融思想、对根据地发展壮大的贡献，我们可以认识到红色货币在特定历史时期的重要作用，感知每一件实物背后感人肺腑的故事。

文化是一个民族的血脉和灵魂，红色金融文化更是我们精神世界的独特印记和特质体现。红色货币正是传播红色金融文化的重要载体之一，也是宣传红色精神的重要途径，有助于中华民族优秀传统文化自信的传承与发扬。

历史是最好的教科书。生活在和平年代的我们，没有经历过那段硝烟弥漫的战争岁月，没有经历过那段苦难的历史，通过审视一张张、一枚枚红色货币，可以追忆起在红色金融发展史上无数金融前辈的光辉形象，感悟到革命先辈筚路蓝缕发展壮大红色金融的事迹。

“以史为鉴，资政育人！”老一辈无产阶级金融前辈的革命理想信念、家国情怀和献身精神，永远激励今天的我们不忘初心，牢记使命，砥砺前行。

目录

第一章　大革命时期——探索（1924—1927）

第二章　土地革命战争时期——燎原（1927—1937）

目录

第三章 全面抗日战争时期——壮大（1937—1945）

目录

目录

第一章

大革命时期——探索

（1924—1927）

福泽百姓：
浏东平民银行钞券

浏东平民银行伍角临时兑换券和贰角信用券两种钞券，是 20 世纪 20 年代中国农民协会参与组建的银行中较早发行的两种货币，是大革命时期湖南浏阳县（今浏阳市）农民运动如火如荼的历史物证。

浏东平民银行筹建于 1926 年冬季，1927 年 1 月正式成立，印制和发行有伍角临时兑换券和贰角信用券两种钞券。浏东，系湖南省浏阳县东部地区，民国时期辖区为六个大团，即浏阳东乡的古港、高坪、永和、达浒、东门、张家坊六个区。

浏东平民银行伍角临时兑换券，横式，票面尺寸为 133 × 78 毫米。票面正面【图一】主色调为橘褐色，有边框，边框为中国传统的花草装饰图案。上方中间位置自右至左印有"浏东平民银行临时兑换券"字样，中间椭圆形框内为兑换券的主体图案，由房屋、街道、尖顶楼房等组成。两侧为面值"伍角"，竖读。左右下方各钤印一枚篆书刻成的"平民银行"红色方形印章。底边两边自右至左印有"通用""常洋"字样，右有"字第号"，左边为印制时间"民国十六年月日"（1927 年）。

背面【图二】主色调为蓝色，印有“浏东平民银行试办章程”的摘录，中间加盖有“浏东平民银行监事会之图记”篆书书体的方形大红印章。左边竖书“中华民国十六年一月　日发行”字样。下端为篆书，椭圆形红色印章“浏东平民银行”。摘录的章程主要有下面几条：第一条，平民银行本信用合作社之旨，以制止高利借贷、提倡平民储蓄、

图一

图二

活泼地方金融、增进农工生活为唯一之目的，由六团信用团体组织之，定名为浏东六团平民银行。第二条，本银行为股份有限公司。第四条，本银行之信用保证指定六团公有财产左列之不动产值洋银十五万元。（一）师山所有不动产；（二）东敬学所有不动产；（三）六团公原有不动产；（四）东安会不动产；（五）东路费不动产；（六）劝业局不动产；（七）东南仓基二分之一不动产。第七条，本银行发行兑换券总额十二万元，于必要时或交易上得行使期票或汇票等证券。

浏东平民银行贰角信用券，横式，票面尺寸为 130×74 毫米。正面【图三】主色为灰绿色，周围边框为中国传统的花草装饰图案。上方中间位置印有两排字，自右至左分别为“浏东”“平民银行信用券”字样，两侧印有编码。中间花草图案上印有竖排的面值“常洋贰角”字样。两侧为信用券的主体图案，由树木、房屋、田地、耕牛、犁地、锯木等组合而成。最下端中间位置印有“此券合成拾角即兑常洋壹元”字样，体现了以常洋为发行本位的兑换性。下面有“中华民国十六年三月印”字样，表示具体印制时间。四角交叉印有面值“贰”“角”。正面右端印有“拥护农工政策”，左端印有“打倒资本主义”的政治主张，体现了平民银行为工农服务的革命本色。左下侧钤盖有篆书“浏东平民银行监事会章”方形红色印章。

背面【图四】主色调为深褐色，四周有装饰边框，票面边框内上端印有半弧形英文券名“FULL VALUE NOTE OF THE PEOPLES BANK”，其下有一方框，内印地名“浏东湖南”的威妥玛拼音“LIU TUNG HUNAN”，票面中间椭圆框内主要印有“浏东平民银行试办章程”的摘录，框两边各有一花纹装饰，内有代表面值的阿拉伯数字“2”。票面边框内下端印有英文的兑换率“100 CENTS FOR ONE DOLLAR”、印制时间“30TH MARCH 1927”，边框四角交叉印有面值“贰”“2”。

浏东平民银行发行的临时兑换券和信用券设计美观大方，布局合

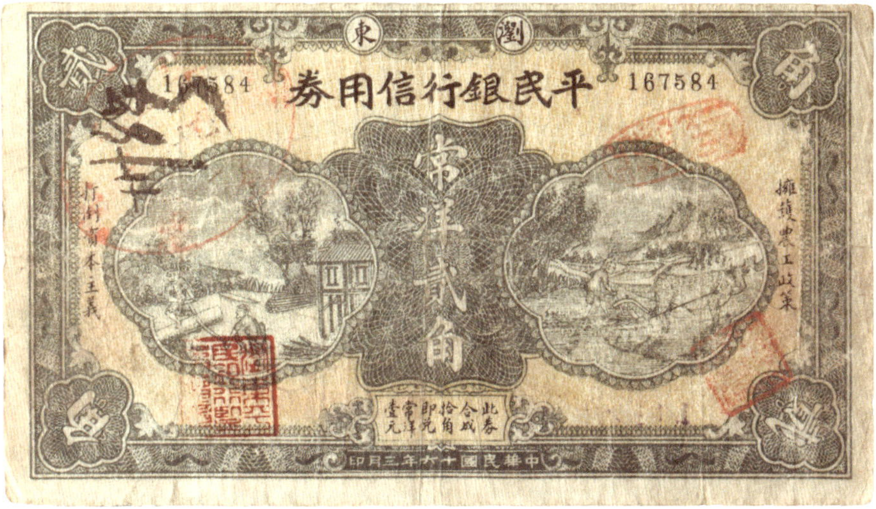
瀏東
平民銀行信用券
167584
167584
常洋貳角
此券合成拾角即兌常洋壹元
中華民國十六年三月印
擁護農工政策

图三

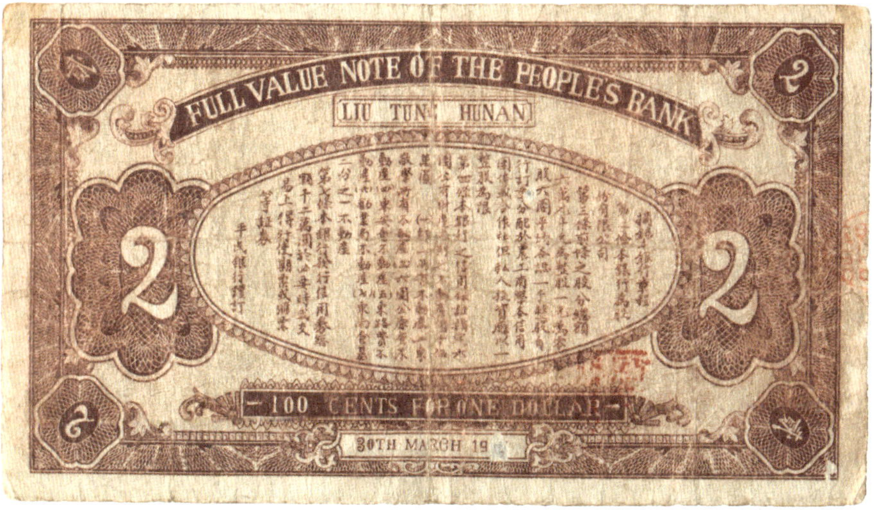
FULL VALUE NOTE OF THE PEOPLES BANK
LIU TUNG HUNAN
2
2
100 CENTS FOR ONE DOLLAR
30TH MARCH 19

图四

理，印刷精美，色彩艳丽，文字遒劲有力，完全具备现代纸钞的设计风格。据当时参与印制钞券的工人回忆，钞券是用石印机印制的，当时有 3 台石印机，六七名工人，厂址在柴家巷彭家祠堂。印制临时兑换券和信用券面值有壹角、贰角、伍角、壹圆。但是目前，我们只收集到伍角和贰角两种，壹角和壹圆至今未见到实物。

1926 年，湖南农民第一次全省代表大会通过的《农民银行决议案》指出："现在农村经济枯竭到了极点……在这种枯竭现象之下，高利借贷，便乘机榨取在许多地方，虽高利也没有钱可借，农村资本，既如此缺乏……影响农民经济极为重大，农业衰落，农民痛苦……救济的办法，只有请求政府设立农民银行，以最低利息，借款给农民。"[①]此后，湖南一些地区的农民协会纷纷参与创办农民银行等金融机构，并发行货币。浏阳县的农民运动非常活跃，平民银行等金融机构顺势产生，临时兑换券和信用券的发行就是平民银行兴起的产物。

1926 年 7 月，北伐军进入浏阳地区，广大农民在共产党领导下积极支援北伐战争。浏东全部及浏南部分地方是浏阳县农会势力较强的地区，故浏东地区农民运动更加轰轰烈烈。8 月，中共浏阳县委成立。9 月上旬，召开全县第一次农民代表大会，成立县农民协会，随之县总工会也相继成立。县农民协会和县总工会的成立促进了浏阳县工农运动的蓬勃高涨，农民运动"势如暴风骤雨，迅猛异常，无论什么大的力量都将压抑不住"。县农民协会在县委与省农民协会领导下，为维护农民利益，带领农民同豪绅地主阶级开展经济斗争。农民租种地主土地，按照定租额，一律减纳 25%，灾年歉收另凭农民协会协议减租，地主不许借故退佃，所有附加剥削一概取消；并宣布取缔高利贷，规定年息一律不超过两分。由于实行了一系列鼓舞人心的政策，农民

① 《农民业刊（卷四）》，1927 年，第 157 页。

协会的社会影响和威信与日俱增。

浏东地区山清水秀，物产丰富，如达浒、张家坊盛产土纸，高坪盛产夏布、鞭炮等。但是，由于乡绅富豪及其开办的公钱局和商人集资办的商钱局的长期剥削，以及地主豪绅借口农民运动兴起而“卡借”，即不再给农民贷款，致使农民告贷无门，生活极为艰难。当时浏东地区的共产党组织和各级农民协会都为此十分焦虑，从保护农民利益角度出发，想方设法解决。浏阳县委根据农民群众的要求，在全县范围内开展了公共事业建设。1926 年冬季，在共产党的领导下，浏阳农协与浏东 6 个区的区党部召开联席会议。会议根据全省第一次农民代表大会的《金融问题决议案》《农民银行决议案》，决定在浏阳东乡筹建浏东平民银行。

1927 年 1 月，浏东平民银行正式成立，制定试办章程。明确创办浏东平民银行的宗旨是，“制止高利借贷，提倡平民储蓄，活泼地方金融，增进工农生活为唯一之目的”。章程规定浏东平民银行为股份有限公司，资金主要由社会各界认股筹集，股金总额为 6 万元。这 6 万元股金，以 10 元为整股，1 元为零股。6 个区平均各认 1000 整股，由各区工农商等公法团体集资，自行订章分配。私人投资以 1 整股为限。章程还规定以 6 个区的公有财产之不动产值 15 万元为信用保证金，这 15 万元保证金是平民银行货币发行的坚强后盾。银行经营的业务包括发行票币和发放贷款两个方面。

银行行址设在浏阳县城朝阳街贵升公处，负责人是李明轩、汤佑贤，并设有监事会。银行在 6 个区设立分理处，每个分理处设经理、会计各一名，经办银行各项具体业务。

1927 年 1 月，浏东平民银行首先发行伍角面值的临时兑换券，总计 12 万元，平均每个区 2 万元。1927 年 3 月，浏东平民银行发行信用券亦为 12 万元，用以替代临时兑换券，平均每个区也是 2 万元。

信用券发行后，临时兑换券即停止流通。临时兑换券和信用券主要是用于发放生产、生活贷款。例如，永和分理处发放烧制石灰贷款每窑10元至20元，根据人口多少及困难情况对贫苦农民发放生活贷款。东门分理处发放贷款支持农村纸槽生产。

浏东平民银行临时兑换券和信用券发行后，为了保证纸币在本区域范围内正常流通，农会同时宣布，原公钱局和商钱局所发行的市票、期票立即停止使用。在市场上不准使用银元，凡持银元到市场上购买货物或到农村收购茶、茶油等土特产，均必须先兑换成平民银行的钞券后再行使用，这种做法就将银元统一集中到了平民银行手中。由于能兑现十足的银元，在群众中有信誉，当时浏阳东乡一带流通的都是浏东平民银行发行的钞券。农会通过依靠自己的货币，保证了市场上商品的正常流通，打击了地主豪绅的剥削，防止了现金外流，这对稳定金融市场，活跃农村经济起到了重要作用。同时银行还通过开展借贷业务，抑制农村高利贷，支持生产，提高了农会在群众心中的影响和地位，巩固了农会组织的威望。而且，平民银行的创办，争取、团结了广大农民，他们为维护自身权益积极加入革命斗争队伍中，为土地革命打下了坚实的群众基础。

所以，浏阳农协设立为民服务的平民银行，是党领导的金融事业为民服务、普惠农民、人民利益至上的真实反映。革命战争时期，有那么多人不惜抛头颅，洒热血，参军参战，就是党和各级农民协会真心实意为人民谋利益的必然结果。

1927年5月“马日事变”后，国民党清乡队于6月控制浏阳，浏东平民银行及各分理处均遭到严重破坏。平民银行宣布解散，发行的钞券停止流通。尽管浏东平民银行和其发行的货币存在时间不长，但是意义很大、影响深远。

赤币档案

1927年5月21日，国民党第35军第33团团长许克祥在长沙发动骇人听闻的“马日事变”，破坏和袭击革命机关，残害共产党员和革命群众。

“马日事变”后，中共湖南省委决定发动长沙附近11县工农武装向长沙进击，平定许克祥的叛乱。

5月29日，中共浏阳县委书记潘心元接到通知后，立即召开县委会议，要求浏阳各路工农武装30日到达永安集结。5月31日，浏阳两路工农武装按时赶到长沙近郊。上午11点半，第一路军迅速冲至杨家山、陈家垅一带，然后展开进攻；第二路军向南门口发起进攻。

正当各县工农武装向长沙进军时，突然接到中共中央的撤退命令。浏阳工农武装进击长沙的行动虽然未获成功，但意义重大。它是中共浏阳党组织领导工农武装对反革命叛乱的首次反击，在浏阳斗争史上写下了光辉的篇章。参加战斗并保存下来的工农武装，成为中共浏阳党组织继续领导武装斗争的重要力量。

烟花下的助农情：
浏阳金刚公有财产保管处期券

浏阳金刚公有财产保管处有期证券印制发行于 1927 年，即大革命时期，它是众多红色政权发行红色货币中的一个珍贵品种，也是大革命时期中国共产党领导农民运动、保护和扶助农民利益的真实写照。它的发行目的是使浏阳（今浏阳市）金刚当地的特产——烟花爆竹得以顺利销售流通。

浏阳金刚公有财产保管处发行的银元有期证券，包括壹角、贰角和壹圆三种面值。但迄今我们只见到浏阳金刚公有财产保管处壹角和贰角有期证券，其中壹角券票面尺寸为 135×78 毫米，有褐紫（兑现日期十六年六月底）和灰绿（兑现日期十六年八月底）两种版别；贰角券票面尺寸为 135×75 毫米，只有灰绿一种版别（兑现日期十六年八月底）。

湖南是大革命时期农民运动发展迅猛、如火如荼的省份，是当时全国农民运动的中心[①]。随着北伐战争的节节胜利，在中共湖南区委

① 《毛泽东选集》第一卷，北京：人民出版社，1991 年，第 42 页。

的领导下，湖南有三分之二的县份农民运动得到蓬勃发展，据不完全统计，有农会会员130余万人。此时，浏阳的农民运动、革命事业迅速发展起来，浏阳一县就有会员60万人，占全省会员的近一半，说明浏阳人民富有斗争精神，从来都不屈服于压迫和剥削。

1926年12月1日，湖南省第一次农民代表大会在长沙召开。170人出席会议，分别来自52个县和长沙市郊、株萍铁路两个特别区。会议一共进行了28天，柳直荀被推选为大会秘书长，全省农民协会正式成立。之后，农民运动讲习所或训练班在湘潭、衡山、湘乡、浏阳等地建立，培养了大批杰出的农运领导人。可以说，当时，风起云涌的农民运动，“已给湖南农村一个新气象：民主主义的新气象”①。革命的星火已在湖南大地燃起，渐成燎原之势。

浏阳位于湖南、湖北、江西三省边界地区和长沙、武汉、南昌三个省会城市的中间地带，境内有连云、大围、九岭等山脉，山高林深、地势非常险要。湖南当地的百姓自古有节日燃放花炮取乐的习俗，浏阳更是素有“烟花鞭炮之乡”的美誉，早在唐朝就开始制作烟花爆竹，历史非常悠久。

浏阳金刚公有财产保管处之所以发行期券，与当地烟花爆竹的生产和销售有很大的关系。金刚地区是浏阳烟花鞭炮的发源地和重要产区，品种多样，质量上乘，制作销售烟花是当地农民除了耕地之外最主要的经济收入。

北伐战争期间，湖南农民运动轰轰烈烈开展，经营烟花爆竹销售的地主，因害怕农民运动而纷纷关掉商铺、携款逃离，前往武汉、长沙等地。这使得农民生产的花炮销售无门，产品严重滞销，导致失业人口剧增，给农村经济和农民生活带来极大困难。

① 中国人民解放军政治学院党史教研室：《中共党史参考资料》（第四册），1979年，第171页。

为扶持生产，帮助广大农民解决花炮销售困难，理顺销售渠道，减少农民损失，1927年2月，金刚农民协会召集金刚各公法团联席会议，决定成立金刚公有财产保管处，发行银元有期证券。为维护证券的信用，保管处接管金刚地区所有的公有学产、祠堂、寺庙等动产和不动产，以此作为发行有期证券的担保。

这里，我们以灰绿版壹角有期证券为例，详细地描述一下票面的设计风格和版式特征：

该券为石印版印制而成。设计风格遵循当时传统的范式，民族特色浓厚，用精致画框装点主体图案，构图均衡，色彩柔和。四角有典雅的装饰角花与花球，四周有好看的花边，气质庄重，印刷较为精美，纸质较为精良。

正面【图一】色调为灰绿，上端自右至左印有发行机构名称，“浏阳金刚公有财产保管处”11个字。票面中间为主体图案，外缘采用装裱画框，设计极尽精美，图案为楼阁、宝塔、农田、耕牛、山峦和树木等组合造型。

左右两侧为面值“常洋壹角”字样，“常洋”二字横书，“壹角”二字竖书，意为此券可兑换壹角银洋。为什么这里要标明“常洋”呢？“常洋”又表示什么意思呢？清末民初，各地流通的银元种类较多、含银量各异。因此当时的钱庄和银楼往往在银元上戳凿，用以鉴别银元成色，这种有戳印的就叫常洋，由于有些许损耗，故按照光洋比价打折使用。

票面下端自右至左印有印刷机构名称，“金市振兴石印局代印”9个字，表明印制方式为石印。左侧为兑现时间“十六年八月底”，即1927年8月底。右侧为期票编号，其中“第”“号”为印刷体，“地”“卅壹”为发行时用毛笔书写，可能为民国时期钱庄票号记账时苏州码的数字写法。四角印有面值“1”“壹”字样。

背面【图二】色调为浅蓝，边框四角分别印有“活”“泼”“金”“融”四字，边框内为金刚公有财产保管处印发的公告，竖排，共13列。布告具体内容如下：

图一

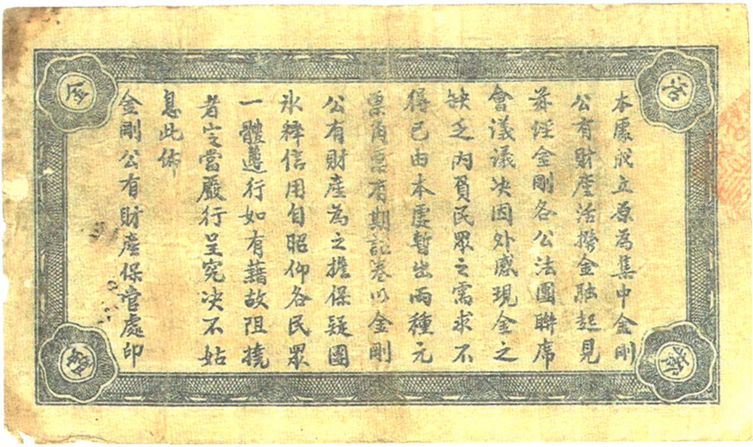

图二

> 本处成立，原为集中金刚公有财产，活泼金融起见，兹经金刚各公法团联席会议议决，因外感现金之缺乏，内负民众之需求，不得已由本处暂出两种元票、角票有期证卷（券），以金刚公有财产为之担保，疑团冰释，信用自昭，仰各民众一体遵行。如有藉故阻挠者，定当严行呈究，决不姑息。

这份布告清晰地阐明了浏阳金刚公有财产保管处有期证券发行的社会背景、目的意义、证券面值，以及发行担保物品等。尤其是为保证正常流通，还强调了任何人都不能阻挠，否则一定严惩。

浏阳金刚公有财产保管处有期证券印制后，农民协会首先用证券在金刚、大瑶地区收购农民家中的花炮。收购完成后，由农民协会负责统一对外销售。待将花炮售完之后，农民协会在规定的兑现日期用销售得到的现银收入，再去兑换农民手里持有的壹角、贰角、壹圆银元期券。

这种期券因为有资产担保，又可以兑现银元，所以信用很好。它的面世帮助农民解决了花炮销售的难题，有力地支持了花炮业的发展，得到农民拍手称颂。

严格意义地讲，浏阳金刚公有财产保管处有期证券并不是货币，并不具备货币的主要功能。但结合发行背景和兑换方式，我们不难发现，它巧妙地运用了实物及信用担保来发行有期证券的方式，既保证资金链条没有断裂，又没有对货币体系产生冲击，可见当地农民运动领导人的金融手段很是高超，彰显了党早期在金融领域方面的卓越智慧。

浏阳金刚公有财产保管处有期证券是大革命时期农民协会的产物，虽然存在时间不长，但是作为红色金融的探索与货币初创时期的萌芽而显得弥足珍贵，它对维持金刚地区烟花爆竹业生产，活跃本地经济，起到了很好的作用，为土地革命战争时期红色金融稳固发展奠定了坚实的基础。

赤币档案

柴山洲特别区第一农民银行：1926 年 1 月，湖南省中共党员贺尔康深入柴山洲，成立了柴山洲特别区农民协会。4 月，成立了柴山洲特别区第一农民银行，确定以“拥护无产阶级，维持生活，扶植生产”为办行宗旨，发行货币，发放贷款，建立农民消费合作社。1927 年 6 月停止活动。银行存在时间虽然只有 1 年多，但在中国革命史上，这是中国共产党领导下建立的第一家银行，具有首创意义。同时，柴山洲特别区第一农民银行发行的布币也是迄今发现最早的银行兑换券。

创新意识：
黄冈县农民协会信用合作社流通券

黄冈县农民协会信用合作社流通券，面值为壹串，横式，票面尺寸为 150×77 毫米。流通券端庄大气，印刷规范，见证了大革命时期湖北农民运动轰轰烈烈开展的景象。

该张流通券正面【图一】四套色印制，主色调为蓝黄，上端自右至左，印有“农民协会信用合作社流通券”字样，两侧加盖红色八位数字号码。左侧主图案为湖水、凉亭、树木，凉亭为二层，式样古朴典雅，矗立于湖旁，凉亭四周有大小高低不同的树木，远处有一排整齐的房屋。右侧为面值“壹串”字样，底纹是中国传统花卉。下面有两行字，“通用流通券”“民国十六年印”。票面四角各印有大写“壹”字，表示面值。左右两端各加盖有红色“黄冈县”字样。

背面【图二】主色调为橘黄，上端自右至左，亦印有“农民协会信用合作社流通券”字样，下面为一行无法释义的英文字母，应只是作为花纹装饰[①]。中间图案为一只老鹰与地球，系仿照美商花旗银行

① 殷毅主编：《中国革命根据地印钞造币简史》，北京：中国金融出版社，1996 年，第 6 页。

纸钞的设计风格及图案。老鹰站立于一座大楼的楼顶上，大楼两侧为地球的西半球与东半球组成的图案，老鹰呈由西半球向东半球飞跃状。下端亦印有一短行英文字母作为装饰，其下方印有“黄冈县”三字。票面下端边框外有“汉口大夹街道新印书馆代制”字样，表示印刷的地点及公司名称。票面四角各印有阿拉伯数字“1”，表示面值。

这张流通券设计得非常精美，图案生动，边框及装饰的花纹、主图风景的线条都较为精细，色泽艳丽、印制精良。该券印制机构为汉

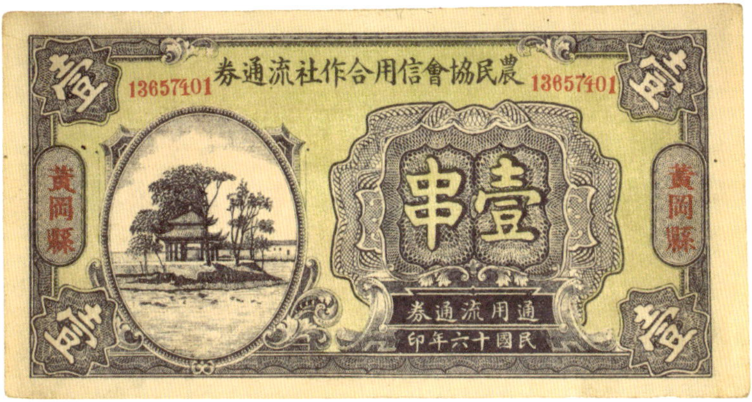

图一

图二

口大夹街道新印书馆。民国时期，汉口地区印刷业高度发达，是当时我国南方印刷业较为集中的地区，同时也是国内较早采用近代印刷技术的地区之一。1926 年，汉口市印刷业成立“印刷同业总工会”，光会员就有 72 户。此时，汉口的印刷设备有橡皮机、电动石印机、对开铅印机、手摇石印机等共 209 部；1927 年又增加电动石印机、铅印机、平台机 78 部，从事印刷业者达 300 余家[①]。

票券上加盖“黄冈县”，意为此券的流通区域。“通用流通券”，意为此券可以在黄冈全县境内通用。该张流通券是钱票性质，以铜钱为发行本位。“壹串”为面值，系货币兑换时的折算额，意思是折合铜钱 1000 文，或值当时主要流通的当十铜元 100 枚、当二十铜元 50 枚来使用。印制时间是“民国十六年”，即公历 1927 年。“农民协会信用合作社流通券”表明它的发行和流通，与当时轰轰烈烈的农民运动、雨后春笋般兴起的农民协会有很大关系。

1926 年 12 月，北伐军占领整个湖北地区之后，共产党各级组织逐步健全，领导建立各级农民协会，农民运动领导权大多掌握在共产党手里。1927 年 3 月，湖北省第一次农民协会代表大会在武汉召开，标志着湖北农民运动的发展进入了高潮阶段。到 1927 年 5 月，湖北省 69 个县中，54 个县有区乡农协组织，其中 22 个县有了县农协建制，32 个县正在筹备建制中，共计区农协 380 个，乡农协 4852 个，会员数高达 2842339 人[②]。随着湖北省农民运动的迅速发展，解决广大农民的生活疾苦成为首要目标。

我国农村人口占绝大多数，当时政局不稳，农村资金严重缺乏，

---

① 湖北省地方志编纂委员会编：《湖北省志·工业志稿·一轻工业》，北京：中国轻工业出版社，1994 年，第 430 页。

② 湖北省地方志编纂委员会编：《湖北省志·大事记》，武汉：湖北人民出版社，1990 年，第 334 页。

导致高利贷盛行，贫苦农民深受压迫和剥削。同时，自然灾害频发，农业生产方式较为原始落后，百姓生产生活可谓举步维艰。面对这种情况，毛泽东一针见血地揭露了高利贷剥削行为和建立农村信用合作社的必要性。他在《湖南农民运动考察报告》中讲道："合作社，特别是消费、贩卖、信用三种合作社，确是农民所需要的。他们买进货物要受商人的剥削，卖出农产要受商人的勒抑，钱米借贷要受重利盘剥者的剥削，他们很迫切地要解决这三个问题。"

随着农民运动的兴起和农民协会的成立，设立农民自己的银行和农村信用合作社的主张提上了议事日程。因为只有给农民提供低息贷款，使其开展农事生产时有较为充足的资金支持，才能帮助他们摆脱高利贷的剥削和压榨。湖北省第一次农民协会代表大会通过了 30 个决议案，制定了较为详细具体的金融经济政策。例如，1927 年《汉口民国日报》在报道湖北农民协会代表大会情况中反映，"没收土豪劣绅财产，作农民银行基金"；大会专门讨论了"利率问题"；并提出"以年利的 2% 贷给农民"；对信用机构的设置，提出"信用合作社各县成立总社，再选择县中适当与重要地址，设立分社，使农民便于借贷，便于储蓄（最好每区农协设一个分社）"。可见，大革命时期，湖北农民协会在制定金融政策、金融制度方面已非常具体，完全站在农民的角度，保护广大农民的利益。

为适应经济斗争的需要，信用合作社在黄冈、麻城、广济、鄂城、汉川、咸宁等地区发展起来，有的信用合作社不仅办理低利借贷，而且还印制各类钞票，尤以黄冈县农民协会信用合作社的创建和流通券的印制最为典型。

黄冈（今黄冈市）县位于武汉市东部地区，是湖北省农民运动发展较快的一个县。据史料记载，北伐军占领武汉进入黄冈后，中共黄冈县委、县农民协会由农村迁往鄂东政治中心——黄州，公开领导全县农民掀起黄冈农村革命运动的高潮。农民革命斗争情绪高涨，各级农民协会普遍建立。1926年9月至12月，回龙山、黄州、团风、上巴河、总路咀、但店、三里畈、淋山河、新洲、阳逻、旧街、仓埠、樊口13区的农民协会相继成立。到1927年5月，黄冈县农民协会会员发展到24万余人，成为湖北省最大的农民协会和农民运动最发达的地区之一。

农民协会成立后，即领导农民开展打土豪劣绅的政治斗争和废除苛捐杂税、重利重租的经济斗争。同时，为发展农村经济，实行低利借贷，根据湖北省农民协会第一次全省代表大会《关于农村合作社问题决议案（草案）》中的有关规定，“为使农村互相扶助，互相救济，以排除互相的不利而增进互相的利益，更为免除贫苦农民受高利的盘剥，应集合资本，组织‘信用合作社’，以谋农人储蓄及借贷便利”。据当时报载：黄冈农协信用社在“黄州设立总社，以便县农协就近指挥、监督，团风、新洲、阳逻、仓埠、但店、上巴河等处设立分社，以便农民支取”。一方面为了更好地服务于贫雇农；另一方面为了让商品流通环节通畅起来，调剂乡村金融，促进农村经济的活跃。对于信用合作社，当地有些乡镇的农民形象贴切地称其为“小银行”。

1927年二三月间，设在团风镇的黄冈县农民信用合作社正式成立，资金主要来自没收买办阶级、地主豪绅的商号和钱庄的财产。这些钱财先统一集中到县农协，再存入储备金库。作为代表广大农民利益的金融机构，信用合作社完全由农民协会管理现金、监督使用，并吸收存款，发放贷款。“信用合作社负责人曹六爹”，有人喊他曹六蛤蟆，他的本名记不清楚①。信用合作社最初规定借款利息为月息一分，后为减轻农民负担，降为五厘，对特别贫困户借款则免收利息。当时黄冈县境内货币流通混乱，各种杂钞伪币充斥市场。为治理货币流通中

① 转引自姜宏业编著：《金融图集与史料（新民主主义革命时期）》，长沙：湖南出版社，1991年，第91页。

的混乱现象，占领货币阵地，便利农民借贷，县农协决定发行自己的货币。县农协首先从没收的财产中拨出 6 万元作为信用合作社的资金，责成信用合作社委托汉口大夹街道新印书馆印制了“农民协会信用合作社流通券”，发行 5 万串，在辖区内流通使用。

1927 年 7 月，七一五反革命政变爆发，第一次国共合作破裂，黄冈县农民协会信用合作社遭国民党镇压，被迫解散，流通券也停止流通使用。

黄冈等地区信用合作社的创建，对于发展农村经济，解除农民生活困难，起到了一定的作用。黄冈县农民协会信用合作社流通券作为红色政权货币的早期形态，处在萌芽阶段，有很高的历史价值，也反映了湖北地区农民协会领导人和骨干的开创精神与创新意识。

赤币档案

流通券真假之辨：壹串文票面的流通券曾被怀疑不是真的，主要有以下四个理由：1. 票面都印同一号码；2. 号码有八位数，在一个小地区是不可能的；3. 纸币背面的英文字母拼不成单词；4. 鹰球图是花旗银行票的图案。

据中国现代印刷公司上海印刷厂厂史组和中国人民银行湖北省分行金融研究所的调查：这个流通券票版确是当时拼制票版的工人刻制，由汉口大夹街道新印书馆代制；工人不识英文，按照当时市场流通票券的英文字母随便模仿拼制，作为花纹装饰；券上号码是利用现成的号码机盖印，不代表发印的数量；背面鹰球图案是模仿花旗银行钞票的图案。

第二章

土地革命战争时期——燎原

（1927—1937）

首枚银元的诞生：

井冈山革命根据地“工”字银元

“工”字银元【图一、图二】是中国共产党领导的革命根据地铸造的第一枚银元，由湘赣边界工农兵苏维埃政府发行，流通于井冈山革命根据地。因为它是用仿墨西哥鹰洋模版铸造而成，上面錾刻“工”字，有非常明显的人工打制的痕迹，故称“工”字银元。

银元直径约39毫米，重约27克。正面图案是墨西哥共和国国徽的造型，一只张着翅膀的雄鹰，伫立在一棵仙人掌上，嘴里叼着一条蛇，蛇尾与鹰翅相连；背面图案是一顶自由软帽，周围放射出长短不一的32道光柱。

井冈山是土地革命战争时期，党在湖南、江西两省边界罗霄山脉中段创建的第一个农村革命根据地。井冈山地势险要，易守难攻，距离国民党统治的中心比较远，湘赣两省军阀之间矛盾重重，对这个地区的控制力量比较薄弱。而且，这里的群众基础比较好，周围地区有较为充足的自给自足的农业经济，便于部队筹粮筹款。

1927年10月，毛泽东率领经“三湾改编”后的秋收起义部队到

图一

图二

达宁冈，先后在宁冈、永新、茶陵、遂川等县恢复和建立了党组织，发展武装力量，开展游击战争，领导农民打土豪分田地，建立红色政权，实行工农武装割据，创立了党领导下的第一个农村革命根据地。

1928 年 4 月，朱德、陈毅率领南昌起义保留下来的部队和湘南起义农军陆续转移到井冈山地区，与毛泽东领导的部队会师，成立工农革命军第四军（后改称中国工农红军第四军），朱德任军长，毛泽东任党代表和军委书记。5 月，选举成立了中共湘赣边界特委和湘赣边界工农兵苏维埃政府。而后，在同国民党军队的战斗中，井冈山革命根据地日益巩固和扩大。

当时井冈山革命根据地处于国民党反动派的四面包围之中，物资奇缺，物价昂贵。红四军成立后，根据地内的现金非常缺乏，有些地方甚至出现“以物易物”的原始交换方式。现金的严重缺乏是困扰湘赣边界工农兵苏维埃政府的一个棘手问题。因为当时每个月至少需要 1.5 万元的伙食费[①]，但资金来源只靠打土豪支持，军民生活处于极度

① 江西省档案馆、中共江西省委党校党史研究室编著：《中央革命根据地史料选编》（上册），南昌：江西人民出版社，1982 年，第 36 页。

困苦之中。

湘赣边界工农兵苏维埃政府为了保障供给、发展生产、恢复商业，进一步打破湘赣两省敌军对根据地的经济封锁，满足红军给养，想方设法解决根据地内部现金的缺乏问题。除继续打土豪筹款、自力更生发展生产和组织物资交流等办法取得货币外，工农兵苏维埃政府决定创办造币厂，铸造自己的货币，与国民党反动派开展货币斗争。

1928 年 5 月下旬，因为迁居到井冈山的广东龙川县银匠谢荣珍、谢火龙（又名谢荣光）兄弟在湘州村创办花边厂（旧时银元边缘铸有花纹，因此俗称“花边”），有铸造银元的经验，王佐向毛泽东和朱德推荐他们二人，并请来谢火龙、谢阿秋、谢阿五等人当师傅，借用上井村农民邹甲贵的民房创办了造币厂。这是工农红军的第一家造币厂，因其位于上井村，故称上井造币厂。此外，为防止敌人进攻、保护造币厂安全，还先后在大井的铁坑、茨坪和金狮面的红军洞等地设立了粗坯车间和冲压车间等。王佐是红军造币厂的主要负责人，谢火龙负责造币厂具体事宜。造币厂的设备工具非常简陋，主要有铁锤、铁钳、风箱、火炉等，造币的原料是打土豪和战场上缴获的大量首饰和银质器具等。

铸造银元需要用模版，但当时造币厂没有制作模版的设备和技术，经过反复论证，最终决定以墨西哥鹰洋为模版。清中晚期到民国年间，在中国流通的外国银元中，墨西哥鹰洋相对较多，在中国南部和中部地区，鹰洋使用尤为广泛。仿铸鹰洋，百姓易于接受，便于流通。

因为上井造币厂条件有限，设备简单落后，最初铸造出来的银元粗糙不堪，品相很差，声音也不响亮。后来经过反复试验，造币厂不断改进银液提炼技术和压模工艺，终于铸造出质量较好的银元。

由于条件和技术等各方面的限制，只能因陋就简，就地取材，压模工艺亦采用最原始的方法。在平地上设立一块大石墩，石墩上部中

上井红军造币厂

间位置锉一凹口，内放银元背面的模子（模子上面放置银饼）。大石墩两侧往高处砌墙，两墙空间处吊放一块重约三四百斤的大青石（即冲压石），其下端正中位置锉一凸面安放银元正面的模子。实际操作时，先将大青石往上绞起，掌模工立即放好银饼，然后一声口号，大青石急速落下，向下冲压，银饼完成压模，一枚银币就造好了。在整个压模过程中，需要总体配合，动作要快，否则冲压石的力度会受到影响，造成花纹模糊等现象。由于铸造技术原始、笨重，银元产量很低，每天只能铸造六七十枚[①]。

银元铸造完成后，由专门的红军战士押运至茨坪街，那里有专门加盖“工”字的地方。为什么加盖“工”字？一是因为当时根据地内反动派和地方军阀留下来的很多形形色色的低成色银元，包括仿制的袁大头、清代龙洋、外国银元等，多种多样，五花八门。而且，当时这一带银元造假泛滥，为了区别这些劣质银元，根据地造币厂铸造出来的银元，就要加盖“工”字。二是加盖“工”字，是银元检验合格的标志，表示对加工过程中不合格品已检查剔除。三是禁止银元外流。四是保证红军币的信用，消除群众对上井造币厂铸造出的粗糙银元的使用顾虑。五是因为“工”字代表工农兵苏维埃政权，而且笔画少、好写，所以就把“工”字加盖在银元上面。此外，湘赣边界工农兵苏维埃政府规定，除上井造币厂制造的银元加盖“工”字外，在战场上缴获的以及打土豪获得的银元，只要是在井冈山根据地流通，必须要凿上“工”字，以明确“工”字银元是根据地内红色政权统一流通的货币。“工”字的加盖方法，一说是钢印戳记，另一说是一笔一笔凿刻上去的。据现在所能见到的“工”字银元，似乎这两种方法都存在。

“工”字银元加盖完成之后，统一交付湘赣边界工农兵苏维埃政府财政部和红四军军需处负责管理。财政部和军需处将银元以 50 枚为一筒，用油纸包卷好[②]，按规定和需求，发放给红军各级部队、后方各工厂、机关、事业单位及地方各级政府。

为解决银料的不足，红四军要求红军战士攻打城镇处理土豪财产时，要格外注意收集银器，回来须保存好，以备造币厂使用。湘赣边

① 殷毅主编：《中国革命根据地印钞造币简史》，北京：中国金融出版社，1996 年，第 12 页。

② 中共遂川县委党史工作办公室著：《中国共产党遂川历史（第一卷 1919—1949）》，北京：中共党史出版社，2011 年，第 142 页。

界工农兵苏维埃政府非常重视银元的铸造，毛泽东指示：花边（银元）不要掺假，一定要纯银的，重量也不能少于重七钱二分。因成色好、重量足，“工”字银元赢得了当地群众的信任和支持。当地群众把“工”字银元称为“土版”，把没有戳记“工”字的银元称为“死版”。“土版”银元的购买力很高，在井冈山地区可以购买到五斤猪肉，而“死版”银元在白区只能买到三斤猪肉。另外，为提高“土版”银元的信用，在宁冈大陇公营商店，规定凡使用上井造币厂铸造的银元购买物品，一律优先供应，并在价格上给以优待[①]。

1929年1月底，湘赣两省敌军集中兵力，对井冈山根据地发动第三次“会剿”，上井造币厂厂房被敌人全部烧毁，造币设备也被敌人破坏，造币厂随之停止了生产。

上井造币厂的建立，是中华苏维埃政权在金融领域的一次成功探索，为以后湘赣革命根据地造币厂和中央苏区造币厂的建立积累了宝贵的经验；“工”字银元的发行流通，大大缓解了当时封锁对根据地造成的经济困难，帮助井冈山革命根据地的军民渡过了那段艰难的岁月，并且扩大了红军和红色政权的政治影响，为以后根据地内金融机构的建立、区域性根据地货币的发行提供了参考，在红色政权的货币发展史上占有重要地位。“工”字银元只流通了半年多时间，因此能够留存至今的实物极为珍贵。

赤币档案

罗荣桓（1902—1963），时任红四军三十一团三营九连党代表。部队发“伙食尾子”和“零用钱”时，领到“工”

① 刘录开、钟廷豪主编：《中国革命根据地商业史》，北京：中国商业出版社，1997年，第48页。

字银元没过多少天，他就奉命带领部队在新七溪岭狙击赣敌杨如轩部 1 个团的进攻。红军据守在“望月亭”下面 300 米的“吊谷上仓”一带，利用陡险的石崖反击敌人的仰攻。战斗正在激烈的时刻，忽然“噹”的一声，一颗子弹迎面射在罗荣桓的左胸上，顿时觉得有一股不小的推力差一点把他击倒在地。他站定身子摸了一下胸部，从口袋里掏出银元一看，只见银元的中间被打出一个深凹，差一点就要击穿了！银元拿在手里还感觉到有点热。正是这块银元挡住了子弹头，救了罗荣桓的命。从此以后，罗荣桓一直舍不得用掉这块银元，什么时候都带在身上，即使长征路上再艰难困苦，他都珍藏了下来。新中国成立以后，被授予元帅军衔的罗荣桓，将“工”字银元捐献给了博物馆。

流通在“东井冈”：东固革命根据地发行的纸币

东固革命根据地，位于赣西南的吉安、吉水、永丰、兴国、泰和五县接壤处，以东固镇为中心，是土地革命战争初期党在赣西南最早的一块根据地。

“上有井冈山，下有东固山”，这句曾在中央苏区广为流传的乡村俚语，形象地描述了革命摇篮井冈山和“东井冈”东固山的密切联系。毛泽东就曾说过：“东固山很好，是第二个井冈山”，“我们走出井冈山又到了新的东固山革命根据地，东固山和井冈山终于联结起来了，最终要联结全中国！中国革命一定要胜利！”[①] 陈毅在 1929 年 2 月也曾作诗：“东固山势高，峰峦如屏障；此是东井冈，会师天下壮。”

1927 年大革命失败后，党开始把革命重心由城市转向农村，实行工农武装割据，开辟革命根据地，以星火燎原之势迅速发展壮大。

① 中共江西省委党史研究室、中共吉安市委党史工作办公室、中共吉安市青原区委、吉安市青原区人民政府编：《东固·赣西南革命根据地史料选编（第一册）》，北京：中央文献出版社，2007 年，第 183 页。

1929年1月，为粉碎国民党向井冈山发动的第三次“会剿”，毛泽东、朱德率领红四军主力离开井冈山出击赣南。2月9日，他们冲破国民党军围追堵截到达瑞金的大柏地，后在吉安东固与江西红军独立第二、第四团会合。1930年3月，赣西南苏维埃政府成立；1930年10月4日，红军打下吉安城，赣江两岸红色区域连成一片；10月7日，江西省苏维埃政府宣告成立。1931年11月7日，中华苏维埃共和国成立，东固地区最终融入中央苏区。

东固革命根据地为了支持革命战争，开展了深入的经济斗争与经济建设，在财政经济建设方面作出了重大贡献，有许多独特之处。东固革命根据地发行的纸币是苏区较早使用的钞票，在土地革命战争时期和革命金融史上有着较为重要的地位。

面对东固革命根据地的迅猛发展，国民党当局非常震惊，对根据地加紧了军事“围剿”和经济封锁，双管齐下，企图把红色政权置于死地，妄想将东固人民“困死”。他们沿途设卡置关，阻止商人进入东固山区经商，严禁食盐、布匹、药品等群众日常必需物资进山。一些胆小的商人害怕被敌人杀头，也不敢在东固山区做生意，走时还把一些资金也全部携带转移。这样一来，山里山外的物资交流被掐断，日用物资供应紧张，加上一些私商乘机敲诈盘剥，使根据地的日常必需品日益缺乏，价格十分昂贵。

面对这样一种艰难的局面，1927年9月，《江西省革命委员会行动政纲》指出，“实行统一财政、取消一切苛捐杂税；铲除对贫民的高利贷，并取消一切债务；设立农工银行以最低利率借贷于农工及革命平民”。[①] 在此号召下，为了缓解群众生产、生活中缺乏流通资金的困难，1928年春季，根据地军民自筹资金，开办了一个平民借贷所，

① 中央档案馆，江西省档案馆编：《江西革命历史文件汇集（一九二七——一九二八）》，1986年，第16 ~ 17页。

向当地群众提供无息和低息借贷。因为黄启绶出资最多，所以他就担任了借贷所所长。为方便群众兑换、买卖，借贷所印发了一种铜元票。由于当时根据地条件艰苦，缺乏印刷设备及物资，所以只能在牛皮纸上加盖印章当作铜元票，作为辅币投放到市场中，供贸易中找零使用。

因为东固平民借贷所印发的铜元票数量很少，不能满足商品流通与调剂金融的需要，中共东固区委决定成立平民银行。

银行的资金由几个方面构成，军民集资、社会公堂捐资、富有人家捐助、区委活动经费借用。其中有红二团捐献打土豪得来的银元4000元，其他资金银元4000元，总计8000元。1928年10月，在东固镇成立东固平民银行，黄启绶任平民银行行长，并由黄启绶、刘经化、汪安国、王全亨、邱有文、李文连等人组成银行委员会。

银行名为东固平民银行，“平民”就是老百姓的意思，“东固平民银行”意为东固镇老百姓自己开办的银行，是一家为普通民众服务的银行，开办目的是联合东固各阶层的经济力量，争取各阶层的援助，使中小资产阶级不再敌视红色政权。

毛泽东、朱德、陈毅曾视察东固平民银行，称赞这件事办得好，并希望能将银行办成中国红色政权的金融大本营，为发展革命力量，开辟和巩固革命根据地作出贡献。

东固平民银行旧址位于现在的江西省吉安市青原区东固畲族乡，为砖木结构的二层楼房，坐南朝北，占地面积169.51平方米。旧址经过修缮，现为全国重点文物保护单位。

东固平民银行成立后，即发行拾枚、贰拾枚、伍拾枚、壹佰枚（拾枚折合当拾铜元十枚）四种面值铜元票。印制铜元票的工厂就设在平民银行内，票版为木刻版。因条件所限，印制方法极为简陋，先将油墨涂在票版上，然后覆上毛边纸用刷子反复刷印，印好后再按照规定尺寸用剪刀裁剪。

东固平民银行铜元票目前只见到有拾枚面值一种，为林伯渠同志收藏，后由其夫人朱明同志捐献给国家[①]，现收藏于中国国家博物馆。

拾枚铜元票，横式，票面尺寸为 128×62 毫米，票面设计简朴，有较为鲜明的时代特征和地方特征。正面【图一】图案、文字均为蓝色，上端从右至左横书“东古平民银行”，中间图案为椭圆形内一轮红日冉冉升起，寓意中国革命如东方之日出，喷薄而起。图案上有一方形红色印记为“东古平民银行之图章”，呈三行竖排。票面左右两侧竖椭圆形花框内镌刻有面值“拾枚”字样。票券四角花框内各斜书“拾”字。票券下面印有“凭票即付当拾铜元拾枚”，呈竖排两行。

背面【图二】图案、文字为红色，中间椭圆形花纹框内有“共同生产、共同消费”字样。两侧竖椭圆形花框内有阿拉伯数字“10”，四角花框也各有斜书阿拉伯数字“10”。下边右侧为“东古平民”印记，左侧为“银行之章”方形印记，均为蓝色。

由于受到国民党军队的包围封锁，根据地经济十分困难，印刷条件极差，票面设计简单，所以东固平民银行发行的纸币非常粗糙。

仔细观察，我们可以发现票券印制的发行机构是“东古平民银行”，而不是文献记载的东固平民银行。将“固”写成“古”，是为什么呢？据老革命者回忆，故意去掉“固”字外围的“口”字，是为了表达根据地军民粉碎敌人封锁和“围剿”的决心。在当年的《红色中华》报上，东固也是用的“东古”。

为维护钞票的信用，防止发生挤兑事件，保证外地商人在离开东固时可以随时用纸币兑换现洋，东固平民银行承诺随到随兑，且不限数量。由于纸币可以随时兑换银元，信用极好，因此深受来东固镇做生意的外地商贩信任，故钞票在东固根据地及周边邻县地区广泛流通。

---

① 姚杰:《有关东古平民银行几个问题的考证》,《中国钱币》2005 年第 2 期。

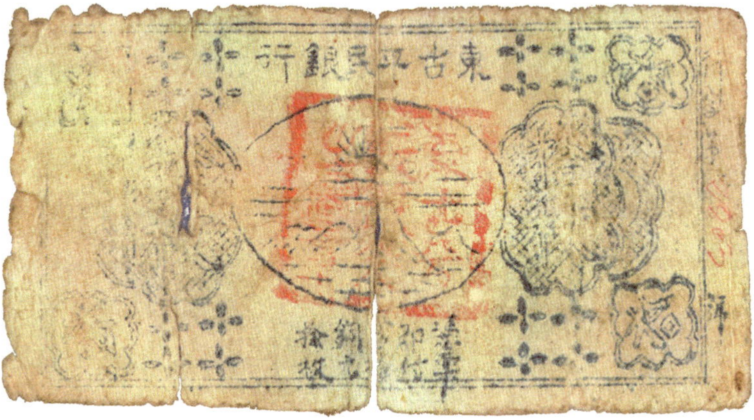

图一

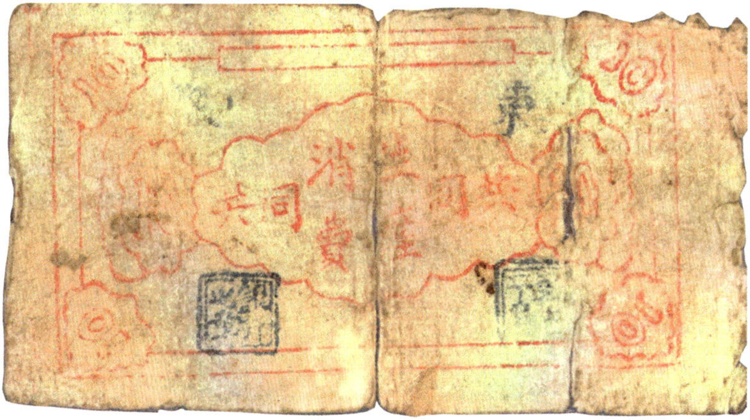

图二

当时东固票币一上市流通，吉安国民党的纸票再没人要，在经济上给国民党反动派一个沉重打击，推动了根据地商品交易的有序开展。

1930 年 3 月，赣西南苏维埃政府成立后，东固平民银行改由赣西南苏维埃政府财政部领导，更名为东固银行。原东固平民银行行长黄启绶被“AB 团”杀害后，行长由原东固平民银行保管员王直清担任。

改组后的东固银行设在东固乡瑶下村，东固平民银行纸币也停止发行，开始发行使用东固银行纸币。

1930年10月，红军攻克吉安，获得两台石印机和若干名石印工人。毛泽东得知后，指示部队将这两台石印机留给东固银行使用。从此，东固银行纸币全部换成石印，由东固印刷厂负责印制。东固印刷厂设在距东固银行百米远的兰家明章祠堂内，计有小石印机六七台，工人10余名。大约半年后，国民党军队对根据地发动大规模“围剿”，印刷厂将所有石印机、印版等设备自行打碎或就地掩埋，银行以及印刷厂房屋悉数被敌人烧毁。

东固银行印制的纸币发行量有20余万元，纸币流通区域也从东固一地扩展到整个赣西南地区，进一步促进了赣西南根据地的生产和商品流通。

铜元票种类和具体面值目前没有明确的记载，中国国家博物馆藏有拾枚铜元票，长121毫米，高76毫米。正面【图三】图案为暗红色，底色为黄绿色，票面上印有“东古银行”四字，右读，下面印有“苏维埃政府”。中间主图案为亭子宫殿，以及树木组成的风景。两侧椭圆形花框内印有面值“拾枚”字样。票的左右两端还分别印有“赤色区域”“一律通用”字样。下端印有时间“公历一九三十年印”。下边有“凭票即付当拾铜元拾枚”，两排竖读。票面四角均斜书“拾枚”字样。

背面【图四】为蓝色，中间主图案为古塔、树木、房屋等组成的风景。四周为云纹饰。主图两侧椭圆形花框及四角有阿拉伯数字“10”，票面右侧印有竖写的“字第　号”字样，是该铜元票的印制编码。

1931年，东固银行发展为江西工农银行，后又与闽西工农银行合并为中华苏维埃共和国国家银行。

图三

图四

东固革命根据地创办的平民借贷所、银行及其发行的货币，在当时特定的环境和历史条件下，为革命战争的胜利作出了不可磨灭的贡献，有力地支援了革命战争，为东固革命根据地的巩固与发展打下了坚实的物质基础。同时，它也为促进附近各县的经济发展、金融流通起到了很大的作用。

东固革命根据地在金融领域方面的成功经验，为中央苏区开展经济建设提供了宝贵经验。东固革命根据地发行的纸币，是东固苏区人民革命历史的实物见证。

赤币档案

黄启绶（1901—1930），江西吉安人。1927 年 10 月，中国共产党领导的东固革命取得了胜利。1928 年春，根据地筹集资金，创办了东固平民借贷所。黄启绶担任借贷所所长。1928 年 10 月，成立东固平民银行，黄启绶任行长。之后，他组织发行了拾枚、贰拾枚、伍拾枚、壹佰枚 4 种面值的东固平民银行铜元票，是开创中国红色金融的先驱。

赣水那边红一角：

万载县工农兵银行兑换券

万载县工农兵银行，是土地革命战争时期湘鄂赣革命根据地设立的银行，发行有壹圆的主币券和壹角、贰角的辅币券，流通于万载地区。

万载县工农兵银行兑换券，设计风格和版式特征如下：

壹圆券。票面尺寸为 138×84 毫米，正面【图一】色调为红色，票券上的字体均为黑色手写体楷书。四周有传统的花纹装饰边框，边框四角分别印有表示面值的大写“壹”字。票面上端自右至左，印有“万载县工农兵银行”字样，标明票券发行机构。两侧印有“江”“西”二字。在银行名称下面加盖一排红色文字，“此票湘鄂赣省工农银行兑换”。票面中间，上部横书“银洋”二字，下部竖书“壹圆”二字。票面左侧椭圆形框内印有楼阁，右侧椭圆形框印有房屋、河流风景。票面最右侧为印制编码。最左侧为发行时间“公历一九卅一年发行”，上面加盖篆书红色“总经理章”小方印。

背面【图二】色调为褐色，四周有传统的花纹装饰边框，图案为双狮，双狮之间竖印“壹圆”二字。双狮图案上加盖一枚方形篆书红

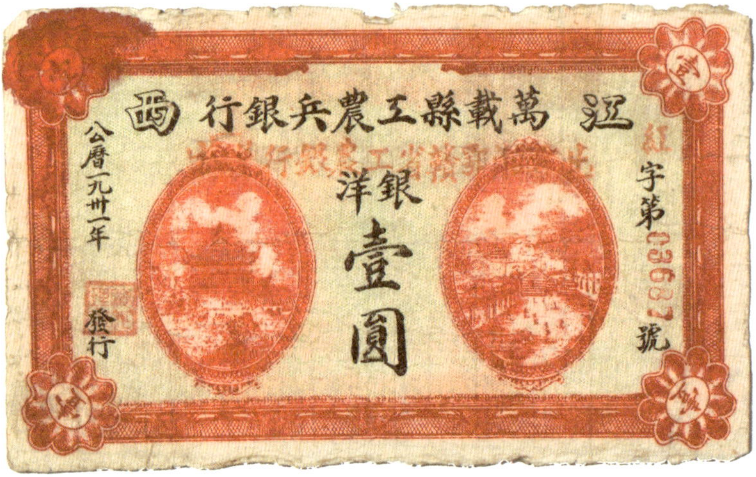

图一

图二

色大印章“万载工农兵银行印”。券面上端自右至左、分两行加盖红色“此票至各县分行各区经理处一律兑换”字样。票券右侧印有“流通市面”，左侧印有“兑换现金”字样。右侧加盖红色骑缝章。

壹角券。票面尺寸为 125 × 77 毫米，正面【图三】色调为蓝 / 黄色，票券上的字体均为红色手写体楷书。四周有传统的花纹装饰边框。票面上端自右至左，印有“万载县工农兵银行”字样，标明票券发行机构。两侧印有“江西”二字。票面中间，上部横书“银洋”二字，下部竖书“壹角”二字。票面左侧椭圆形框内为马克思像，右侧椭圆形框为宝塔、山石风景。票面最右侧为印制编码，上面加盖“谨防假冒”的长方形红色印章。最左侧为发行时间，“公历一九三一年　发行”，上面加盖篆书红色“万载银行”小方印。

背面【图四】色调为蓝紫色，图案为工矿图景。图案上端自右至左印有“合成拾角兑换壹圆”字样，右侧加盖红色骑缝章。

贰角券【图五、图六】。票面尺寸为 132 × 78 毫米，设计风格和版式同壹角券大致相同，唯票券背面色调是褐色。

万载县地处赣西北的西南部，东与宜丰、上高相邻，南与宜春连接，北与铜鼓接壤，西与湖南的浏阳紧靠。万载是一片红色热土，在土地革命战争时期，这里曾经是湘鄂赣苏区革命斗争的主要活动区域。1932 年 4 月到 1934 年 1 月，中共湘鄂赣省委、省苏维埃政府等首脑机关进驻万载小源（今仙源乡），万载成为湘鄂赣革命根据地政治、军事、经济、文化的中心，小源更被称为“小莫斯科”。

1929 年，万载县临时县委成立。1930 年 5 月，万载临时县委率领群众，在红六军的配合下，攻克万载县城。7 月 12 日，全县第一次工农兵代表大会在赤兴浙桥岭下杨家祠召开，正式成立万载县工农兵苏维埃政府。

为了加快工农业生产发展，粉碎国民党反动派对苏区的封锁，万

图三

图四

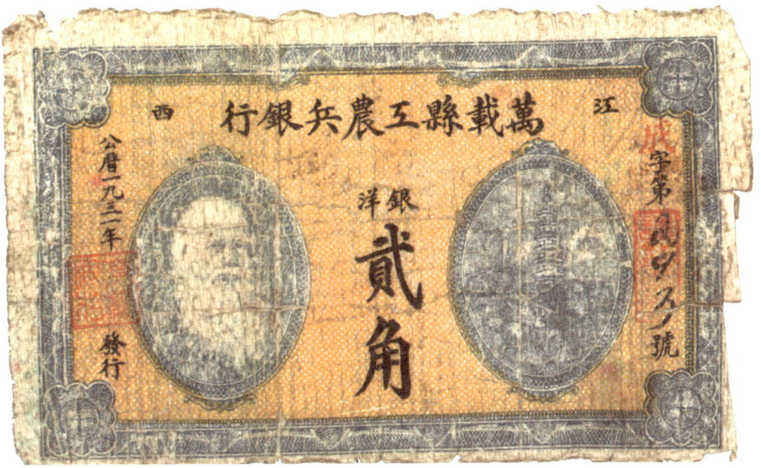

图五

图六

载苏维埃政府采取了一系列措施：实行按人口平均分配土地政策，激发了广大农民革命的积极性和对苏维埃政权的拥护；建立犁牛站和农器借贷所；兴办公营性质的造纸厂、花爆厂、织布厂、陶瓷厂、石印社；同时，发展军用工业，创办兵工厂、被服厂和军民两用的药业合作社；为了加速商品流通，开办商店和转运站，采取群众集股的方式建立消费合作社、信用社等。

万载县工农兵苏维埃政府成立之初，全县境内金融机构庞杂混乱，钱庄、当铺林立，主要流通铜元、银元，还有国民党当局发行的纸币、当地商号发行的各种流通券等。多种货币一起使用流通，造成银钱比价不一致，金融秩序混乱，通货膨胀严重，影响了工农业生产建设的正常发展。尤其是在广大农村地区，耕牛、种子、生产工具以及资金等方面都严重缺乏，借贷无门，农民只能向地主豪绅借高利贷维持生活和购买生产工具，十分痛苦。

为解决流通领域中的混乱状况，支援战争，万载县工农兵苏维埃政府决定成立银行，由万载县大桥乡代表成功负责组织筹建。成功原名陈鸿钧，万载县大桥乡人，曾在一家纸店当学徒，后来负责管理店铺的账目、办理订货、收款等业务。由于有经商理财和管理账务的经验，所以组织指派他参与苏维埃政府的财政工作和银行筹建工作。1931 年 10 月，在万载县第二次工农兵代表大会上，成功被选为县财政部部长，后调任湘鄂赣省苏维埃政府财政部部长，兼湘鄂赣省工农银行行长，1937 年壮烈牺牲。

1931 年 1 月，万载县工农兵银行正式成立。工农兵代表大会是土地革命战争时期红色政权的政治制度，工农兵代表由工农兵群众选举产生。所以，银行的名称定为“工农兵银行”。万载县工农兵银行地址设在潭埠陂田乡大木山下黄家湾，钟学槐（化名甘雨农）任行长。银行成立之后，即印制发行壹圆、壹角和贰角的银洋兑换券。兑换券采用石印技术印制。石印厂设在花桥的天平山，全厂有职工 30 余人。不久，又在天平山设立造币厂，制造银元。1931 年下半年，由于敌人“围剿”，石印厂迁到牛栏集。

万载县工农兵银行兑换券与银元等值流通，随时兑换银元，故在壹角、贰角券背面印有“合成拾角兑换壹圆”字样；在壹圆券背面印有“流通市面”“兑换现金”字样。据史料记载，万载县工农兵银行共计印发纸币兑换券 6000 元。因为广大群众相信苏维埃政权，兑换券在万载县境内广泛流通，信用极佳，作为区域货币，为市面商品交易提供了较为充足的筹码。

为保证军事斗争的军需供给，发展生产，万载县工农兵银行积极开展各项金融活动，在纸币发行过程中，坚持十足兑现原则，禁止私人发行的纸币和其他杂钞、劣币在苏区内使用和流通；并将全县境内的现金银洋集中管理，防止现金外流；禁止高利贷盘剥，实行低利借贷政策，保护广大人民群众的利益，帮助群众发展生产事业；废除国民党当局的一切苛捐杂税，征收苏维埃政府统一的累进税。这些措施有力地冲破了国民党军队的经济封锁，支持了全县的经济斗争。

当时的斗争条件极其恶劣，环境复杂多变，但银行的工作人员牢记自己的使命，克服重重苦难，在转移途中，马驮、肩挑、手提银行的各种设备，保管好纸币兑换券和各种银元，用自己的生命捍卫苏维埃政权的经济命脉。

万载县工农兵银行的成立，使得苏维埃政权掌控了当地经济金融发展的主动权。纸币兑换券的顺利发行和流通，促进了当地商贸往来，商品交换逐渐繁荣起来，保障了人民群众的基本生活。同时，纸币兑换券的发行打破了敌人的经济封锁，为军事斗争提供了充足的资金准备，巩固了苏维埃政权。

1931 年 11 月，湘鄂赣省工农银行成立，万载县工农兵银行改为其分行，所发行纸币由省银行兑换收回。我们今天在万载工农兵银行壹圆兑换券正面，往往能看到加盖的红色“此票湘鄂赣省工农银行兑换”字样，背面加盖的红色“此票至各县分行各区经理处一律兑换”字样，这是湘赣省工农银行成立初期统一币制，由于印制量赶不上发行量，借用万载县工农兵银行库存的未发行票券，加盖戳记后，再投入流通市场所致，同样的现象还出现在宜春、浏阳等县工农兵银行票券上。

赤币档案

1932 年 4 月，为执行中央向东南发展的指示，巩固修（水）铜（鼓）万（载）根据地，积极向东南袁水和樟树发展，使之与湘赣苏区打成一片，和中央苏区取得密切联系，中共湘鄂赣省委、省苏维埃等首脑机关迁驻小源（今仙源乡），在此领导江西、湖南、湖北三省交界地区 30 余县范围的革命斗争。扩大工农武装、发展经济，在湘鄂赣省委、省苏维埃政府的领导下，仙源一度成为湘鄂赣革命根据地政治、军事、经济、文化中心，被誉为“小莫斯科”。

洪湖水　浪打浪：
石首农业银行信用券

石首农业银行信用券发行于 1930 年 3 月，是洪湖革命根据地最早发行的红色货币之一，面值壹圆，流通于湖北省石首（今石首市）地区。

石首农业银行壹圆信用券，文字楷书，设计风格和版式特征如下：

横式，票面尺寸为 136 × 82 毫米。信用券正面【图一】色调为绿色，四周边缘是由中国传统的花草装饰图案组成的边框，边框四角从右到左、自上而下分别印有“夺”“取”“政”“权”字样。券面上端中间有一弧形框，框内自右至左印有“石首农业银行”，标明信用券的发行机构。弧形框两侧各装饰有飘动的旗帜。中间为信用券的主图案——亭台楼阁风景，两侧不规则画框内印有“壹”“圆”二字，空心体，字体较大，醒目突出。券面右侧是印制编码，为传统编号方法“X 第 X 号”，左侧印有“一九三〇年月日票”字样，并加盖一枚篆书红色方形印章“农业银行”。券面右下端印有“扩大赤色区域”，左下端印有“实行武装暴动”。

背面【图二】色调为橘黄色，四周边缘亦设计有装饰边框，边框

图一

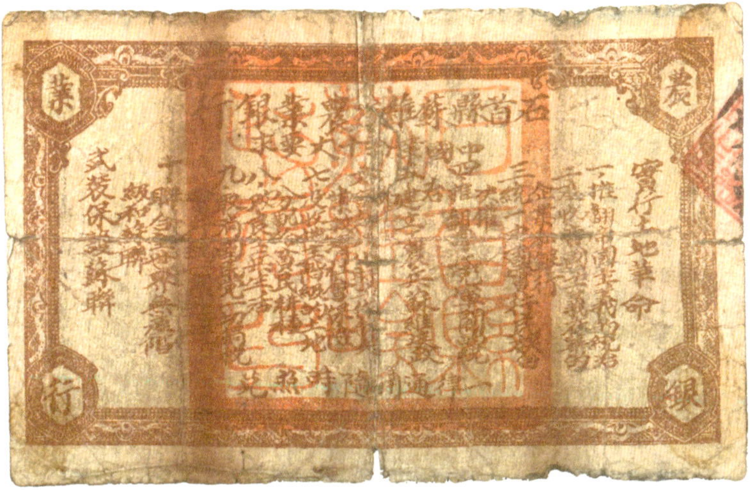

图二

四角从右到左、自上而下分别印有“农”“业”“银”“行”字样。框内上端印有从右至左两排文字，第一排“石首县苏维埃农业银行”，第二排“中国革命十大要求”。其下方印有20列文字，竖式，自右至左：

第一列印有“实行土地革命”。

第二列到第十九列，印有：

一、推翻帝国主义的统治；

二、没收帝国主义在华的企业和银行；

三、统一中国，实行民族自决权；

四、推翻国民党军阀的统治；

五、建立工农兵苏维埃政权；

六、实行八小时工作制，失业救济社会保险；

七、没收地主阶级的土地分配给贫民耕种；

八、改良士兵生活；

九、取消国民党一切捐税，实行统一累进税；

十、联合世界无产阶级和苏联。

第二十列印有“武装保护苏联”。

券面中间加盖一枚红色方形大印章，“石首县苏维埃政府印”，篆书，字体遒劲有力。券面下方印有“一律通用随时照兑”字样。券面右端加盖骑缝章，手写的墨书骑缝字。

石首位于鄂南湘北，地处江汉平原和洞庭湖平原结合区域，有着光荣的革命传统，曾是湘鄂西革命根据地早中期活动中心，先后有“三万儿女当红军”，孕育了9位开国将军。

1929年四五月间，石首县委积极贯彻党的六大精神，在游击战不断胜利的基础上，大力恢复发展党群组织，建立区、乡苏维埃政权，成立石首县苏维埃政府筹备委员会，至此石首红色区域初步形成。

1929 年 9 月，遭破坏后恢复的中共鄂西特委将特委机关设于石首袁家铺。在鄂西特委的领导下，各县实行土地改革，建立苏维埃政权。

1930 年 2 月，在石首县委的领导下，石首县苏维埃筹备委员会在袁家铺召开石首县第一次工农兵贫民代表大会，会议宣布正式成立石首县苏维埃政府，选举产生石首县苏维埃政府执行委员会主席团。县执委主席团内设秘书处和军事、土地、经济、裁判、粮食、文化等委员会及政治保卫局等机构。

石首县苏维埃政府成立后，面临非常严峻的斗争形势，既要面对国民党军队对苏区的军事进攻，还要努力冲破敌人严密的经济封锁。当时苏维埃政府的经济来源主要是打土豪、分田地，其中大部分给农民，政府只留一部分作为供给来源。但随着红军武装力量的强大，需要的经费越来越多。因为当时各商号有汇票，可以印钞票，鉴于此，新生的苏维埃政权决心冲破国民党反动派的经济封锁，成立自己的银行，自主发行货币，增加收入来源，发展苏区经济。苏维埃政府取名“农业银行”，寓意把发展农业放在首位，为广大农民谋幸福。

1930 年 3 月，石首农业银行在该县绣林镇成立。该行在绣林镇外街杨同义药店内设立了地下石印厂，印制信用券，面值壹圆，与壹圆银币等值流通。

石首农业银行信用券设计得很有时代特色。券正面印有“扩大赤色区域”“实行武装暴动”，背面印有“实行土地革命”“武装保护苏联”等政治口号，这充分体现了石首县第一次工农兵贫民代表大会决定的精神。“农业银行”把这四句话印在信用券上，直观明了、广泛深入、直面大众、鼓舞性强，向广大百姓宣传了苏维埃政府的政治主张和经济政策，以及巩固红色政权、扩大红色区域、实行土地革命是革命的目标。银行信用券也成为宣传党和红军路线方针政策的重要载体，因为货币具有的广泛流通属性和特点，可以很好地向广大群众开展政治宣传，从而架起了一座沟通群众支持党和红军的连心桥。

1928 年 6 月 18 日至 7 月 11 日，中国共产党第六次全国代表大会在莫斯科召开。大会认为“革命任务有三个：推翻帝国主义、土地革命和建立工农兵代表会议（苏维埃）的政权”。在此认识基础上，大会总结出中国革命的十大要求。中共六大决议，对党战略方针的确立产生了重要影响。石首县委为了更好地宣传贯彻党的六大精神，就把“中国革命的十大要求”印在了信用券背面。

石首农业银行信用券的主要用途是保障鄂西特委和石首县党政机关干部、地方武装力量、红军战士的工作经费、生活津贴、军需供给等。此外，信用券还满足了辖区内各级赤色供销合作社和中小商贩的借贷，抵制了杂钞、劣币。为维护信用券的稳定，各区乡及边境汇兑所恪守借贷信用，为苏区群众和出入境人员兑换货币。这项举措深受苏区人民的信赖，赢得了人民称赞，信用券在苏区的信用日益提高。

石首农业银行信用券是湘鄂西苏区发行最早的红色货币之一，为冲破国民党对苏区的经济封锁，活跃苏区区域经济，建立苏区金融，保障供给，发挥了极其重要的作用。

随着革命形势的发展，1930 年 12 月，鄂西农民银行在石首调关成立，印制和发行鄂西农民银行信用条、信用券【图三】，同时为统一币制，决定收回以前各县发行的信用券，发行几个月的石首农业银行信用券停止了流通。

石首农业银行信用券，因为是区域性货币，只是在石首一地流通，流通范围小，发行量少，保存至今，更值得追忆。它为研究石首苏维埃政权提供了不可多得的实物佐证和科学依据，具有十分重要的史料价值。

图三

赤币档案

洪湖革命根据地与众多建立在崇山峻岭中的根据地不同，位于江河交错、湖汊遍布的江汉平原。这里自然环境非常优越，盛产棉花、水稻、菱藕，能为根据地军民提供丰富的物质资源；河湖港汊遍布芦苇、荷丛，有利于根据地军民迂回歼敌，开展游击战争。为赢得广大群众支持，湘鄂西党组织强化军民联系，规定游击队员在作战间隙尽可能地参加生产劳动，以防脱离群众；战争中缴获的物品要分一些给贫苦群众；在群众家吃饭，要付伙食费等。

对于这样一个全国少有的根据地，毛泽东在《抗日游击战争的战略问题》中曾给予高度评价：“红军时代的洪湖游击战争支持了数年之久，都是河湖港汊地带能够发展游击战争并建立根据地的证据。”

农民暴动的见证：
监利县苏维埃贰角信用券

监利县苏维埃贰角信用券，是土地革命战争时期洪湖革命根据地的早期货币之一，流通于监利县。当时，洪湖地区的各县苏维埃政府为筹集军费、开展经济斗争等需要，大都先后发行了多种货币。

该券票面尺寸为 97×57 毫米。票券为横式，正面【图一】主色调为紫红色，中间主景图案为线描空心五角星，五角星中间为镰刀、斧头图案。上面，自右至左，书写“监利县苏维埃信用券”9 个大字。主图两边各为一花框，花框中间分别为“贰”“角”字样，周边图形为方框花饰。票面下端正中，有“合成一元随时兑现”字样。票面四角各有表示面值的阿拉伯数字“2”。

背面【图二】图案为白底褐色，主图为装饰花纹，票面上端印有当时的革命口号，“活动赤区金融　完成地方暴动”的字样。中间印有红色印制编码，下面有印制的时间。

反复鉴赏这张 90 多年前的红色信用券，仔细考证票面上的图案和文字，结合当时的社会背景，我们可以解读出多种历史信息：

图一

图二

一、券面上的五角星和镰刀、斧头图案，用形象的方式，向群众宣告苏维埃政权。毛泽东在秋收起义后曾作《西江月·秋收起义》，“军叫工农革命，旗号镰刀斧头。修铜一带不停留，便向平浏直进。地主重重压迫，农民个个同仇。秋收时节暮云沉，霹雳一声暴动”。

二、券面上印有“苏维埃信用券”字样，开宗明义地向使用者宣告，这是新生的苏维埃政权印制发行的货币。因为土地革命初期，苏维埃政权发行货币伊始，老百姓对其还没有建立信任感，所以将钞票名称定为“信用券”，尽可能向广大群众说明钞票的性质和属性。

三、“活动赤区金融　完成地方暴动”是政治性文字。说明发行信用券的目的是活跃金融，终极目标是完成农民暴动，巩固苏维埃政权，诠释了党把工农武装暴动与创建苏维埃政权结合起来的主张。这张信用券是监利县当时政治、经济环境的直接反映。随着革命形势的不断发展，将鼓舞性的、朗朗上口的政治口号或标语印在纸钞上，在很大程度上也是一种很有感召力的宣传品，同时也宣传了苏维埃政权的政治主张和金融思想。

四、信用券制作比较粗糙，说明当时的印刷条件非常艰苦，印制技术落后。纸张采用以嫩竹为原料的连史纸，钞版刻画完成后再进行油印。装饰图案花纹笔画简单，线条粗细不匀，技法较为单一。由此我们更可以想见，在艰苦岁月和战争环境中，无产阶级革命者迎难而上、坚韧不拔的革命精神和无畏气概。

五、“合成一元随时兑现”，表明它是一张银洋票，五张可以兑换银元一枚。这说明监利县苏维埃政府严格遵守银元本位制，保证信用券的信用，承诺随时十足兑现。

监利县苏维埃贰角信用券的印制和发行，是与当时洪湖革命根据地斗争形势发展紧密结合在一起的。监利位于湖北省中南部，是土地革命战争时期湘鄂西革命根据地的中心区域。它是一座红色之城，贺龙、周逸群、柳直荀、段德昌等革命先辈先烈曾在这里筚路蓝缕、浴血奋战。作为湘鄂西革命根据地的中心区域，监利也是由鄂西红军独立师改编的中国工农红军第六军的诞生地，迄今为止，监利境内保存有 323 处湘鄂西革命根据地旧址[①]。

1927 年，党的“八七”会议决定在湘、鄂、赣、粤四省发动秋收暴动。会后，湖北省委将全省分为 7 个暴动区，详细规定了起义的策略、步骤、目的和方法。9 月 10 日，在洪湖西岸的监利剅口，农民秋收暴动队在陈步云的带领下打响了洪湖地区武装秋收暴动的第一枪。星星之火，可以燎原。9 月至 11 月，先后在三官殿、周河湾、螺山、汴河、上车湾、龚家场等 20 多处，相继爆发了秋收暴动，形成了数支农民游击武装，打击了国民党反动派的嚣张气焰。1928 年 5 月，段德昌带领游击队来到监利，与当地游击队会合，成立了由 500 余人组成的洪湖游击大队，初步形成了以监利为中心的洪湖革命根据地。同时，监利县苏维埃政府也成立了。1929 年 6 月下旬，在鄂西特委书记周逸群的主持下，成立了洪湖游击总队（后改称鄂西游击总队）。周逸群任总队长，段德昌任参谋长。1930 年 3 月 31 日，《中共鄂西特委给中央的报告》中写道：“江陵、监利、石首三县除重要城市驻有反动军队外，其余乡村几乎完全被我们占据。这三县均成立苏维埃政府。”

1930 年 3 月，监利县第一次工农兵代表大会召开，大会通过的土地问题决议案中提出“办理农民银行及信用、消费合作社、低利借贷所”[②]等政策主张。面对国民党反动派的经济封锁和严峻的斗争形势，监利县苏维埃政府提出的金融主张，代表了广大农民的利益，是一种积极的尝试和探索。

---

① 《洪湖水也“红”，浪打浪愈响》，《湖北日报》2021 年 10 月 20 日。

② 湖南省税务局，湖北省税务局编：《湘鄂西革命根据地工商税收史料选编（1927—1934）》，1988 年，第 82 页。

洪湖剅口兵工厂旧址

周逸群

为尽快活跃和发展经济，监利县苏维埃政府在农民银行成立前，先在政府内设立管理金融的机构，以政府名义发行了“监利县苏维埃政府信用券”，有壹角、贰角两种券别。

监利县金融机构是湘鄂西根据地较早的金融机构，信用券也是较早的纸币，流通地域仅限在本地，对抵制劣币杂钞对苏区物资的掠夺、解决苏维埃政权经费困难起到了重要作用。

1930 年 9 月 22 日，湘西、鄂西革命根据地连成一片，而后湘鄂西特委和湘鄂西联县政府相继成立。1930 年 10 月，湘鄂西联县政府根据湘鄂西第二次工农兵贫农代表大会经济政策决议案的规定，为统一币制，收回各县已发行的纸币，决定成立鄂西农民银行，发行鄂西农民银行信用券和信用条，流通于以洪湖为中心的湘鄂西革命根据地。

监利县苏维埃信用券发行时间只有 6 个月，时间较短，印制数量有限，再加上后来苏维埃政权遭到国民党反动派“围剿”，纸币被国民党军队大肆收缴销毁，故保存下来的很少，迄今存世罕见，堪称重要的革命文物。

保存至今的信用券是监利苏维埃政权领导组织农民武装暴动的实物见证，展现了那段惊心动魄的血与火的历史。作为一种区域性货币，对稳定监利县境内的金融货币秩序、活跃和发展县区域经济起到了一定的积极作用。

赤币档案

周逸群（1896—1931），字立凤，祖籍湖北省蒲圻县，出生于贵州省铜仁市。中国共产党的优秀党员，杰出的无产阶级革命家、军事家、宣传家、活动家，贺龙同志的入党介绍人，早期人民军队的缔造者之一，湘鄂西革命根据地和湘鄂西红军的主要创建者之一。1931 年 5 月，在湖南岳阳贾家凉亭附近遭国民党军伏击，英勇牺牲，时年 35 岁。2009 年 9 月，周逸群被评为“100 位为新中国成立作出突出贡献的英雄模范人物”。

段德昌（1904—1933），字裕后，号魂，湖南南县人。1925 年加入中国共产主义青年团，同年转入中国共产党。入黄埔军校第四期学习，后到国民革命军第八军第一师政治部工作。参加北伐战争，领导开展游击斗争，创建革命根据地。1933 年在“肃反”中遭诬陷被捕，在湖北巴东被杀害，年仅 29 岁。

1952 年，毛泽东亲自为段德昌签发中华人民共和国中央人民政府第一号烈士证书；2009 年 9 月，段德昌被评为“100 位为新中国成立作出突出贡献的英雄模范人物”。

就地取材：江西工农银行暂借发行券

江西工农银行暂借发行券使用于1930年，是在原吉安临时辅助纸币券壹角上，加盖“江西工农银行暂借发行券”字样、五角星形“赤色区通用”图印和“江西省苏维埃政府财政部”印章，在赣西南地区流通。到目前为止，这是红色货币所见实物中最早利用旧票加盖，改变发行机构的票券。该发行券与中国工农红军第一次反“围剿”战争有着紧密的关系。

因为距今已有90余年，又经过炮火纷飞的战争年代，该张暂行发行券表面已斑驳陆离，图案和字迹污损严重。结合现有资料仔细观察，仍可看出它的形制特征。

该券横式，票面尺寸为91×66毫米。券正面【图一】为深褐色。原票名称为吉安临时辅助纸币券，面值为壹角。四周有传统的花纹装饰边框，边框四角分别印有表示面值的空心体“壹角”二字。上端自右至左印有“每拾角兑纸币壹元”字样。中间为纸币的主体图案，资料表明为吉安白鹭洲。两边各印有“壹角”二字，竖读。券面右端边框竖印“完粮纳税”、左端边框竖印“一律通用”字样。最下端正中印有印制时间，资料显示应为“中华民国十六年印”。

券背面【图二】为蓝色。四周有传统的花纹装饰边框，边框四角

图一

图二

分别印有表示面值的空心体“1”字。资料显示，该券右边装饰框外有第 ××（阿拉伯数字）号的印制编码，框内印有吉安临时辅助纸币券的发行情况说明，即发行条例：

> “本券为调剂市面金融，辅助纸币使用起见，呈奉江西省政府核准备案，发行总额暂定四万元，计四十万张。其效力与大洋纸币为比例，凡属吉安范围内一律通行，不得抑勒折扣。俟政府辅币发行，地方金融活泼，即行呈明收回，特此露布。”

仔细观察，这张发行券在原纸币名称位置处加盖“江西工农银行暂借发行券”字样，黑蓝色油墨，手写体楷书，自右至左横读。需要特别指出的是，为了昭示这是苏维埃政权的货币，区别于原纸币券，在券正面中心位置加盖五角星形“赤色区通用”图印，亦为黑蓝色油墨。

图三

“赤色区通用”五字各在每个角顶端，旋读。五角星形图案中间是镰刀、锤头【图三】。据资料记载，为提高暂借发行券的信用，在券背正中位置还加盖有“江西省苏维埃政府财政部”红色正方形印章。因时间久远，现已难以识别。

看到这张发行券，大家可能会很好奇，非常纳闷：江西工农银行为什么会在吉安当地发行的临时辅助纸币券上加盖文字，在苏区使用流通呢？为什么不立即设计和印发自己银行的纸币呢？要回答这两个问题，先让我们一起回首20世纪二三十年代土地革命战争时期，发生在吉安大地的那段峥嵘岁月。

1930年2月6日至2月9日，红四军前委，红五、红六军军委和中共赣西、赣南、湘赣边特委召开联席会议，决定将赣西、湘赣边、赣南三特委合并为赣西南特委，筹建江西省苏维埃政府。

1930年10月4日，在赣西南革命群众的配合下，红一方面军第一军团攻克吉安，赣江两岸苏区连成一片，中共江西省行动委员会和江西省苏维埃政府也迅速建立起来。

江西革命形势的迅猛发展震惊了国民党统治集团。蒋介石从中原大战前线赶到汉口，召开了湘鄂赣三省“会剿”会议，调集兵力，围攻赣西南革命根据地，组织对工农红军和苏区的“围剿”。这样，刚刚成立的中共江西省行动委员会和江西省苏维埃政府面临的主要工作，就是为第一次反“围剿”做财政准备。

赣西南革命根据地经费来源主要是通过打土豪没收筹款、战争缴获、动员富农或商人捐款或派款等方式筹集。但打土豪和捐款等筹款方式多为一次性措施，且捐款的次数过多会引起民众的抵触情绪，这样财政收入就成了一个很大的问题。一方面财政收入少；另一方面支出却很大，如组织“扩红”、支援前线战斗粉碎敌人“围剿”。又如，维持苏维埃政府运转、成立被服厂和印刷厂等。而且，为巩固根据地，促进农村生产，需要帮助组织贫苦农民生产、贩卖、成立借贷合作社、改良农田水利设施等，凡此种种，都需要用钱，都需要足够的经费保障。

为了在经费上全力支援反“围剿”战争，1930年11月17日，江西省苏维埃政府发出了《迅速集中经济，节省费用，应付阶级决战》“秘”字第一号紧急通令，要求全省为配合红军打破敌人的“围剿”，迅速筹集现金60万元。省苏维埃政府还决定，在反“围剿”期间，各机关应尽量减少办公费用，降低伙食标准，集中经济力量支援前线；并决定“创办工农银行须迅速详细筹划进行”。

在筹建银行的同时即筹建印刷所，着手准备印制纸币。后银行和印刷所筹备工作人员随红军撤离吉安县城，迁到东固山的瑶下村。

毛泽东对红军的给养问题非常重视，1930年11月20日，他在江西吉水县水南给中共江西省行动委员会的信中写道：

> 筹款一事，一百二十万元还只有二十三万元到手（此二十三万元无论何人非得总前委命令，不能支用分文，务望注意），非努力进行筹款不可。红军一到红色区域，一切供给都要向省政府领取，此外没有第二条出路，务望省委对于此事重新计划一番，随时严厉督促，不稍疏忽，是为重要。

为解决红军给养问题，1930年11月21日，红一方面军总前委给江西省行委发出指示：

“红军的给养问题成了万分严重的问题，如果政府不能供给起码三十万的现洋，和足够三个月油盐米，那么红军将无法执行他的任务……”对于没有筹集到手的款项，提出“立即动手出票子铸铜币”，以补现金之不足。

1930年11月27日，江西省苏维埃政府在“秘”字第四号通令中说：“本政府为要取得这一决战的胜利，当然要准备充分的经济，为了这一决战的胜利之需，因此本政府财政部以一百万元现金创设大规模的江西工农银行，同时财政部为着要使金融有广泛的流动，使我革命群众与红军对经济上有绝大的充裕，因此发行钞票一百万元。”新成立的工农银行积极响应总前委“动手出票子”的建议，但印刷所筹备人员在撤离吉安县城时，原设计的票版在转移中不慎失落，此时材料又极度缺乏，使工农银行钞票根本无法印制。而“目前因阶级决战在即，须要金融流动”，因此江西省苏维埃政府决定采取一种临时措施，“特将吉安临时辅助纸币券壹角价值的加盖我‘江西工农银行暂借发行券’与盖五角形赤区通用的图印，后面并加盖‘江西省苏维埃政府财政部’方印，以昭信用，藉防假冒”。同时，通令“江西工农银行暂借发行券”可随时到江西省苏维埃政府财政部兑换现洋，该券在苏区一律通用，待江西工农银行的钞票印好后，即将该券收回。

江西工农银行克服困难，利用缴获的面值为壹角的吉安临时辅助纸币券，在其上面加盖“江西工农银行暂借发行券”字样，投放到赣西南革命根据地。第一次反“围剿”战争中，红军队伍的给养，如粮食、食盐等都是由江西工农银行暂借发行券筹集。

江西工农银行纸币正式面世之后，江西工农银行暂借发行券与之共同流通。1931 年 7 月，江西省苏维埃政府加拨 5 万银元，作为该行基金，并加印拾枚、伍百文、壹仟文的铜元票，用以回收暂借发行券和东固银行铜元票。至此，江西工农银行暂借发行券正式退出流通。

江西工农银行的成立，标志着赣西南苏区的货币斗争有了统一的领导和机构，其担负支援战争、发展经济的重大任务。江西省苏维埃政府从实际出发，因地制宜，开创性地将缴获的纸币券进行加工，改印成暂借发行券，这充分地体现了党勇于创新的革命精神。暂借发行券的使用，为粉碎敌人“围剿”、发展根据地经济提供了坚实的物质基础。

赤币档案

吉安，位于江西省中部，赣江中游。地势上，属罗霄山脉中段，扼湖南、江西两省咽喉通道。沿江而下可达江西省会南昌，溯江而上可到赣南重镇赣州，作为连接江西南北的交通枢纽，历来是兵家必争之地，是赣西南重要的政治、经济和文化中心，亦为当年中央苏区军事要地和交通枢纽。

从 1929 年 10 月提出“攻取吉安”，到 1930 年 10 月攻下吉安的一年时间里，毛泽东、朱德率领的红四军、红一军团和红一方面军，在江西地方红军武装红六军、红二十军和数十万群众的配合下，先后发动了九次攻打吉安城的战斗，史称“九打吉安”。

红旗跃过汀江：
闽西工农银行壹圆股票券

土地革命战争时期，中国共产党领导下的各根据地苏维埃政府为巩固政权、发展经济，在金融建设方面积极进行了研究和探索。在银行、合作社和商业性企业等机构成立过程中，根据地结合自身状况，尝试采用股份制，制定相应的股票发行政策，发行了一定数量的股票。1930 年 11 月成立的闽西工农银行就是一种有益的探索。

闽西工农银行是土地革命时期苏区成立的第一家红色股份制银行。闽西苏维埃政府通过发行股票筹资创建金融机构，开启了股份制红色金融的辉煌历程，是红色金融史上的创新之举。

闽西工农银行壹圆股票券【图一、图二】，材质为毛竹纸，木刻版褐色油墨印刷，单面。票面尺寸为 97 × 107 毫米，竖式。股票券正面左侧加盖有“闽西工农银行”红色圆形骑缝公章。整幅券面由三部分组成：

上部，为股票票面的主要内容，约占整个股票的 2/3。四周由传统花纹构成边框。边框上方两角各印有“壹”“股”，下方两角各印

图一

图二

有阿拉伯数字“1”。框内上端中间印有光芒四射的空心五角星。右左两侧椭圆形框内分别印有马克思、列宁头像。头像两侧各印有一面由五星、镰刀、锤头图案组成的旗帜。下端弧形框内印有股票名称，自左至右为“闽西工农银行股票”字样，楷书。下面印有印制编号“农字第　号”。编码下面花框内印有金额“壹圆”二字。金额右侧竖式长方形框内印有两条股票说明，竖读，四列，第一条是右左读法“一、本股票不得在市”“面流通买卖”。第二条是左右读法，“二、凭票向本银行支”“领应得红利”。金额左侧竖式长方形花框印有两列字，“闽西工农银行”“行长盖印”，下面加盖了行长阮山的红色方形名章。框内下端中间印有股票认购时间，“一九三一年　月　日给”。

中部，长条形框内，印有“此票给　省　县　区　乡　收执”字样。

下部印有六个线条构成的长方形小框，为六张股票分红支付凭证小票，框内文字内容“凭票照付”“第＊期红利”，从第一期到第六期，共六期。

通过分析这张股票券面的内容，可知当时闽西苏维埃政府已经开始重视利用融资手段开展经济建设，也铸就了“闹革命走前头，搞生产力争上游”的苏区光荣传统，为中国红色金融和股份制的发展提供了宝贵的经验。

闽西位于今天福建省西部，包括龙岩、永定、长汀、上杭等十几个县。在中国新民主主义革命史上，闽西这块红色热土，书写了一首首光辉的诗篇，有“红旗不倒”的赞誉。闽西是中央苏区的核心区，也是红色金融的发源地之一。1930 年 3 月 18 日，闽西第一次工农兵代表大会在龙岩城召开，大会讨论了闽西的政治、军事、经济、文化等重要问题，选举成立以邓子恢为主席的闽西苏维埃政府，闽西革命根据地正式形成。闽西革命根据地是中国共产党较早开辟的根据地，是中央苏区的重要组成部分。

闽西苏维埃政府成立后，坚决贯彻党的土地政策和经济政策，大力发展经济贸易，努力克服工农业生产“剪刀差”的现象，稳定苏区经济，根据地得到巩固发展壮大。

闽西革命根据地除了在军事上取得重大胜利外，还在工农业生产、财政经济、文化教育等方面取得了巨大成就。1930 年 11 月正式成立的闽西工农银行是中国革命史上成立较早的一家银行，为发展壮大苏区经济作出了重要贡献。

闽西革命根据地成立之初，市面上流通的多是劣质银币和国民党当局发行的纸币，以及各种地方杂钞等，比价极不统一，百姓对此深恶痛绝。由于多种货币混杂，金融秩序紊乱，一些奸商就把劣币带到苏区，用劣币套购根据地的金银和农副土特产品。国民党反动派对根据地实行严密的经济封锁，造成根据地内的商品买卖、物资交易极大不便，严重影响了生产的正常发展和人民群众的生活。“剪刀差”以及经济封锁导致现金大量外流，致使本地用于交易的货币量急剧减少，

闽西工农银行旧址

同时，也造成了红军军需补给的困难。

为稳定金融市场，维护广大人民群众的经济利益，防止根据地物资外流，满足红军军需供给，早在 1929 年 9 月，中共闽西特委就曾指出“由县政府设法开办农民银行”。1930 年 3 月，闽西第一次工农兵代表大会决议规定：“一、各地不得自由发行纸币。二、发行纸币机关，要信用合作社才有资格……请得闽西政府批准者，才准发行纸币。”9 月，闽西第二次工农兵代表大会召开，会议认为：“目前为要调节金融，保存现金，发展社会经济，以争取社会主义胜利的前途，唯一的办法是设立闽西工农银行，各县设分行。”大会决定筹建闽西工农银行。

而后，闽西苏维埃政府发布第七号布告：“闽西自从土地革命胜利，赤色政权建立后，社会经济已日渐发展。可是，目前敌人经济封锁致社会经济的发展发生了很大阻碍，因此，大会决定设立闽西工农银行，调剂金融，保存现金，发展社会经济，实行低利借贷。”苏维埃政府推举阮山、张涌滨、曹菊如、邓子恢、蓝为仁、赖祖烈、黄维仁 7 人为闽西工农银行委员会委员，阮山为主任，成立筹备处。经过紧张筹备，11 月 7 日，闽西工农银行正式成立。阮山任行长，银行开始设在龙岩县城，后搬迁至长汀县城。

阮山

众所周知，办银行，必须要有资金。但因为长期遭受国民党反动派的严密封锁，使得苏区条件异常艰苦，手头现金有限。怎么办呢？为了保证银行及时开业，顺利正常开展业务活动，大家经过集思广益，决定采取股份制的办法，以认购方式筹措资金。

在闽西苏维埃政府的直接领导下，在阮山的主持下，闽西工农银行制定了组织纲要——《闽西工农银行章程》，这是党领导的红色金融史上首部“银行法”，开创了中国革命金融法制的进程。章程共十一条，其中第五条规定“资本——总定额二十万元，分作二十万股，每股大洋一元，一次收清”。第六条规定“股票——用无记名式，分一股一张，五股一张，十股一张三种”。

通过解读银行章程，我们知道闽西工农银行开办资本为20万元，共发行20万元股票，每股1元，以大洋（即银元）为单位（金银器可折算大洋），一次募集完成。股票不记名，有三种形式，分别为一股、五股和十股，即1元、5元、10元。但目前仅发现一股即面值1元的股票。银行盈利的60%归股东，按照持股数额分配利息。

闽西工农银行除了向广大工农群众募集股份外，还要求各地合作社每百元资本购买10元，粮食调剂局每百元资本购买20元。各个工会及机关工作人员至少购买1元。各级政府、工会、军队组织募股委员会，深入动员广大军民入股。由于得到人民群众的热烈拥护，各级干部、红军战士和广大群众踊跃购买股票。许多年轻妇女取下自己身上的银首饰，变卖买股票，一些商家也参与其中，热烈入股。一时间，在闽西苏区出现争购银行股票的火热场面，“工农踊跃加入股，资本天天只见加”。

因为募股顺利，闽西工农银行的基金不断充实和扩大，集中力量，发行了银元票和银角票。为活跃根据地经济，闽西工农银行积极主动向公营企业放款，还通过信用合作社，贷款给农业劳动合作社、手工业合作社、消费合作社，大力扶助和支持合作经济。此外，为帮助发展生产，闽西工农银行还低利借款给百姓，让其购买肥料、耕牛、种子等生产物资。

闽西工农银行的种种举措，有力地打击了高利贷和投机倒把，打破了敌人的经济封锁，对支持革命战争，发展苏区经济，巩固苏维埃政权等都起到了重要作用。

闽西工农银行的创立开启了党领导下的苏维埃政府管理股份制银行的序幕。闽西工农银行股票的印制和发行，是共产党人早期在金融证券发行上的宝贵探索和尝试，它创造性地把当时先进的融资工具应用于苏维埃政府的经济建设中，充分显示了闽西苏维埃政府领导人开阔的眼界和超前的思维，也为党后来开展经济工作提供了经验，在中国红色金融发展史上留了浓墨重彩的一笔。

赤币档案

阮山（1888—1934），原名德宽，又名守南，闽西革命根据地的创始人之一，也是我国早期人民金融事业的开拓者。1926 年 1 月加入中国共产党。1926 年夏，与林心尧等在永定上湖雷羊头村成立闽西最早的党支部——中共永定支部，任支部书记。1928 年 6 月，与张鼎丞、卢肇西等一起领导了永定暴动，任副总指挥。1929 年 7 月，出席中共闽西第一次代表大会。同年 10 月，主持永定县第一次工农兵代表大会，当选为县苏维埃政府主席。1930 年 11 月，任闽西工农银行行长。1932 年，调任中华苏维埃共和国临时中央政府教育部社会教育局局长。

在革命活动中，他创作了如《救穷歌》《土豪恶》《妇女解放歌》《设立工农银行歌》等大量民歌，以利于宣传教育群众。1934 年 10 月，中央主力红军长征后，他留在苏区坚持游击斗争，同年冬，被叛徒杀害于长汀四都谢坊村。

立马勇横刀：
平江县苏维埃政府造银币

铸造发行银元，是各革命根据地苏维埃政府增加财政收入、扩大财政来源、保证军需供给、发展经济的重要措施之一。土地革命战争时期，井冈山、中央苏区、川陕、鄂豫皖、湘鄂赣等革命根据地都铸造有不同种类的各式银元。

湘鄂赣革命根据地平江县苏维埃政府曾铸造和使用银元，直径 39.5 毫米，重 27.17 克，成色 92%。银元正面一珠圈和一圆圈将币面分为两部分。中间铸有一颗线描空心大五角星，五角星中心是镰刀、锤子组成的图案，这组图案旗帜鲜明地体现了工农政权的性质。币缘上端自右至左镌刻“平江县苏维埃政府”字样，下端自右至左镌刻“一九三一年制”字样。所有文字均为楷书书体。银币背面采用袁世凯头像银元的背面嘉禾图案，中间镌刻“壹圆”二字。该枚银元【图一、图二】的文字和图案有磨损情况，表面有明显的使用痕迹。

这枚银币由平江县苏维埃政府于 1931 年初开始铸造，土地革命战争时期流通于湖南平江。当我们将视线从平江县苏维埃政府银元扩

图一

图二

大至整个平江地区，围绕着这块重要战略要地，彭德怀等如雷贯耳的名字赫然出现在视野当中。

平江县位于湘、鄂、赣三省交界处，境内高山遍布，森林茂密，是中国共产党领导的早期重要革命根据地之一，是著名的秋收起义、平江起义等重大革命历史事件的发源地。

1928 年 7 月 22 日，彭德怀、滕代远等领导国民革命军湖南独立第五师第一团，在湖南平江举行起义，成立中国工农红军第五军，建立了平江县苏维埃政府。后由于敌人的残酷“清剿”，平江县苏维埃政府组织遭到严重破坏。

1930 年 6 月 28 日，湘鄂赣独立师和平江县四乡赤卫队攻占平江县城，29 日，平江县苏维埃政府正式恢复。7 月 12 日至 15 日，平江县第一次工农兵代表大会在平江长寿街第二高等小学召开，选举产生平江县工农兵苏维埃政府第一届执行委员会，张怀一等 11 人当选为第一届执委，张怀一任主席。县苏维埃政府下设赤卫、财政、土地、劳动、肃反、粮食、文教、市政 8 个委员会。县政府制定并公布了《政治问题决议案》《暂行劳动法决议案》《暂行土地法决议案》《经济问题决议案》《赤卫问题决议案》。其中，《经济问题决议案》提出了 11 项计划，对恢复和发展农村经济、维系红军的经济生命提供了重要的法律保障。

此时，国民党军队对苏区反复进行军事“清剿”，在经济上进行封锁，妄图扼杀红色政权。捍卫苏维埃政权、重建苏区经济、维系军民生命，是恢复后的平江县苏维埃政府面临的紧迫任务。平江县苏维埃政府为了反对国民党反动派对苏区经济的破坏和封锁，重建苏区经济，稳定军心民心，鼓舞士气，增强斗志而采取了一系列重大措施。为了打破敌人的经济封锁，发展苏区经济建设，县苏维埃政府决定成立平江县工农银行，实行统一的货币制度。

1930 年 11 月，平江县工农银行成立，印制和发行了银元票和铜元票。湘鄂赣革命根据地以银元为法定的本位币，为保障纸票的顺利兑现和满足金融流通的需要，平江县工农银行成立后，县苏维埃政府随即筹划建立造币厂，鼓铸银元。

1931 年初，平江县苏维埃政府造币厂在谢江黄家成立（另一说法是 1930 年底，在加义芦头洞靠浏阳边界一个叫杉皮坳的山沟里），厂长是李克家，在当地招募 20 余名工人。这些工人大多是银匠和手工艺匠人，掌握一定的银器或首饰的加工技术。其中 1 位银匠说他叔叔在国民政府造币厂做工，李克家就让他仔细地介绍他叔叔铸造银元的大致经过，还让他讲述自己如何打铜、打银、打锡等情况。而后，工匠们在一起反复琢磨、共同探讨，大致了解了铸造银元的过程。

银元是采用民间土法铸造而成。工人们先将银料熔化浇入石膏模内，冷却后形成粗坯，经过打平、锉光、凿边等工序，做成坯饼。然后将坯饼放置雕刻银元图案的铜模内，再用重 1000 多斤的大石块锻压，最后银币成型。模型正面为五角星、镰刀、锤子图案，反面为嘉禾图案，其中“壹圆”两字以铜模为上下印模捶打，然后锉边修饰，并用天平称重量。重量达不到标准的，须重新回炉再铸；超重的，则须进行锉边修饰。

由于工艺简单，技术落后，设备笨拙，工厂每天仅能制作 20 多枚银元。这种土办法制造出来的银元，除边轮齿纹较稀，敲击声音差一些外，基本符合要求。但由于银元质量较差，很容易被人仿造假冒。后由于国民党军队的骚扰，造币厂先后搬到周坊白竹坑、黄金洞等地，设备有所更新，产品质量也有所提高。

铸造银元需要大量的银料，平江县苏维埃政府银元的原材料主要有四个来源，一是打土豪没收所得；二是战争缴获的物资；三是向群众购买；四是广大官兵群众捐献。

为解决铸造银元的原料缺乏，平江县苏维埃政府广泛深入开展动员，号召群众出售家中的纹银，由政府给价收购。平江县苏维埃政府于 1931 年 2 月 20 日以执委主席张怀一的名义发出《关于集中纹银制造新银币的通告》。通告指出：“县苏为扩充新银币之制造而集中纹银，一方面是（为了活跃）县苏维埃区域金融之流通，冲破敌人经济封锁；另一方面系使用废物变无用为有用。这一办法似苛刻而实平常，似琐碎而实简易。”

紧接着，苏维埃政府又在 3 月 24 日再次发出《关于迅速集中纹银造币的通令》，反复宣传集中纹银造币的意义，强调收购纹银的原则。在 3 月 24 日的《通令》中还就集中纹银的具体办法做了三条规定：“一、凡革命群众自愿将所有银器、银首饰捐给银行造币者，苏维埃当予以接受，但须于银包上注明‘不给价’三字。二、凡不愿储蓄者，概给现钱收买，但须由当地经收的苏维埃先给收条，再将银件并收条存根交县苏，财委派技师分析或作价后给钱，可于银包上注明‘现买’二字。三、凡愿意暂缓给价，可用（由）县苏定期加息付价者，可于银包上注明‘储蓄’二字。”[1]全县人民热烈响应，纷纷献出家藏银子，为制造银元提供了必要的原料。

据不完全统计，平江县苏维埃政府银元的铸造发行数量为1000元。苏维埃银元面世后，立刻受到群众的欢迎和拥护。据1931年《中央局滕代远巡视湘鄂赣苏区的报告》指出，平江等苏区“纸票银元出现时，非常受群众欢迎乐用，红军士兵都争换苏维埃的银元作纪念，以致流通到白区岳州、汨罗等地”。

1931年11月，湘鄂赣省苏维埃政府的湘鄂赣省工农银行成立后，平江县苏维埃政府银元即停止铸造发行。平江县苏维埃政府银元铸造和流通不到一年，虽然时间短暂，但它反映了土地革命战争时期平江的经济情况，对当时苏区社会经济的发展、扩大财政的收入、金融秩序的稳定起到了重要作用。

第一，有利于平江县工农银行纸票【图三、图四】的兑现。平江县工农银行纸票是银本位制，所发纸票都是兑换券，所以铸造和发行银元，既是根据地革命斗争发展的需要，也是稳定根据地纸票币值的需要。政府铸造银元是充实银行纸票兑现基金的来源之一，满足了平江县工农银行纸票兑现的基金需用，增强了工农群众对银行纸票的信任。

第二，有利于平江县苏维埃政府充裕财政来源。在打土豪筹款、战争缴获、群众出售和捐献中，苏维埃政府收存了不少的银器饰品。这些器饰本身虽有价值，但不能流通使用，便以它们为原料铸造银元，变物为币，这对解决财政的部分需要是有一定的实际意义的。

第三，有利于当地商品贸易的开展。平江县苏维埃政府非常重视银元的质量，铸造出的银元重量足、成色高，面世之后受到群众的欢迎，

---

① 中国人民银行湖南省分行金融研究所编：《湖南省老革命根据地金融史料汇编》，1981年，第3～57页，正文第201～203页。

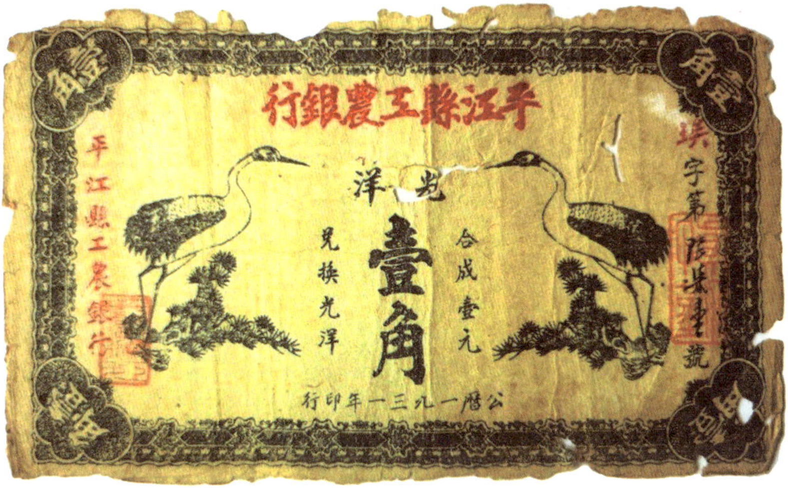
壹角
平江縣工農銀行
光洋
壹角
合成壹元
兌換光洋
平江縣工農銀行
字第
號
公曆一九三一年印行

图三

壹
平江縣工農銀行
銀洋
壹圓
公曆一九三一年印行

图四

商人店铺乐于收用，这对打破敌人的经济封锁、活跃地区商贸有积极的意义。

一枚小小的平江县苏维埃政府银元，凝聚了老一辈无产阶级革命家的丰功伟绩，承载了先辈们英勇献身的奋斗过程，激励着今天的我们共同传承迎难而上、一往无前的革命精神。

赤币档案

李克家（？—1935），1928年加入中国共产党。1930年，担任平江县苏维埃政府造币厂厂长。1932年，先后调任湘鄂赣省反帝大同盟秘书、湘鄂赣省苏维埃政府造币局局长兼银币厂厂长。为了制造出合格的银币，多次深入手工艺工人中间，了解生产配方，鼓励工人们大胆试验，攻克技术难关，并亲自带领工人设计出了压币机，终于用土法试制出了3种符合标准的银元，缓解了省苏维埃政府的财政困难。同时，数次潜入白区，筹措造币原料。1935年，敌人对湘鄂赣苏区发动大规模“围剿”期间，奉命留在咏生县白花尖坚持斗争。同年7月，因叛徒出卖，被敌人包围，为掩护同志们突围，不幸中弹牺牲。

国际歌声：
列宁头像银币

列宁头像银币铸造于土地革命战争时期的鄂西北革命根据地，由鄂北农民银行造币厂铸造，流通于鄂西北苏区。因为当时铸造数量非常少，现今保存下来的也很少，故极其珍贵。

银币正面【图一】主图案为列宁正面头像，短胡须，穿西装，系领带，银币上缘镌刻有“中国苏维埃共和国国币”字样，下缘镌刻有“一九三一年”字样。主图案与外层文字由珠圈分开。银币背面【图二】主图案由镰刀、斧头和“壹圆”字样组成。顶部刻有五角星，边缘环绕着装饰花纹。主图案与外圈装饰花纹之间有一圆圈和一珠圈。银币直径39.9毫米，重30.8克。受当时造币设备、铸造条件，以及复杂的军事斗争环境的影响，银币铸造工艺简单，应系民间十泆打制而成，地章不平，轮廓不规整，但整体表现形式具有强烈的革命感。

鄂西北苏区是湘鄂西革命根据地的重要组成部分。1930年冬，湖北均县、房县两地党组织将自发的农民武装组织起来，成立了均、房游击队，不久均、房游击队改编为红九军第二纵队，为其后红三军建

图一

图二

立根据地创造了条件。1931 年 3 月，根据中共中央的指示，红二军团在鄂西长阳改编为红三军。6 月中旬，攻克湖北房县县城，开辟了以房县为中心的鄂西北革命根据地，苏区范围包括房县、均县的全部，竹山、谷城、保康、南漳等部分地区。

1931 年 6 月下旬，相继成立了房县县委、中共鄂西北临时分特委，柳直荀为分特委书记兼房县县委书记，并建立了房县苏维埃政府，领导苏维埃运动。

房县地处偏僻，四周高山环绕，经济落后，土匪恶霸横行，货币流通领域混乱。一方面，商人大量囤积银元到大城市采购物资，造成银元奇缺；另一方面，当地军阀政府铸造的铜元因滥发而贬值严重，百姓拒绝使用。为此，鄂西北地区市面货币筹码不足，甚至出现了以物易物的交换方式。

为活跃苏区城乡经济，利于商品交易，统一货币，争取收益，1931 年 7 月中旬，中共鄂西北临时分特委决定开设鄂北农民银行，红三军第七师政治部主任、县苏维埃政府秘书胡苏黎担任行长，县经济委员王守训负责具体业务。鄂北农民银行印制和发行壹圆和伍角两种面值的信用券。为迅速建立信用券在群众中的信誉，房县苏维埃政府决定成立鄂北农民银行造币厂，铸造和发行带有马克思头像和列宁头像的苏维埃政权银币。

鄂北农民银行造币厂位于房县县城的城关西街，与县苏维埃政府办公地隔街相望。制造银元的原材料主要是打仗缴获的银元、元宝和银饰品，以及没收地主老财的家产等。为制造银元，王守训将房县县城内的罗正太、张腾丰、丰明六、杨维栋、丁文生、许洪庆、赵德沛、李景华、丰远盛、李顺新、聂洪山、散家春 12 名银匠集中起来。因为这些银匠只有制造首饰的经验，不懂得银币的铸造技术，为了及时推广使用红军的货币，他们开始只能采用最简单迅捷的办法，先将杂银铸成重七钱二分的方块，上面铸有“维持”二字，经房县苏维埃政府批准，作为区域内的临时流通货币，称之为“维持块”。柳直荀说这种银块不能突出苏维埃政权，不能代表红军的货币。于是，有人找到马克思、列宁画像，要求银匠按照画像的样子铸造银元。王守训又从西关找来一位稍懂模具雕刻技术的银匠周远忠，才铸造出两套正背模具，一套正面是列宁头像，背面是镰刀、斧头图案；另一套正面是

马克思头像银币

银币制造者散家春

马克思头像，背面亦是镰刀、斧头图案。

银币的铸造方法是先将银首饰和散碎银子等熔化成银液，铸成圆形银饼，再由工人师傅纯手工一块块压铸。由于铸造方法原始，技术落后，一天仅可以制造 120 多枚，前后做了近 3 个月，总共铸造 1 万多枚（有的说 4000 多枚）。银匠每人每天发放 1 枚银元，其余都必须上交鄂北农民银行，由银行统一发行。

鄂北农民银行银币的信用极高，面世之后，百姓、商家店铺拍手称赞，乐于使用。人们纷纷将家中的粮食、棉花、药材等物品拿到苏维埃商店出售换取银币，所以银币广泛流通于房县及周边地区。1932 年上半年，红军撤离鄂西北革命根据地后，列宁头像银币和马克思头像银币、鄂北农民银行纸币等一起停止发行。

鄂北农民银行铸造的银币在设计上突出当时的政治理念，苏维埃政权色彩浓厚，具有较强的时代性。为了突出中国革命和世界革命的紧密联系，图案设计了马克思头像、列宁头像。在构图上突出了国际无产阶级领袖形象，让鄂西北革命根据地广大军民从货币上得到革命的信息，从而调动了根据地民众的革命积极性。鄂北农民银行银币上的列宁像因为是手工雕刻，美观度和艺术性虽然不高，但凝结了根据地人民的智慧和鲜血，同时也将列宁形象在苏区广泛传播。

列宁头像银币既是土地革命战争时期鄂西北根据地革命发展进程中的重要产物，也是苏维埃政权进行革命斗争的经济工具。它激活了房县地区的商品经济，活跃了商贸往来，同时也为红军筹款起到了巨大作用。它的铸造、发行和流通，对根据地的军事斗争、生产建设等各方面产生了广泛的影响。

列宁头像银币对我们研究鄂西北根据地政治、军事、经济、文化、艺术等有着极其重要的历史价值。

赤币档案

马克思头像银币：主图案为马克思正面头像，长胡须、穿西装、系领带，头像上部有“中国苏维埃共和国造”字样。银币背面主图案由镰刀、斧头和“壹圆”字样组成，顶部刻有五角星，边缘环绕着装饰花纹。银币直径 39 毫米，厚 2.5 毫米，重约 28 克，含银量为 80% 左右。现收藏于湖北钱币博物馆。

天灾人祸后的力挽狂澜：

湘鄂西省苏维埃政府壹圆水利借券

革命战争年代，为了解决财政困难，满足军事斗争之需，发展生产，一些根据地曾发行过各种不同种类的公债券，湘鄂西省苏维埃政府发行的水利借券就是其中之一。该券发行时间为 1931 年，正是土地革命战争时期。作为中国共产党领导的根据地早期发行的债券，湘鄂西省苏维埃政府水利借券意义重大。它的印制与当时湘鄂西革命根据地发生大面积水灾有直接关系，是湘鄂西省苏维埃政府组织百姓抗灾自救、恢复生产生活的有力物证。

该借券面值为壹圆，横式，票面尺寸为 131×76 毫米，设计风格和版式特征如下：

正面【图一】主色调为红褐色，颜色鲜明。票券四周有花草纹组成的装饰边框。边框四角各有大写的“壹”字，表示面值。所有图案和文字都在装饰边框内。上端中间为一圆弧边框，边框内从右至左有“水利借券”四字，楷书。中间位置为菱形状的中国传统花草，上面印有面值“壹圆”二字，美术体，中空，上下书写。面值两侧各有一花草装饰边框，内印有远山、楼阁、台阶、院落、走廊等元素，构成一幅山水风景图。券面右侧印有发行机构，“湘鄂西省苏维埃政府发行”11个字，竖读；券面左侧印有印制时间“一九三一年　月　日”字样，亦为竖读。票面右下侧印有革命口号，“水灾是帝国主义国民党统治下的必然结果”，上下两排，右读；票面左下侧，印有宣传口号“只有全国苏维埃的胜利才能彻底整顿水利”，楷书，上下两排，左读。

背面【图二】主色调为灰蓝色，颜色鲜明。票券四周有花草纹组成的装饰边框。边框四角各有阿拉伯数字“1”字，表示面值。边框内白底，所有文字都在装饰边框内。文字是苏维埃政府发行水利借券的条例全文，排列方式为自右至左。

本券条例

一、苏维埃整顿水利是要动员广大群众，为了保证土地革命的利益，而来踊跃的进行，本券是为必要的水利经费，只占整个水利经费百分之二十。

二、本券是无息借券，以明年的土地税作担保，各县按照本县水利经费百分之二十的数目来省府领取推销，后来按照所推销的数目全部收回，送交省府焚毁。

三、本券推销的主要对象，是赤白区域的商人和富农，其他热心水利者，可按自己经济力量自愿承销。

四、本券必须百分之百的用在整顿水利上面，绝对不准移作别用。

五、本券与“借据”性质相同，能够出售，但不能购买货物。

图一

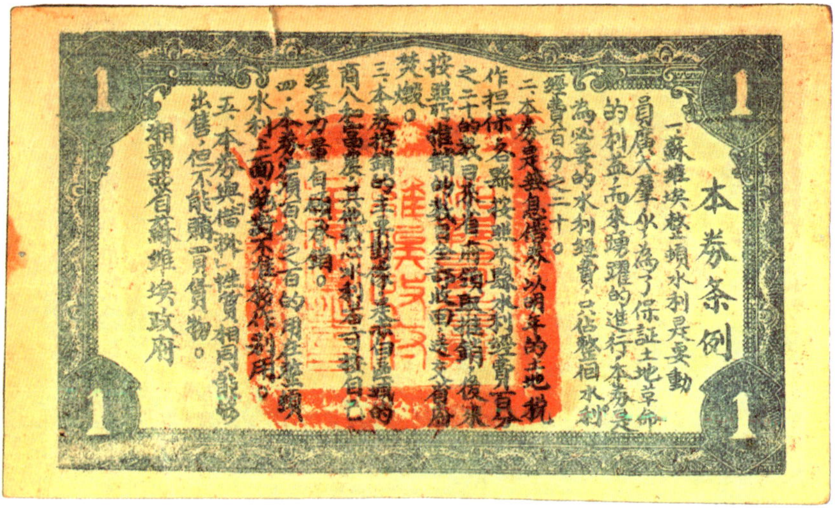

图二

条例末端印有借券的发行单位——湘鄂西省苏维埃政府。

票券中间加盖红色篆书印章，自右至左，三列，分别是“湘鄂西省苏”“维埃政府”“主席团之印”。加盖政府印章，目的是增强借券的信用，提高公信力，让老百姓放心，表明关怀人民的福利是共产党和苏维埃政府的最高准则。

湘鄂西革命根据地是土地革命战争时期党建立的几块较大的根据地之一，由贺龙、周逸群等老一辈无产阶级革命家创建。根据地以洪湖为中心，包括湘赣两省西部的交界地区。根据地鼎盛时期，拥有300万人口，曾经占据石首、监利、沔阳、潜江、华容、南县、公安7座县城，控制了长江两岸近350公里的地区。

1931年12月11日，湘鄂西第三次工农兵代表大会在监利周老嘴心慈庵召开，选举产生了湘鄂西省苏维埃政府，主席团成员由崔琪（主席），马武和刘革非（副主席）、彭之玉、冯中培、周正等11人组成。主席团下设经济、土地、财政、劳动、文化、工农监察、军事等10个委员会。

1931年夏季，长江流域发生特大水灾，沿岸各省受灾严重，经济损失20多亿元，尤以湖北和湖南两省最为严重，湖北省的洪湖苏区亦在其中。长江堤、襄河堤和垸堤相继决口，大的有六七处，小的不计其数。“监利、沔阳、汉川、江陵苏区（江左全体苏区）百分之九十五被水淹没，一片汪洋，如困大海，灾民近百万。江右亦淹没一部分……”[①]水灾造成洪湖革命根据地的耕地全部被淹没，颗粒无收，百姓只能依靠捕鱼捞虾、扒树皮填饱肚子。据史料记载，洪灾导致大批城镇手工业者失业，革命根据地70%的百姓外出逃荒。

根据地面临天灾的时候，还要面临“人祸”。此时，国民党反动

① 中央档案馆、湖北省档案馆、湖南省档案馆编：《湘鄂西苏区革命历史文件汇集》（中央分局文件1931—1934），1986年，第87页。

1931年，水灾场景

湘鄂西苏区首府洪湖市瞿家湾

派对苏区发动第三次“围剿”，对根据地实行密不透风的经济封锁，严禁物资运送，苏区军民的粮食、衣物、布匹、药品极度匮乏。湘鄂西苏区经济困难，财政收入几近枯竭，面临的形势极其严峻。

天灾人祸，难不倒共产党人的坚定意志和大无畏的革命精神。苏区政府为了抵抗水灾，快速领导群众进行生产自救，保障人民的生命财产安全，力争早日打破敌人的经济封锁，积极支援反“围剿”战争。入秋之后，洪水开始退去，在极端困难的情况下，湘鄂西省苏维埃政府带领人民群众克服困难，作出了发动群众、自愿修堤的决定。为了保障来年春耕的顺利开展，苏维埃政府号召群众，一定要抓紧时间修堤、固堤。

因为洪灾损失严重，修堤工程量很大。面对修堤需要 250 万元的巨额经费，湘鄂西省苏维埃政府自力更生，规定各级苏维埃政府从每月总收入中抽出 30% 作为修堤经费，另由政府发行 30 多万元的水利借券以弥补经费不足。苏区政府非常重视水利借券的发行工作，在《中共湘鄂西省委关于目前党的紧急任务决议案》中明确指出，“由苏维埃发行堤公债，以充实堤工经费”。

考虑到当时的经济发展状况，以及百姓的实际生活水平，借券面值为小面值的“壹圆”，这也充分体现了苏维埃政府为民所想。湘鄂西省水利借券为无息借券，为保障购买人的经济利益，苏维埃政府用第二年的土地税作担保。湘鄂西省下辖的各县政府，必须积极推销，金额为当地水利经费的 20%。苏维埃政府所辖地区以及国民党统治区域内的商人和富农是重点推销的对象。此外，其他热心水利的民众，也可以依照自身的经济力量自愿购买。

苏维埃政府规定，此次发行的水利借券必须全部用于整顿水利工程上，严禁各级政府挪作他用。最后，苏维埃政府还特别规定水利借券“能够出售，但不能购买货物”，意思是说借券持有者可以转卖出售，但不能用它购买任何商品，就是说它不具备货币的支付功能。这一点也体现了借券的基本属性，其应归为债券类。

经过广大苏区军民的共同努力和艰苦奋斗，在短短的几个月内就基本完成了修堤任务，排除了水患，保障了人民群众正常进行生产生活。

湘鄂西省苏维埃政府水利借券上的宣传口号“只有全国苏维埃的胜利才能彻底整顿水利”，向广大劳苦大众阐明只有新生的苏维埃政府才代表广大人民的利益。苏维埃政权即使是在经济困难时期，仍代表了劳苦大众的利益，彰显了中国共产党始终不渝的革命初心。这张水利借券传达了共产党人忧民爱民的态度和情怀，是湘鄂西省苏维埃政府领导广大人民群众同天灾作斗争的历史见证，是我们当今开展革命传统教育最生动的实物资料。湘鄂西省苏维埃政府的财政经验，对我们今天的财经工作仍然具有一定的指导意义。

赤币档案

1931 年江淮大水，又称 1931 年中国水灾、1931 年长江水灾。当年，中国的几条主要河流，如长江、珠江、黄河、淮河等，都发生了特大洪水。受灾范围南到珠江流域，北至长城关外，东起江苏北部，西至四川盆地。灾区涉及湖北、安徽等 8 个省区，受灾总人口计 5000 多万，有 40 多万人死亡，受灾农田近 1.5 亿亩，而在人口集中的相关城市的灾况更加惨重。对这次灾害，时人有“洪水横流，弥溢平原，化为巨浸，死亡流离之惨触目惊心”之谓。这次水灾被广泛认为是有记录以来死亡人数最多的一次自然灾害，且是 20 世纪导致最多人死亡的自然灾害。

峥嵘岁月的记忆：
中华苏维埃共和国湘赣省工农银行纸币

土地革命战争时期，中华苏维埃共和国湘赣省工农银行曾印制和发行壹圆和壹角纸币券，流通于湘赣苏区。这两种票券的设计风格和版式特征如下：

壹圆券。横式，票面尺寸为 129×76 毫米。正面【图一】主色调为红黄色，券面四周有一长方形花框，框内绿底红色套印，框四角为花朵，右上、左下花朵内印有“壹”字，右下、左上花朵内印有镰刀、锤子组成的图案。正上方自右至左印有“中华苏维埃共和国湘赣省工农银行”字样，楷书。框内中心图案为一实心五角星，向左倾斜 45 度。五角星内有“壹圆”字样，右左两角分别写有“银”和“币”字样。右侧为马克思头像，左侧为列宁头像。两位伟人双目炯炯有神，神采奕奕。票面右边为印制编码，“欧字第 12655 号”，左边印有“公历一九三二年票”字样，并在其右侧加盖一长方形“湘赣省工农银行”红色印章。在五角星正下位置，有一不规则边框内印有“凭票即付执此为照”字样。票面最右侧盖有骑缝章并有手写数字的下半部分，推测此票发行时应留有存根。

券背面【图二】色调为蓝色，主要是边框和框内文字。文字为湘赣省工农银行颁布的“工农银行五大任务”的具体内容，集宣传性和实用性于一体，充分体现了革命根据地货币的特色。券面中间加盖篆

图一

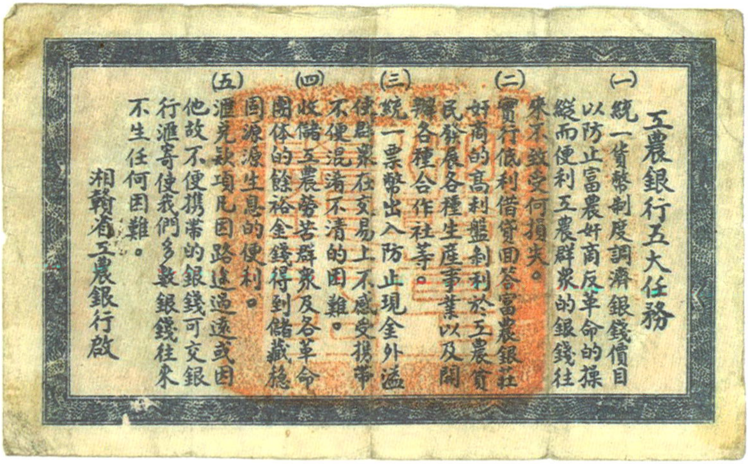

图二

书“湘赣省工农银行印”字样的红色印章，以提高纸币券的信用。

> 工农银行五大任务：（一）统一货币制度，调济银钱价目，以防止富农、奸商、反革命的操纵，而便利工农群众的银钱往来不致受何损失。（二）实行低利借贷，回答富农、银庄、奸商的高利盘剥，利于工农贫民发展各种生产事业，以及开办各种合作社等。（三）统一票币出入，防止现金外溢，使群众在交易上不感受携带不便，混淆不清的困难。（四）收储工农劳苦群众及各革命团体的余裕金钱，得到储藏稳固、源源生息的便利。（五）汇兑款项，凡因路途过远或因他故不便携带的银钱，可交银行汇寄，使我们多数银钱往来不生任何困难。

壹角券。横式，票面尺寸为 97×64 毫米。券正面【图三】色调为绿紫色。设计总体风格与壹圆券相似。但五角星内表示面值的文字为“壹角”字样。左右椭圆形框内是由房屋、田地、树木等组成的风景图案。右边为“戊字第 06717 号”，左边有“公历一九三二年票”，并在其下端加盖有方形“工农银行”红色印章。五角星正下方不规则边框内印有“合成拾张兑换银币壹圆”字样。

券背面【图四】色调为绿色，也是印有“工农银行五大任务”的具体内容。中间加盖边框为回字纹、字体为楷书的“中华苏维埃共和国湘赣省工农银行章”红色印章。此印章同时用于壹圆券的骑缝章。

中华苏维埃共和国湘赣省工农银行是土地革命时期湘赣革命根据地最早设立的银行，印制和发行的壹角券是辅币，壹圆券是主币。二者皆为银币券，设计简单大方，布局合理，具有非常强烈的政治色彩和时代气息，展现了湘赣苏区人民的革命精神和杰出智慧。

湘赣革命根据地是在井冈山根据地基础上发展起来的，包括赣西

图三

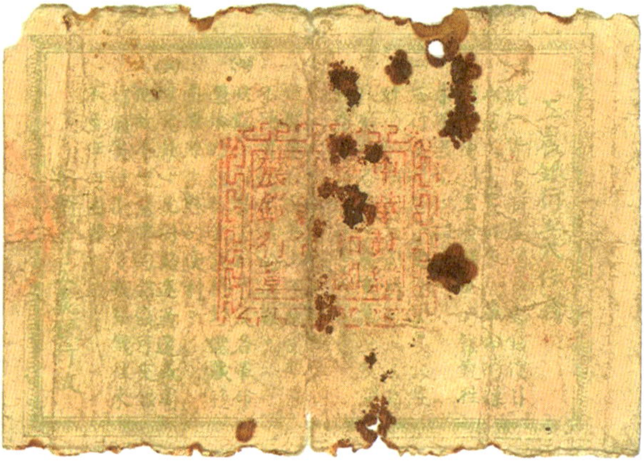

图四

南、湘东南地区的 20 多个县。1931 年 10 月，湘赣省党的第一次代表大会和第一次工农兵代表大会召开，成立湘赣省苏维埃政府，苏区包括赣江以西、袁水以南、粤汉铁路以东、大庾岭以北的广大地区，20 余县，人口 100 余万。湘赣革命根据地的建立，有力地促进了中央革命根据地的巩固和发展，成为中央革命根据地可靠的西部屏障和坚固的战略侧翼，同时也是沟通中央革命根据地与湘鄂赣革命根据地的主要桥梁。

随着根据地的不断发展，为进一步加强苏区建设，巩固根据地，迫切需要恢复与发展根据地经济。根据省苏维埃第一次代表大会决议，经过精心筹备，1932 年 1 月 15 日，中华苏维埃共和国湘赣省工农银行在永新县城东门朱砂楼茶馆正式开业。

根据湘赣省工农银行暂行简章的具体内容得知，银行基金是由省苏维埃政府拨出的银元 4 万元，同时发动群众和团体集资 6 万股，每股一元，实际集资到 2 万余元，故共有 6 万余元发行基金。湘赣省工农银行隶属省财政部，行长由省苏维埃财政部副部长胡湘担任，设有总务科、借贷储蓄科、兑换汇兑科、会计科、保管科等内部机构。

湘赣省工农银行成立后，当年即发行了壹圆和壹角两种银币券，由湘赣省赤色石印局承印。赤色石印局的前身是永新县石印厂，最早建在永新县三湾小江，后迁至永新县西乡鄱阳村，省苏维埃政府成立后，与湘东南石印厂合并，改称湘赣省赤色石印局，有 60 余名职工。省工农银行成立后，开始承担印制湘赣省工农银行纸币的任务。

石印局设备有限，共有 6 台石印机，10 块铜印版和 10 块石印版。因为苏区经济条件落后，又长期遭受国民党军队的军事封锁，这些印钞专用设备都是通过地下党组织从上海等大城市买来，一路费尽艰辛万难护送运抵苏区的。印制钞票所用的纸张、油墨等材料，有的是苏区自产，有的购自国民党统治区。

工农银行首先将拟印制纸币的数量和券别上报省财政部，批准后立即通知石印局着手制版，准备印刷。为保证质量，纸币的印制有严格的流程。首先，有一定技术专业的师傅在现有的 10 块铜印版上认真选取适宜的花纹，用特制的油墨把所选花纹一一印到制版纸上，然后通过仔细地剪切拼接，根据券别的要求，再复印到石印版上。钞票上的文字部分，包括行名、面值、时间等，如现成的铜印版上有这些内容，也是用此办法拼接复印。如果没有，则需要由技师按照要求描写而成。将所有元素在石印版上拼接成一张完整的钞票后，该券的印制原版就算完工了。而后，再根据钞票的票幅尺寸、石印机的面积，用制版纸在原版上一一复印下来，在另一块石印版上拼成三四开等印版。印版制成后，才能正式印制钞票。

因为钞票上不同的颜色需要套印，所以必须先制作两块印版，然后一次次套印。这种程序就要求印刷时，石印机上下必须非常平整，表面压力均匀，纸张摆放必须规规矩矩，位置准确。这样，纸币的印制才能减少残次品，达到充分利用有限纸张的目的。

因为印钞关系到根据地经济的稳定，是民生大计，所以赤色石印局的管理措施非常严格，严格执行保密制度。从纸张的领取到纸钞的清点交付等整个过程，管控措施都非常到位，由石印局局长全程负责。厂里规定每次印刷时，根据纸张的尺寸大小、规格，确定每张大纸可以印制多少张纸币，不得短缺。每次印刷完成后所产生的废品和剩余边角料也要及时上交局长，做销毁处理。

印好的纸币，为便于计数，每 100 张扎成一把，每 10 把扎成一捆，即每捆 1000 张。经清点无误后，由相关人员送至湘赣省工农银行点交。其后，工农银行相关部门完成纸币的最后程序——盖章、加印制编号。以目前所能见到的壹角纸币来看，编号应是以天干为序。壹圆纸币，编号为“亚”“美”“欧”“澳”“非”。

1933 年 1 月 15 日，正值成立一周年之际，中华苏维埃共和国湘赣省工农银行更名为中华苏维埃共和国国家银行湘赣省分行，原工农银行的纸币停止使用，新印制和发行银币券、铜元券。第五次反“围剿”失败之后，红军主力撤离湘赣根据地，银行也随之结束任务。

中华苏维埃共和国湘赣省工农银行壹角和壹圆票券在版面设计上政治色彩浓厚，体现了工农政权的特色。在那个不平凡的年代，从纸币

1933 年，中华苏维埃共和国国家银行湘赣省分行印制发行的纸币

的设计、制版、印刷到发行，湘赣省赤色石印局和工农银行的全体人员克服重重困难，圆满地完成了任务。它们的印制和发行，是打破敌人封锁，保障湘赣根据地经济独立，有力支援革命战争的重要经济手段。

赤币档案

胡湘（1898—1933），原名刘兴萱，1926 年参加农民运动，1928 年加入中国共产党。1929 年 4 月任中共浏阳县（今浏阳市）第八区区委委员，并负责中共浏阳县委第一届党务训练班后勤工作。后任中共浏阳县委副书记、醴陵县委书记、湘赣省苏维埃财政部副部长、湘赣省工农银行行长等职，为开辟和巩固湘东、湘赣革命根据地进行了艰苦卓绝的斗争，领导苏区银行在经济建设中发挥了很大的作用，缓和了财政收支的矛盾。1932 年冬，当选为中共湘赣省委委员。1933 年春，在江西永新作战时牺牲，时年 35 岁。

红色银行家：毛泽民与中华苏维埃共和国国家银行纸币的印制

中华苏维埃共和国国家银行（以下简称国家银行），是土地革命战争时期中央革命根据地建立的银行，曾发行纸币和金属铸币。其中，纸币印制和发行有壹圆的主币，以及伍角、贰角、壹角、伍分的辅币券。国家银行发行的这些货币，为巩固中央革命根据地、发展生产、粉碎敌人的军事“围剿”等方面提供了坚实的物质基础。作为国家银行首任行长，毛泽民在银行纸币的印制过程中投入了巨大的心血。

中华苏维埃共和国，是中国共产党领导创建的中国历史上第一个由劳苦工农大众当家做主的新型国家。它的成立，是中国社会的一大进步和飞跃，极大地鼓舞了全中国劳苦大众的革命斗志。1931 年 11 月 7 日至 20 日，在江西瑞金召开中华工农兵苏维埃第一次全国代表大会，会议决定成立中华苏维埃共和国国家银行，在苏区发展自己的金融经济。1932 年 2 月 1 日，中华苏维埃共和国国家银行在瑞金叶坪成立，3 月正式营业。

毛泽民因为拥有丰富的财政金融管理经验，被中央政府委任为第一任行长，为加强防伪，各种券别的纸币券上都有他手写体的外文签名。

毛泽民

毛泽民是谁，为何能够被委以如此重任？

他是毛泽东的二弟。在毛家三兄弟中，大哥毛泽东和三弟毛泽覃都早早离乡求学。只有二弟毛泽民从十三四岁就开始跟着父亲务农，并在家中的米店里帮着记账、进货、销售等。父亲去世后，他就靠这些收入供养哥哥与弟弟读书。

1921 年春，受大哥影响，毛泽民决定走上革命的道路。1922 年秋，他光荣地加入中国共产党。1922 年 11 月，毛泽民受组织指派到江西安源路矿从事工人运动。其间，他为了减轻中间剥削，参与创办并主持了安源路矿工人消费合作社。为弥补社里资金的不足，合作社决定在社员中招股发行股票，这是党历史上对股份制最早的探索。

1931 年 11 月，中华工农兵苏维埃第一次全国代表大会发布成立中华苏维埃共和国国家银行的决议。得益于之前丰富的财务工作经验和理财能力，毛泽民得到中央领导的一致认可，被指定负责筹建银行。

毛泽民深知，财政金融是国家经济的命脉，处在极端残酷环境中的红色共和国，经济补给极为困难，整顿金融秩序，成立国家银行，发行统一货币已刻不容缓。然而，当时苏区经济条件较为落后，组建国家银行绝非易事。他将财政部库存的 20 万元现金、库房及管理人员全部接收过来，成立了国家银行金库。也正是依靠这 20 万元，国家银行开始了艰难的起步。随着人员队伍完成组建，毛泽民想方设法地让银行运转起来。4 月，红军攻克漳州，毛泽民在此筹到了大批物资和百万元现洋，后在石城县建立了一个秘密金库，初步缓解了苏区资金匮乏和供给紧张的困境。

有了国家银行，就要有自己的钞票，更要先有专业人员设计钞票。为了尽快印制出钞票，尽早发行苏维埃政权自己的货币，统一苏区货币，发展经济，巩固革命根据地，毛泽民想办法到处招募适合的专业人才。毛泽民来到福建长汀县，有人向他推荐县委宣传部部长黄亚光。黄亚光早年曾在中学做过美术老师，绘画不错，曾帮忙设计过闽西工农银行的纸币。可当时黄亚光因被诬陷为“社会民主党”，正在狱中关押。毛泽民得知这一情况，立即快马加鞭地跑到国家政治保卫局请求放人，将黄亚光解救出来。一方面黄亚光想为国家银行更好地服务；另一方面，为了感激毛泽民的救命之恩，他竭尽全力设计纸币上的图案。当时基本没有绘图工具，只能通过地下党组织从外地秘密购进绘图笔和圆规。黄亚光对各种构思和设想认真推敲，经过十几次的设计修改，反复研究和论证，终于设计出让大家满意的图案。

当时，中央苏区条件有限，缺乏印制纸币券必备的铜版、专用纸张、油墨等物品。党组织就派专人绕道广东到上海购买，但因为国民党军队封锁严密，各种印刷材料一时无法运送到苏区。毛泽民为此寝食难安，为了不耽误印制纸币，他决定自己动手解决印刷材料的短缺问题。他向当地有造纸经验的群众请教，和国家银行会计科科长曹菊如，踏遍崇山峻岭，在大山深处寻找造纸原料。因为赣东南和闽西同属武夷山脉，山上遍布茂密的竹林，毛泽民就与造纸师傅共同探讨，以竹子等为原料制作钞票纸的办法。造纸师傅说，钞票纸不同于一般的纸张，比较特殊，必须含有纤维多的纸浆造出来才行。而且纸还要耐水浸、耐酸碱，此外更要有韧性。毛泽民点头赞同，马上发动群众采集纤维多的树皮、竹子、棉麻等。他和师傅们一道反复试验，亲自参与每道工序，终于造出了合格的纸张，印制钞票的纸张问题就这样得到顺利解决。

红军攻克漳州后，党组织通过厦门地下党的关系，采购到部分印刷材料。但油墨还是很短缺，而这又是印刷纸币缺一不可的重要材料。于是，毛泽民决定带人采用土法制造油墨。一开始，大家把煤油和烟灰混合在一起反复搅拌，可是二者始终不能紧密黏合。后来又用猪油，效果很好。这样，油墨问题也解决了。

为了制造印钞铜版，毛泽民走访中央印刷厂厂长，经过讨论，设想用原江西工农银行壹圆券铜版“剪制补给，凑合而成”。毛泽民认为此方法可行，厂长就带领印刷厂技术骨干加班加点，经过几天的再加工，终于按要求制成了铜钞版。因为国家银行纸币券是由石印机印制而成，所以技术人员紧接着又在铜钞版的基础上完成了石印版的制作。这样，从根本上保证了印钞任务的完成。

国家银行纸币券由中央印刷厂承印。中央印刷厂成立于1931年9月，由东固印刷厂和兴国印刷厂两厂组建而成。厂址最早设在瑞金叶坪下陂坞村，后来扩大改迁到沙洲坝腊梨督下村。印刷纸币的石印机有的是从苏区别处调配过来，有的是攻克长汀缴获而来，还有的是

石印机

通过对外贸易局从外面购买来的。

有了钞票纸、油墨和钞版，以及印刷厂，国家银行的钞票终于在广大军民翘首等待中印制出来了。毛泽民和银行工作人员，看着一张张纸币从石印机口中吐出来，心中万分欣喜。一张张纸币，散发着油墨的清香，图案简洁大方，设计精致，充满着革命的气息。

1932 年 7 月，中央苏区统一印制的纸币——中华苏维埃共和国国家银行纸币券正式发行，该纸币又被称为“苏维埃国币”。到 1932 年底，毛泽民领导下的国家银行印制、发行货币 65 万元，在中央苏区顺利流通，结束了货币市场的混乱现象。

中华苏维埃共和国国家银行印制的纸币是银币券，在中央苏区可以随时随地兑换银币，面值有壹圆、伍角、贰角、壹角和伍分五种。另据史料记载，国家银行还印制有伍圆纸币券，但是没有发行，迄今为止未见到实物。纸币设计得很有特点，各种券别上均装饰以珠链、花卉连续图案，这种设计使得整幅票面充满极浓的传统文化色彩。纸币的正面上端都印有“中华苏维埃共和国国家银行”字样【图一】，

图一

手写体楷书。中间和四角印有面值，下端印有纸币与银币的兑换值。如，伍角券【图二、图三】印有“凭票弍张兑换银币壹圆”字样，贰角券【图四、图五】印有“凭票伍张兑换银币壹圆”字样。纸币的背面下端都印有印制年份。壹圆和贰角券正面印有列宁像，伍分券正面是工农集会、梭镖、镰刀、锤子、红旗等组合成的中华苏维埃共和国国徽图案。贰角券的背面印有五角星、麦穗、地球、镰刀、铁锤组成的图案。这些图案和设计元素，体现了工农政权的特征，突出党领导下的根据地货币的特点。此外，纸币券上还印有外文签字，作为一种暗记，起到防伪功能。这些都充分地显示了国家银行纸币券设计的原则。

随着纸币券的流通，国民党当局与地方军阀开始进行各种破坏活动，输入了大量的假币，对苏区金融秩序进行破坏。毛泽民知道，信用是国家银行纸币的根本，流到苏区百姓手中的一张张纸币，不啻为一份苏维埃政府的宣言。它是苏维埃政府对人民的承诺，代表着苏维埃政府的形象，一定要加强纸币的信用，不能让假币进入苏区流通，不能让百姓经济利益受到损失。

如何更好地加强纸币券的防伪功能呢？有一天，毛泽民通过偶然闻到妻子织毛衣时，用火烧毛线头发出的臭味，联想到用羊毛掺进纸浆的办法，使纸张一烧就能闻到一股浓烈的臭焦味。这样，就能防止敌人造假了。为此，毛泽民命令印刷厂厂长在工人中挑选出一名政治思想可靠的共产党员，专门负责从事在纸浆中掺入羊毛的工作，对外要严守机密，不得外泄，不能出任何差错。这种防伪措施，维护了国家银行纸币的信誉和币值稳定。

就这样，在土地革命战争时期的艰苦条件下，在敌人军事和经济双重封锁中，毛泽民克服一切困难，白手起家，一步一个脚印地办好了中华苏维埃共和国国家银行，维护了中央苏区的金融秩序，繁荣了苏区经济，保障了军民供给。在实践中，毛泽民也成为一名实实在在

图二

图三

中華蘇維埃共和國國家銀行
貳
角
貳
角
角
貳
憑票伍張兌換銀幣壹圓

图四

173287
中華蘇維埃共和國國家銀行
貳
貳
0.2
0.2
1934.
角
角

图五

的银行家，为苏维埃共和国开拓出崭新的红色金融事业。

中华苏维埃共和国国家银行纸币券是毛泽民奋斗与努力的见证，永远带着他那不怕艰难困苦、英武不屈的拼搏精神，激励后人前仆后继。

赤币档案

毛泽民（1896—1943），男，汉族，湖南省湘潭县人。1922年10月加入中国共产党。1922年底，赴江西安源路矿从事工人运动，并参与创办安源路矿工人消费合作社，后任总经理。1931年任闽粤赣军区经济部部长。同年11月任中华苏维埃共和国临时中央政府国家银行第一任行长。1934年10月，中央红军开始长征，他担任军委直属纵队第十五大队政委，负责部队的供给。红军胜利到达陕北后，任中央工农民主政府国民经济部部长。在长期的革命斗争中，积劳成疾，党中央决定让他取道新疆，前往苏联治病。1938年2月，抵达迪化（今乌鲁木齐），由于中苏边境发生鼠疫致使交通断绝，一时不能成行。他接受了中共中央驻新疆代表邓发的建议并征得党中央的同意，留在新疆工作，化名周彬，担任省财政厅副厅长、代理厅长之职。1942年9月17日，毛泽民和陈潭秋等共产党员被反动军阀盛世才逮捕。1943年9月27日，毛泽民与陈潭秋等人被敌人秘密杀害，时年47岁。

2009年9月，被评为“100位为新中国成立作出突出贡献的英雄模范人物”。

跋山涉水　百折不回：
长征路上的“马背银行”

中华苏维埃共和国国家银行，有着“央行的雏形”“共和国金融摇篮”的美誉。这家成立于1932年的银行及其发行的各种货币，为实行统一中央苏区币制，保障苏区经济的发展作出了重大贡献。而后它又随着中央主力红军参加了二万五千里长征，一路跋山涉水，历经千辛万苦到达延安，因而又被称为“马背银行”“扁担银行”，它深刻地见证了党领导下的金融事业和红色货币成长壮大的过程。

1927年10月，毛泽东领导秋收起义的部队到达井冈山，开展游击战争，进行土地革命，组织工农政府，由此创立了我国第一块农村革命根据地。之后，毛泽东、朱德率军转战赣南、闽西，成立中共苏区中央局。红军先后三次反“围剿”战争的胜利，使赣西南、闽西两块根据地连成一片，形成了中央革命根据地。1931年11月，中华工农兵苏维埃第一次全国代表大会在瑞金叶坪召开，中华苏维埃共和国临时中央政府正式成立。此时共产党人清醒地认识到，革命想要成功，必须一手抓枪杆子，一手抓钱袋子。因此，在中华苏维埃共和国诞生伊始，为适应革命根据地的发展需要，新生的红色政权就决定创立自己的金融机构——中华苏维埃共和国国家银行。1932 年 2 月 1 日，中华苏维埃共和国国家银行（以下简称国家银行）在瑞金叶坪村成立，同年 3 月正式营业，毛泽民任行长，曹菊如任会计科科长。为有力支持革命战争，发展苏区经济，国家银行立即着手货币的发行工作。1932 年 7 月，国家银行纸币在千呼万唤中终于面世了，并很快受到苏区百姓的欢迎。

第五次反“围剿”战争失败后，中央主力红军为了摆脱国民党军队的包围追击，被迫实行战略大转移，退出中央革命根据地开始长征。1934 年 10 月，国家银行总行长征时，接到上级命令要将全部物资都带走，包括石印机、铸币机、纸币原料、印制完成的纸币等，绝不给国民党反动派留下一台机器、一张纸币、一枚银币，甚至一枚银毫子、一枚铜币。接到上级命令后，银行工作人员加班加点连夜进行打包，共计打包装箱有 120 多副担子。其中有几十担银元，每担重 40—50 斤，约有 800 多枚，都是撤离中央苏区前由中央造币厂制造出来的。还有四五担贰角银辅币和壹分、伍分的铜币，两担金子，几十担纸币，以及一些铸造硬币、印刷纸币的机器和油墨、纸张等原材料。

为便于行军，国家银行工作人员被编入军委直属纵队第十五大队，随中央纵队行动。国家银行随军参加长征的工作人员有毛泽民、钱希均、曹菊如、曹根全、黄亚光、吕汉勋、莫钧涛、刘建棠、任远志、章水柏、张达远、郭金水，还有 1 名总务科科长和 1 名马夫，共计 14 人，其他大部分工作人员继续留在中央革命根据地。中央总务厅厅长袁福清担任第十五大队队长，毛泽民任政治委员，曹菊如任党支部书记。为便于运输，中央还配给国家银行 100 多名运输员。因为这支队伍责任重大，关系到中华苏维埃共和国的全部资产和经济命脉，所以为了保证他们的绝对安全，中央军委特意为其配备了 1 个连的警卫部队。

1934年10月10日傍晚，在瑟瑟秋风中，毛泽民率领国家银行的工作人员和120多副担子，与中央纵队一起，在深情绵绵的兴国山歌声中，离开了瑞金，告别了红都和苏区的父老乡亲，向于都集合。于都河是中央红军长征要过的第一条大河，河宽600多米，水流深湍。为了保证红军顺利渡河，在赣南省委、省苏维埃政府领导下，于都人民无私奉献，大力支援红军，共征集800多条大小船只，用作浮桥和摆渡。16日傍晚，国家银行的工作人员跟随红军直属部队从于都的东门渡口渡河。就这样，他们顶着秋风细雨，驮着、挑着整个共和国的所有“家当”，跟随主力红军踏上了漫漫征程，开始了艰苦卓绝的长征。他们肩上扛的、马背上驮的是新生不久的国家银行，面对皑皑雪山、险象环生的草地，他们不怕牺牲、克服困难，凭着对党的忠诚和坚定的信念，将国家银行的资产看得比自己的生命还重要。重任在肩，使命在心，绝不允许一个人、一副担子、一匹马掉队。过湘江时，国家银行总务科科长被炸断一条腿，头部血肉模糊，但牺牲时，双手仍紧抱着组织上分配给他背的10公斤重的银行财产。湘江战役之后，为了不拖累整个红军队伍的行军速度，银行工作人员忍痛将沉重的印钞、造币设备等就地掩埋，只带着纸币、银元等轻装前进。

在长征途中，国家银行的工作人员，既是行军打仗的战斗员，又是银行的保管员和营业员。行军打仗之余，他们还要沿途凑款和运输保管，供应货币，每到一个地方，还要做好纸币发行、兑换和回笼工作。1935年1月，红军攻克贵州遵义，为了红军战士及部队能在当地购买物品，国家银行在遵义发行了一部分银币券，并允许群众兑现。为使苏区票能在当地流通，国家银行廉价出售食盐等物资，规定一律收取苏区票。这样一来，当地百姓为获得苏区票购买食盐等物品，纷纷向红军出售商品，红军手里的苏区票就都变成了通用货币。为方便群众兑现国家银行发行的纸币，国家银行专门设立了几处货币兑换处。在红军离开遵义时，为了维护苏区票的信用，减少当地群众的损失，国家银行又用银元、食盐、布匹等，将发出的苏区票全部收回。国家银行除在遵义发行纸币外，还在贵州的桐梓、四川的冕宁等地发行过纸币。为保障信誉，国家银行每次发行货币，都张榜公布，保证全部兑现。通过这种方式，国家银行为部队筹集到大量的药品和布匹。

国家银行曾在中央苏区开展过储蓄运动，得到了社会各界响应。长征路上，为保证军需供给，红军总政治部动员大家积极参加储蓄。遵义会议之后，总政治部根据当时的形势，为“保障红军给养，克服战费困难”，在发出《总政治部关于筹款征集资材及节省问题的训令》中重申“以前本部决定的储蓄运动，仍须继续进行，鼓动每个红色战士，把不是迫切需用的钱存在供给机关，一方面以免无谓的浪费，另一方面使公家的经费可以周转”。① 今天，我们还能见到长征途中发行的储蓄凭单【图一】。凭单为方形，四周装饰有黑色加粗线条边框，分三个部分。上半部分为“储蓄凭单”四字。中间部分记录储蓄人员的姓名、部队名称，储蓄日期、金额，兑现日期和金额。两侧分别印有动员口号，“节省一切浪费”“储

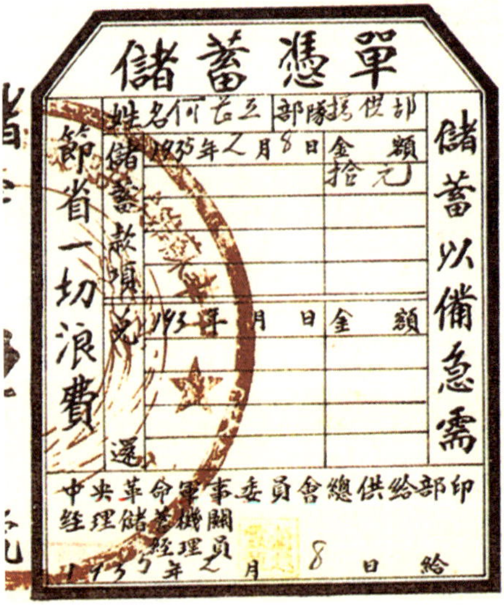
储蓄憑單
節省一切浪費
储蓄以備急需
姓名 | 部隊 | 部
储蓄款項 | 1935年2月8日 | 金額 拾元
兑還 | 193 年 月 日 | 金額
中央革命軍事委員會總供給部印
经理储蓄機關
经理员
1935年2月8日 給

图一

① 中共中央文献研究室、中央档案馆编：《建党以来重要文献选编（1921—1949）》（第12册），北京：中央文献出版社，2011年，第106页。

蓄以备急需”。下部分为发行机构，以及经理人员名章，填写日期。这张小小的储蓄凭单见证了长征的历史性壮举，是凝聚着长征精神的国家级珍贵文物。

经过重重阻力，冲破数道敌人构筑的封锁线，1935 年 10 月，中华苏维埃共和国国家银行随中央红军到达陕北的吴起镇。经仔细清点，银行总资产完好无损。这堪称一个奇迹，只有党领导下的国家银行才能创造出这种奇迹。国家银行工作人员从瑞金参加长征时有 14 人，到达陕北时仅剩 8 人，路上牺牲 6 人。这 6 个人用自己的鲜血保护了国家银行的财产，用生命诠释了红色金融人的忠诚信念。国家银行在瓦窑堡驻扎下来，立即着手开展业务，为红军服务。

1935 年 11 月，国家银行与原陕甘晋苏维埃银行合并，改称中华苏维埃共和国国家银行西北分行（以下简称西北分行），行址设在瓦窑堡，后迁保安（今志丹县）。时任中央财政部部长的林伯渠兼西北分行行长，副行长为曹菊如。西北分行立足于支援红军作战，打破敌人的经济封锁，利用保存下来的银元，立即开展信贷业务。因为国民党统治地区进行法币改革，引起金融市场银价上涨。为了防止根据地白银外流，稳定金融秩序，西北分行开始印制纸币，由黄亚光设计图案，贺子珍任印刷所所长。为了加紧印制钞票，在裁切纸张或布匹、印刷、加盖行长印章、打码到点数封装、入库等工序上对印刷所人员进行了合理分工。西北分行发行的钞券，材质有布和纸两种，版式有横式和竖式，单色印刷。其中，纸币券有壹分、伍分、壹角、贰角和伍角五种，布币券有壹角【图二、图三】、贰角【图四、图五】和壹圆【图六、图七】三种。壹圆券上的主图案是列宁像。

1936 年，中华苏维埃共和国国家银行西北分行更名为中华苏维埃人民共和国国家银行西北分行，印制和发行壹圆和贰圆面值的纸币，单色或双色印刷，均为单面。由于条件落后，钞票质量较差，但图案

图二

图三

图四

图五

图六

图七

还算清晰。1937 年，第二次国共合作，中华苏维埃人民共和国国家银行西北分行决定收回所发纸币，于是设立特别部门，按照与法币约 6∶1 的比价用实物收回。

陕甘宁边区政府成立后，中华苏维埃人民共和国国家银行西北分行改称为陕甘宁边区银行。至此，国家银行及其货币完成了光荣的历史使命，犹如流星划过夜空，虽然短暂，却留下了光芒四射的轨迹。

赤币档案

曹菊如（1901—1981），福建省龙岩县（今龙岩市）红坊乡南阳村人。1930年，参加马来亚共产党外围组织反帝大同盟。1930年6月回国，8月回龙岩参加了革命，任闽西总工会秘书。1930年加入中国共产党，9月和邓子恢等一道筹建闽西工农银行，被任命为闽西工农银行委员会委员。1932年初，调至瑞金，协助毛泽民筹建中华苏维埃共和国国家银行。1934年参与长征。1935年11月，担任中华苏维埃共和国国家银行西北分行副行长。1937年10月，任陕甘宁边区财政厅厅长、银行行长（至1941年3月）。1944年5月，任西北财经办事处秘书长，协助副主任陈云领导边区银行工作。解放战争时期赴东北，途中因交通阻滞，就地参加晋察冀边区银行冀热辽分行筹建工作。1946年9月至1949年7月任东北银行总经理。新中国成立后，出任政务院财经委员会委员兼副秘书长。1953年9月至1954年9月，任中国人民银行副行长。1954年起出任中国人民银行行长兼党组书记，1964年卸职。后任中国人民政治协商会议第四届全国委员会常务委员会委员。1981年逝世。

公营经济的探索：鄂豫皖苏区经济公社票券

土地革命战争时期，鄂豫皖苏区，除使用过鄂豫皖特区苏维埃银行、鄂豫皖区苏维埃银行、皖西北特区苏维埃银行、鄂豫皖省苏维埃银行印制和发行的银行券外，还流通有鄂豫皖苏维埃经济公社发行的票券，材质分别是纸质和布质。其中，纸质面值为贰串文，布质面值为壹串文，二者皆为铜元计价。两种钞票存世很少，非常珍贵。这两种票券的设计风格和版式特征如下：

贰串文券，横式，与一般纸钞类似，票面尺寸为 127×78 毫米。正面【图一】主色调为紫兰/绿色。票面四周有花纹装饰作框。正上面有发行机构名称“鄂豫皖苏维埃经济公社”，分两行排列，楷书、右读。中间左侧图案为面朝右的列宁头像剪影。右侧图案为一西式建筑，有学者考证为克里姆林宫，建筑的上面竖立着一面迎风飘扬的旗帜，旗帜上面自右至左书写有“苏维埃经济公社”7 个字。左右图案中间印有“凭票发铜元贰串文”字样，代表钞票面值，可知它是一张铜元票。下端两排、自右至左印有“各苏区经济公社兑换”字样。票面右端印有“全国通用”字样，左端印有“一千九百三十二年印”。花框四角各印有“贰”字。

背面【图二】主色调为浅蓝。票面四周有花纹装饰作框。上端印有“全世界无产阶级联合起来呵”。中间主图案是一红军战士骑在马上，左手紧握缰绳，右手抓握着肩扛的一面旗帜，旗帜上写有“完成土地

图一

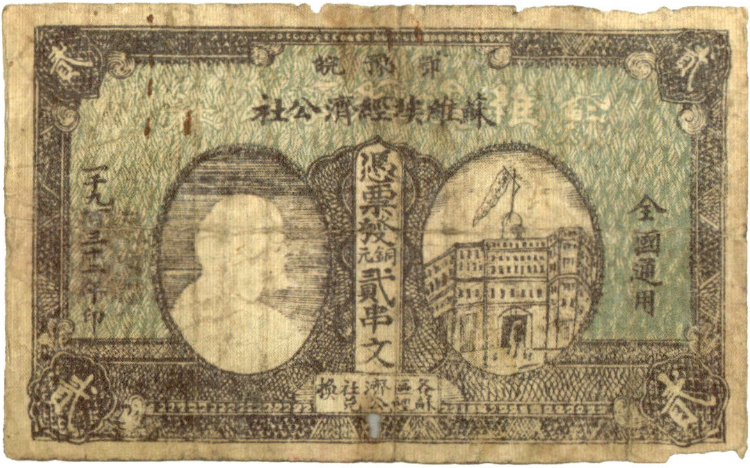

图二

革命”字样，远处是起伏的山峦。下端印有“各苏区经济公社兑换”。花框四角各印有阿拉伯数字“2”字。票面左右两端印有“贰2串”字样。

壹串文券【图三、图四】，竖式，票面尺寸为70×110毫米，材质为白麻布，为单面印刷。票正面无框，上方横印两排文字分别为“经济公社流通券”“全国通用”，下面文字全为竖行排列：中间“凭票发铜元钱壹串文整”，右边为印制号码，“全字第1516号，各苏区经济公社兑”，左边上端为印制时间“一九三三年”。文字为楷书、

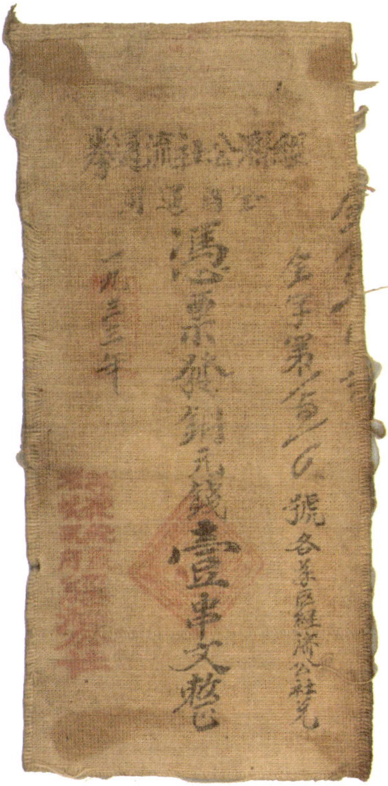

图三

图四

黑字。在面值、印制时间上加盖红色印章。票面左下端印有发行机构“鄂豫皖苏维埃政府经济公社”字样，楷书、红色。背面为光幕。该布币为木刻版印刷完成后，再在桐油中浸透，然后晒干而制成。

贰串文钞票因为印有“凭票发行铜元”字样，所以我们称之为铜元票或铜币券。壹串文钞票因为印有“经济公社流通券”字样，我们称之为流通券，又因为由油布印制，也称作“油布票”。前者使用时间为 1932 年，后者使用时间为 1933 年。“文”是古钱币的面值单位，“串”是数量单位，当十铜元 100 枚为一串。贰串文券，可以兑换当十铜元 200 枚。

这两张经济公社票券的印制和发行与鄂豫皖苏区经济公社的成立背景有很大的关系。鄂豫皖苏区地处湖北、河南和安徽三省交界的大别山地区，非常偏僻，交通不便，经济落后。国民党反动派在苏区周边层层设卡，建立封锁线，严禁日用品、工业用品和军事用品等运到苏区境内，妄想以此扼杀苏区经济，消灭红军和苏维埃政权。

为粉碎敌人的经济封锁，沟通对外贸易，活跃物资交流，保障军民供给，发展和巩固根据地的经济建设，苏区政府学习借鉴了法国巴黎公社和俄国“十月革命”的成功经验，决定成立经营生产生活资料的商业机构——经济公社。

1930 年 6 月，鄂豫皖边区第一次工农兵代表大会在光山县王家湾（今属河南新县）胜利召开，选举产生了鄂豫皖边苏维埃政府。1931 年 2 月初，改称为鄂豫皖特区苏维埃政府[①]。

鄂豫皖苏区建立之初，就对集体经济非常重视，1931 年 1 月 8 日鄂豫边特委在给中央的报告中就曾说：“苏维埃区域对外来各种物资需要异常困难……对集体经济组织非常重要，现在各区苏维埃都设立

① 谷安林主编：《中国共产党历史组织机构辞典》，北京：中共党史出版社、党建读物出版社，2019 年，第 201 ~ 202 页。

经济公社（至少一个），每乡在总的经济公社之下，设有代办所，同时群众也在开始合作运动。”[①]1931 年 5 月，鄂豫皖苏维埃经济公社总社设在新集（今河南新县新集镇）正式成立，各区、县设立分社。至此，根据地的经济公社组织体系逐步建成。经济公社由苏维埃政府投资，经济公社总社有十几万元资金，一般的有几千元资金。

经济公社实质是公营商店性质，发挥了公营经济在商业中的领导作用。它主要的经营范围包括：一是经营军民生活必需品，尤其是经营一些苏区因受敌人封锁而造成紧缺的物资，如食盐、布匹、药品、文具、纸张等。二是为活跃苏区经济，有序组织苏区物资的输出和输入，一方面是将合作社统一收购的当地土特产品输出、贩卖到白区，另一方面是将输入至苏区的物资批发给各合作社，由其对外出售。三是负责兑换货币、借贷。四是发放救济粮，调剂粮食，实行粮食平粜。经济公社出售的商品价格低廉，百姓可以用手中的农副土特产品直接换取所需商品，方便了百姓的日常生活，在苏区很受欢迎。由于苏区党和政府采取了正确的政策和行之有效的措施，鄂豫皖根据地的商业很快恢复和发展起来，一些地方的商业由最初的萧条开始繁盛起来。

经济公社与鄂豫皖苏维埃银行关系紧密，银行在各区经济公社设立代办处，安排 1—2 名工作人员代理省苏维埃银行委托的调拨资金、收兑银元、纸币等银行业务。

为了便利市场交易找零，经济公社自行印发小面值的辅币券，即今天看到的铜币券，目前仅见到贰串文存世。1932 年 10 月，由于鄂豫皖苏区第四次反“围剿”失败，红四方面军主力西撤后，鄂豫皖苏维埃经济公社铜币券即停止发行。

红四方面军转战川陕后，留下红 25 军坚持游击战争，原鄂豫皖

---

① 安徽省财政厅、安徽省档案馆编：《安徽革命根据地财经史料选（一）》，合肥：安徽人民出版社，1983 年，第 37 页。

苏区变成游击地区。为便于金融流通，满足红军供给和商品交换的基本需要，1933年经济公社印发“经济公社流通券”布币。因当时游击战争环境恶劣，敌人经济封锁严重，造成纸张短缺，故经济公社因陋就简、因时制宜，选白麻布作币材，木刻版印刷，然后刷一层桐油，晾干后使用。油布票上面没有任何图案，全部为文字。1934年11月，红25军开始长征后，经济公社的经济金融活动宣告结束，油布票亦遂停止发行，目前仅见到壹串文存世。

鄂豫皖经济公社通过收售商品，汇兑货币，促进了鄂豫皖苏区工农业和商业的发展，它发行的铜元票战胜了敌人经济封锁造成的困难，保障了红军的物资供给，改善了苏区人民的生活。对于巩固鄂豫皖苏区经济基础起到了重要作用。

可以说，经济公社是中国共产党在土地革命战争时期对公营经济的一种成功探索。

赤币档案

鄂豫皖苏区，是土地革命战争时期中国共产党在湖北、河南、安徽三省边界，以大别山为中心区域建立的一块农村革命根据地。从1921年到1949年，鄂豫皖苏区在党的领导下，创造了“二十八年红旗不倒”的奇迹。

“山山岭岭铜锣响，村村寨寨战歌昂，男女老少齐武装，家家户户忙打仗。”在革命斗争中，鄂豫皖苏区走出了1位元帅、570位开国将领，200万人参与战斗，100多万人牺牲，书写了“家家有红军，村村有烈士，山山埋忠魂，岭岭书丰碑”的传奇。

巴山烽火：
川陕革命根据地的银行及货币

川陕革命根据地是中国共产党在土地革命战争时期建立的最重要的根据地之一。为巩固苏维埃政权，发展经济，保障供给，根据地一手抓军事斗争，一手抓经济建设，铸造、印制并发行了纸币、布币、铜币、银币等材质货币。川陕革命根据地货币的设计、印造、发行和流通，在品种多样的土地革命战争时期红色货币中占有重要的地位。

川陕根据地货币的发行有着深刻的历史背景，和当时根据地的建设、巩固，以及社会经济状况有着密切的关系。1932 年 10 月，中国工农红军第四方面军撤离鄂豫皖苏区，转战到川陕边界地区，相继解放了四川通江、南江、巴中三县，随后创建了当时第二大苏区——川陕革命根据地。川陕革命根据地西起嘉陵江，东至城口，南至营山，北达陕南镇巴和宁强，面积达 4.2 万平方公里，人口达 600 万。

川陕地区在红四方面军到达之前，流通多种货币，种类繁多，既有银行、钱庄、票号、商铺发行的银票、钱票、铜元票，也有地方军阀发行的各种货币，货币制度非常混乱。川陕边界地区，地僻道险，加之军阀割据，商旅裹足，经济十分落后，而地主豪绅、大小军阀又对民众进行层层剥削，使得当地百姓饱受高利贷的折磨。由于货币秩序紊乱，货币发行无限制，造成物价飞涨，百姓生活更是雪上加霜。为此，红军进入川陕后积极展开反对高利贷的斗争。至今，在通江、南江、宣汉、剑阁等县，都留有当时红军反对高利贷斗争的石刻标语。

为结束社会上货币流通领域混乱的局面，保障红军供给，便利民间商品交易、互通有无，进一步发展苏区经济，筹措战争经费，成立银行、造币厂和印钞厂很快被提上议事日程。1933 年 2 月中旬，在今巴中市通江县召开了川陕省第一次工农兵代表大会，正式成立了川陕省工农民主政府（即苏维埃政府），并通过了《川陕省苏维埃临时组织法大纲》。大纲规定，在省财政委员会下设工农银行，记载其职能是“制造苏维埃货币，统一币制，流通苏区金融。实行对工农的低利和无息贷款，帮助合作社的发展”①。这项规定为苏区银行的成立和货币的发行指明了方向。

经过精心筹备，1933 年 12 月 4 日，川陕省工农银行正式成立，标志根据地的金融业进入了一个发展时期。总行设在通江县得汉城（今永安乡），与红四方面军总经理部一起办公。红四方面军总经理部部长郑义斋兼任行长，廖静民任秘书，协助行长处理日常工作。总行设有财经、保管两个科室，财经科负责会计和业务，保管科负责保管、兑换金银和货币出纳。为提高银行信用，银行在成立大会上还举办了展览会，展出金元宝、银元宝、金叶子、金条、金首饰等物，向百姓展示银行是有充足的基金，银行的实力是雄厚的，提高银行在百姓心中的威信。工农银行总行之下，各县设分行，包括各种物资、钞票、铜元、银元等总计基金有 1680 万元以上②。

---

① 袁远福、巴家云主编：《川陕革命根据地货币史》，北京：中国金融出版社，2003 年，第 178 页。

② 郭际富等纂辑：《通江苏维埃志》，成都：四川省社会科学院出版社，1988 年，第 347 页。

因川陕根据地从创建之日起，就一直处于敌人的包围和反复“围剿”之中，物资严重匮乏，技术和设备严重不足。而且，当时货币的印制和发行，受到政治、经济、军事和财政需要的种种制约。所以，工农民主政府就采取因地制宜、就地取材的办法，印制和发行材质多样的各种货币。

川陕省工农银行发行的货币主要通过农贷、工商贷款、党政军开支、兑换等渠道投放流通市场。货币的回笼渠道主要有税收、公私存款、经济公社商品销售、兑换等。例如，网点较多的经济公社进货缺钱，工农银行就贷款给它，这样进货时货币随之进入流通市场，等经济公社将货物销售后，再以销售款还贷，货币就回笼到银行。

统观川陕省工农银行印制和发行的货币，可以用“品种多样”“独具特色”来形容。从材质上看，有纸币、布币、铜币和银币；从货币单位看，有“元”“文”“串”等。这些货币从数量上看，以布币最多。

据一些老人回忆，纸币的印制时间要晚于布币，材料最初用本地的纸张，而后才从西安、武汉、渠县、成都、重庆等地购置道林纸。货币的样式由行长郑义斋上报省委同意批准才能印制。川陕根据地纸币面值分银元计价和铜元计价两种，有壹圆、壹串、三串三种面值。其中，壹圆纸币有两种版式，分别是斯大林头像壹圆券【图一、图二】，票面尺寸为173×80毫米；马克思和列宁头像壹圆券【图三、图四】，票面尺寸为190×90毫米。这两种券别均为横版，白厚道林纸材料，油墨套印。壹串纸币为列宁半身像【图五、图六】，票面尺寸为128×84毫米，横式，正面为蓝色，背面为绿色，白厚道林纸材料。三串纸币为竖式，票面尺寸为74×171毫米，彩色石印技术，正面图案为红军骑马，背面图案是列宁握拳半身像。

川陕根据地的金属铸币有铜币和银元两种。造币厂最初设在通江县西寺，后为避免敌机轰炸，先后迁移至通江县得汉城和旺苍县黄洋

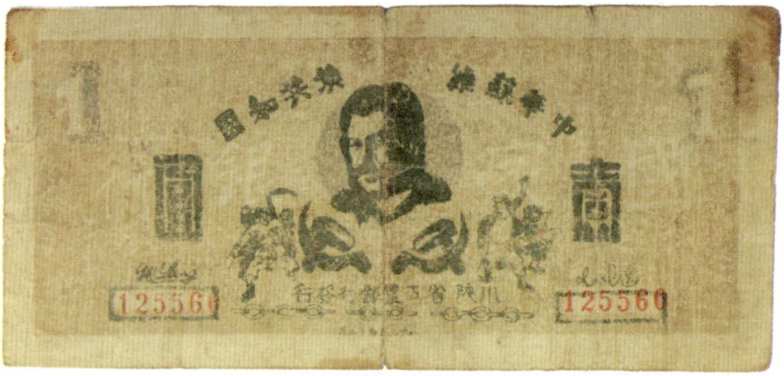

图一

图二

图三

图四

图五

图六

镇烂槽沟。

造币厂成立之初，因为设备差、技术水平不高，所以开始并没有铸造货币。1933 年 10 月，红军攻克了达县后，缴获了军阀刘存厚造币厂的全套机器设备，主要有碾片机、冲片机、滚边机、印花机等，以及造币厂存放的大量银料和铜料。造币厂的一些技术工人经反复做思想工作，也愿意留下来为红军造币。红军战士翻山越岭，不畏艰难，将造币厂的机器和材料顺利搬迁至根据地。如此一来，川陕造币厂的设备、技术力量一下子就得到了较大的提高。造币厂在根据地又招募到了一些技工，在简陋的条件下铸造出大 200 文、小 200 文和 500 文三种铜币，均是红铜材质。其中，大 200 文铜币【图七、图八】直径 35.5 毫米左右，系用土法铸造，制作比较简陋、外表粗糙，文字模糊不清，图案质量较差。小 200 文和 500 文铜币【图九、图十】是机制铸造，铸工较好，小 200 铜币直径 28 毫米左右，500 文铜币 34 毫米左右。

据史料记载，川陕造币厂铸造的银元按照使用的地区和性质可分为两种，一种是主要在国民党统治的地区如重庆、成都、陕西、湖北等地使用，主要用于购买川陕革命根据地缺乏的物资，这类银元包括仿制的“袁大头”“孙小头”以及川版银币。另一种是镰刀锤头银元，直径 39 毫米，面值壹圆，可换钱 30 串，在根据地内使用。银元正面【图十一】中心珠圈内竖式镌刻“壹圆”二字，珠圈外左右中部偏下对称排列空心或实心五角星，五角星上部从右至左弧形排列“中华苏维埃共和国”8 个字，五角星下部从右至左弧形排列“川陕省造币厂造”7 个字。背面【图十二】中心图案为地球，上面有镰刀、锤子图案，外缘上半部从右至左排列“全世界无产阶级联合起来”11 个字，下部从右至左镌刻“一九三三年”（或“一九三四年”），表示造币时间。

在众多的川陕工农银行币中，布币的印制独具特色。印造布币的

图七

图八

图九

图十

图十一

图十二

材料主要有从陕西购进漂白布和根据地自己生产的粗布两种。最初是用石印技术，后改为铅印。布币的印制方法大致如下：

首先是在织布厂完成对布料的漂白、上白粉、烘干等环节。然后在石印局，对布料进行浸染、印刷文字和图案、裁切，然后是捆扎和清点。最后运送到工农银行，完成编码、签章、记账和保管存储。布币面值分银元计价和铜元计价两种，有壹圆、贰串、叁串、伍串、拾串五种面值。壹圆券有两种版式，正面图案分别是斯大林像、马克思和列宁像，均为横式。贰串和叁串券在版式、文字、图案、色泽上一致，伍串券和拾串券一致，均为竖式。其中，伍串布币未正式发行；拾串布币作为银行内部结算使用，也未正式发行。

布币在设计风格上很有特点，突出了工农苏维埃政权的政治理念。在这里，以贰串布币为例，介绍一下详细的设计风格和版式特征。它的票面尺寸为 77×150 毫米，黑色油墨石印。正面【图十三】四周有细线勾勒出的边框，12 个阴文美术字布满整个票面。右边是“增加工农生产”，左边是“发展社会经济”。票面中心为一空心大五角星，中间是高举紧握的拳头。五角星外是镰刀和锤子组成的图案，围绕着五角星。票面的顶部自右至左横书“全世界无产阶级联合起来”11个字，下面弧形排列“川陕省苏维埃政府”8个字，在下面横书“工农银行”4个字。五角星下面，自右至左横书面值“贰串”字样。面值下面是印制时间“一九三三年”。

背面【图十四】整幅票面由12个阳文美术字组成，竖式书写，分两列。右边是“增加工农生产”，左边是“发展社会经济”。票面中间是一个大齿轮图案，上面加盖一红色篆书方印，“川陕省工农银行印”。齿轮中间印有表示面值的阿拉伯数字“2”。

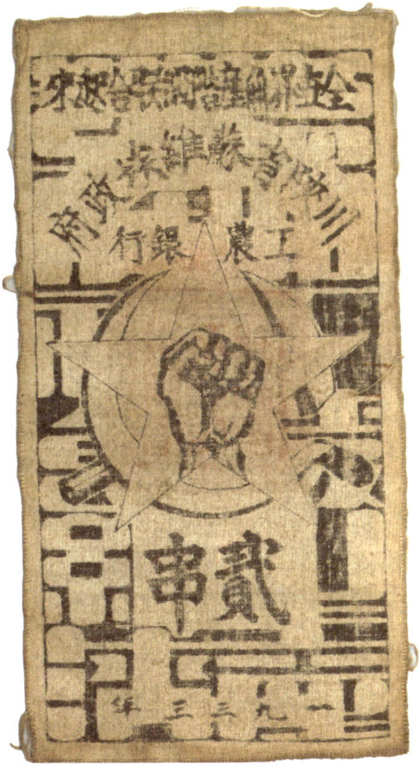

图十三

图十四

川陕根据地印制的货币品种和版式比较多样，版面设计具有很高的艺术性和强烈的无产阶级革命性的特点。以棉布为制造货币的原材料，反映了无产阶级革命者因陋就简、善于创造的工作作风。大巴山地区的社会经济非常落后，当地百姓在日常交易中使用的是小面值货币，所以货币单位大都是“串”“文”等。川陕苏维埃政权在发行货币时，充分考虑到这一特殊社会性，照顾到人民群众的交易习惯，在货币单位上也沿用“串”“文”等。

图十五

川陕根据地货币不同券别上面印制的各种宣传口号，充分体现出党的革命目标和斗争手段，凸显时代背景，具有强烈的政治宣传功能。例如，小 200 文铜币【图十五、图十六】上的“赤化全川”，反映了在四川建立和发展根据地的近期革命斗争目标。1933 年 8 月 25 日，中央在致红四方面军的信中提到：“赤化四川全省的任务很迫切的摆在你们的面前，你们在整个苏维埃运动中所处的地位是非常重要，你们在执行这些任务中的每一成绩，都将增加革命势力的比重……你们有伟大的前途，全党都在注视着你们，你们应该采取积极进攻的路线，在巩固原有阵地基础之上，来迫切地争取苏维埃首先在四川全省

图十六

的胜利。”

又如，三串纸币正面【图十七】下端印有“土地归农民、政权归苏维埃、八小时工作”字样。宣传了党的政治路线和经济路线，说明改善人民生活是革命的目标之一。背面【图十八】下端印有“坚决保卫赤区”，代表了苏区广大军民誓死战斗的铿锵誓言。因为川陕根据地一直处于敌人的军事“围剿”状态，打破敌人的封锁，牢牢守住根据地，是苏区生存、发展壮大的基础。1933 年 5 月 11 日，中共川陕省委作出“保卫赤区运动周”决议，要求深入动员群众，踊跃参加红军；

图十七

图十八

红军和地方武装要“拿出最高的勇气和决心”，勇敢地消灭敌人。在川陕省委的号召下，青壮年纷纷参军，有力地支援了反“围剿”斗争。纸币上的“坚决保卫赤区”口号诠释了当时红军战士和人民群众舍生忘死保卫苏区的理想信念。

贰串和叁串布币上面印制的“增加工农生产、发展社会经济”，体现了苏维埃政府非常重视经济建设，这一点也是发行川陕苏区货币的目的。川陕苏区西北革命军事委员会总政治部印发的《苏维埃政府经济政策（草案）》就明确指出：“为着实行统一的货币制度，并帮助全体劳动群众，苏维埃政府应用苏维埃工农银行，并在各地苏维埃区域设立分行，这个银行有发行货币的特权。工农银行应供给各农民家庭、工业者、小商人、合作社的借贷，以发展其经济。”①

苏区货币发行投放市场后，如何获得民众的认可，如何提高它的信用是至关重要的。人们关心的是：货币是否能流通起来？有没有充足的基金？布币和纸币是否和银元、铜元一样有价值？为了提高苏区货币信用，工农民主政府确立了以银为本位的货币制度，规定布币和纸币为银元的兑换券，并规定了银元、铜元、布币和纸币的兑价，银元壹圆等于铜元 30 吊（即合 200 文铜元 150 枚，或相当于此数量的纸币或布币）。工农银行集中大批物资、黄金和现银，向民众展示银行的实力，扩大银行的威信。为提高货币的信誉，保护苏区货币，保证苏币迅速占领市场，政府动员广大党员干部积极兑换布币和纸币，在商品交易使用纸币和布币时给予一定的优惠。政府颁布《苏区营业条例》，规定：“苏维埃区域行使的货币，为苏维埃工农银行的‘洋钞’，一切商人不得拒绝使用苏维埃政府发行的货币。”此外，对拒收苏币的行为严厉打击，对于制作假币活动实行坚决镇压。因为措施得力，

① 四川省档案馆编：《川陕苏区报刊资料选编》，成都：四川省社会科学院出版社，1987 年，第 355 页。

在根据地，苏区货币可以购买到任何商品，所以信用较好。尤其是“苏维埃银行钞票，在川陕省流通，不但没拒绝不用，而且有许多群众把自己的银元拿到银行里掉换钞票来行使”①。而且“银行里准备金十分充足，无论来多少钞票，均充分兑现”②。

为提高农民生产生活水平，活跃地方工商业，繁荣苏区经济，川陕省工农银行还开展贷款业务。给农民、经济公社、合作社发放无息或低息贷款，这对支持苏区工农业生产起到了重要的积极作用，保证了革命根据地社会经济的平稳发展。阆南和仪陇地区是川陕根据地的主要产棉区，为解决军民穿衣问题，工农民主政府鼓励农民种棉花、纺纱、织布，川陕省工农银行就大力扶植这些行业，组织生产合作社。这些举措受到群众的欢迎。红四方面军撤退出川陕革命根据地后，百姓为了保护苏区货币不落入敌人手里，就把布币缝制成一件衣服【图十九】，穿在身上。新中国成立后，保管者将这件独一无二的“钱衣服”捐献给当地政府。

1934年夏季以后，“苏币”在流通中占了主导地位，受到群众的拥护和欢迎。例如，当时有首民谣唱道：“今年不比往常年，穷人过年都有钱，各色货币新崭崭，弯镰铁斧架上面。一块银元买年猪，铜钱买米磨汤圆，一串纸票买鞭炮，两张布币买对联。左贴：户户迎红军，右贴：家家乐共产。过年礼品都买齐，荷包还有压岁钱。”③这充分反映了广大劳苦大众翻身做主的喜悦和对苏区货币的喜爱之情。

川陕根据地地处大巴山，以自给自足的自然经济为主导。川陕苏

---

① 《斗争》，1934年6月30日，第66期，《川陕苏区与红四方面军的惊人的胜利》。

② 《斗争》，1934年6月30日，第66期，《川陕苏区与红四方面军的惊人的胜利》。

③ 中共巴中市委、巴中市人民政府主编：《川陕革命根据地历史歌谣选编》，2005年，第29～30页。

图十九

币发行后，除因根据地受到敌人的封锁食盐短缺，价格奇高外，其余物价一般都较为稳定，一些生活用品的价格较根据地建立之前还有较大幅度的降低。1935 年，红四方面军撤出川陕革命根据地向西开进，货币的发行随之停止。

川陕苏维埃政府通过统一货币权、确立法定货币、提高苏区货币信用、开展货币斗争等一系列措施，逐渐建立了川陕苏区的货币体系，赢得了当地群众的广泛支持。这些货币在政治上，是宣传革命理念的工具；在军事上，是消灭敌人、扩大红军、打破“围攻”、赢得战争胜利的坚实后盾；在经济上，是粉碎敌人经济封锁的利刃。这些货币为发展壮大根据地力量，扩大经济来源，发展苏区经济建设，满足军费需要，支援反“围剿”战争，巩固苏维埃政权，解决百姓生活困难，发挥了重要作用。

时至今日，我们重新审视这些斑驳的货币，更加敬佩老一辈金融工作者的智慧和创新才能。他们在极端艰苦的条件下，为根据地的发展壮大作出了重大贡献。这些货币是根据地政治、经济、军事、文化、艺术和生产水平的集中反映，是我们研究川陕革命根据地历史的珍贵实物资料。

岁月穿梭，史海钩沉，这些钱币见证了川陕红军的伟大精神。这一张张货币，是党在创建革命根据地时期艰苦奋斗的实物见证，也体现了党早期在经济金融领域上的实践探索。这一枚枚货币，向我们讲述了一段红色故事，带我们走进了一段波澜壮阔的历史时光。每一段故事背后，都蕴藏着无声的力量，传播着红色基因，传承着红军精神。

赤币档案

郑义斋（1901—1937），原名邓少文，河南许昌人。1927 年加入中国共产党。1930 年在上海以“义斋钱庄”经理身份作掩护从事秘密活动，从此改名郑义斋。他先后担任鄂豫皖苏区政府财政委员会主席、银行行长，中共川陕省委委员、川陕省工农民主政府财委会主席、川陕省工农银行行长、红四方面军总供给部部长等。他是红军杰出的后勤工作者，被称为“红色理财专家”。1937 年 3 月 14 日，在赴西路军总指挥部途中，于临泽康龙寺以南的石窝被国民党军包围，在激战中壮烈牺牲，时年 36 岁。

一切为了前线：

闽浙赣省苏政府粉碎敌人五次围攻决战公债券

1934年，为及时筹措战争经费，保证红军战士的供给，借以粉碎国民党反动派对闽浙赣省苏区的第五次“围剿”，闽浙赣省苏维埃政府于7月1日发行了“闽浙赣省苏政府粉碎敌人五次围攻决战公债券”，面值壹圆。

“闽浙赣省苏政府粉碎敌人五次围攻决战公债券”由省苏财政部设计，省苏铅印局印制[①]。材质为多层绵纸，横式，票面尺寸为142×79毫米。正面图案为木刻版制作，蓝黑色油墨印刷。四周装饰有传统的花纹边框，边框四角均有一空心五角星造型，五角星内印有“壹”字。券面上端正中，设计有一弧形线条框，框内自右至左，印有“闽浙赣省苏政府粉碎敌人五次围攻决战公债券”20个仿宋字，标明票券发行机构和票券性质。正中为公债券的主体图案——誓死保卫

① 汤勤福：《闽浙赣根据地的金融》，上海社会科学院出版社，1998年，第151页。

苏区，画面有两人，一人一手擎一面五星红旗，一手高举一把铁锤；另一人手持一把镰刀，寓意保卫赤色苏区，粉碎敌人进攻。图案设计呈现版画效果，线条简单，寥寥几笔勾勒出人物造型。人物像上加盖“中华苏维埃共和国闽浙赣省苏财政部”红色圆形印章。主图案右左两侧各有一半圆形圈，外包裹粗线条，圈内分别印有“壹”“圆”二字，空心体美术字。下端自右至左印有“省苏财政部长张其德”，右侧加盖一枚方形红色印章，应为张其德的名章【图一】。

公债券正面版式特征，有浓厚的政治色彩，券面上印有铁锤、镰刀、红旗等图案，突出了坚强的革命精神和理想。

券背面为铅印，红色油墨印刷，印有“发行决战公债条例”，共八条，最后印有发行机关“闽浙赣省苏维埃政府”和时间“一九三四年七月一日”，均为竖式排列，自右至左，一共24列【图二】。

条例全文如下：

（一）省苏政府为充裕战争经费开展经济建设事业，发展革命战争，争取粉碎敌人五次“围攻”的决战胜利，根据全省工农民众的热烈请求，与省苏二次执委扩大会的决议，特发行十万元粉碎敌人五次“围攻”决战公债，其用途决以百分之八十作为决战经费，以百分之十作为开展经济建设之用，以百分之十用于救济避匪的革命群众。

（二）本公债定额为国币十万元，在苏区与白区推销。

（三）本公债利率定为周年一分。

（四）本公债限于今年七、八、九三个月内推销完毕。

（五）本公债本息，决定于一九三五年七月偿还。

（六）本公债以苏维埃各种税收为担保品。

（七）本公债发行事宜，由各级苏维埃财政部负责。

（八）本条例自公布之日起施行。

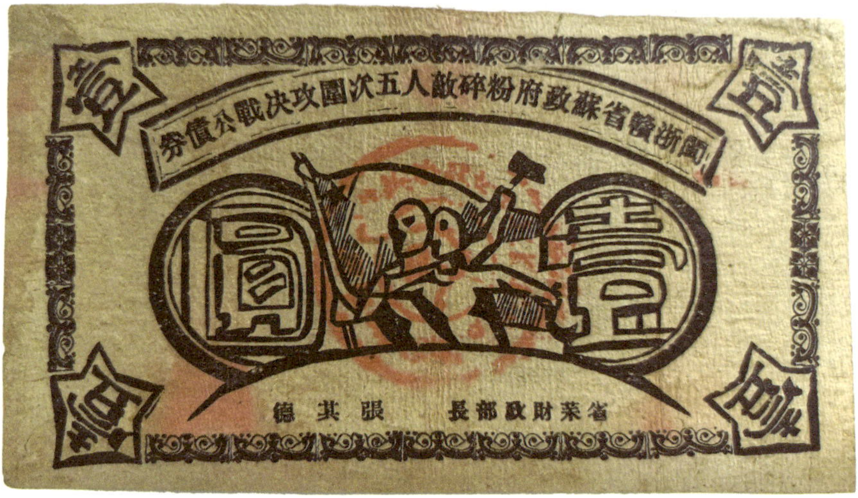
閩浙贛省蘇政府粉碎敵人五次圍攻決戰公債券
壹圓
壹
壹
壹
壹
省蘇財政部長
張其德

图一

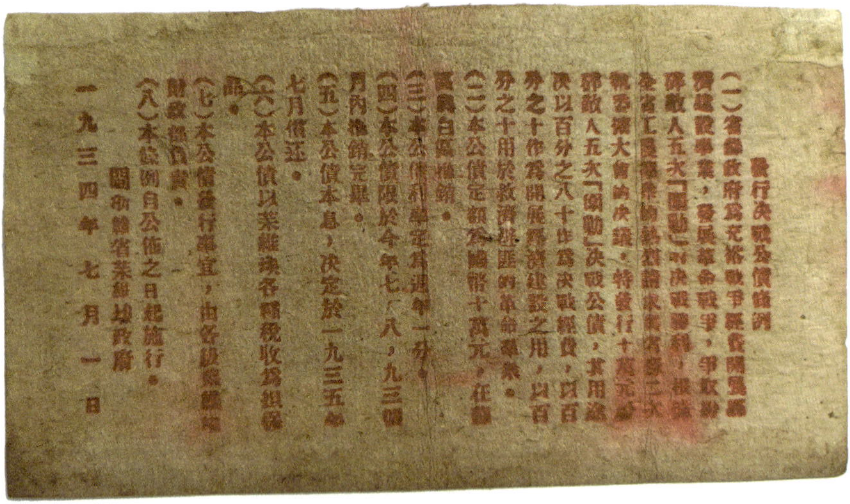
發行決戰公債條例
（三）本公債利率定為週年一分。
（四）本公債限於今年七、八，九三個月內推銷完畢。
（五）本公債本息，決定於一九三五年七月償還。
（七）本公債發行事宜，由各級政府財政部負責。
（八）本條例自公佈之日起施行。
閩浙贛省蘇維埃政府
一九三四年七月一日

图二

条例对决战公债发行的目的、数额、用途、推销范围和时间、利率、本息偿还时间、担保物品、发行单位等都做了具体说明。

通过解读条例，我们知道闽浙赣省苏政府粉碎敌人五次围攻决战公债为定额定息，共发行10万元，利率是每年一分。公债的80%用于支援军事作战，10%用于开展苏区经济建设，剩余的10%用于救济避匪的百姓。省苏维埃政府要求各地3个月推销完成。尤其在省财政吃紧的情况下，仍能想办法拿出10%的公债收入帮助流离失所的农民开展生产、改善百姓生活，这充分体现了苏维埃政府想民之所想、急民之所急的工作作风。

第二次国内革命战争时期，方志敏、邵式平等共产党人在江西、福建、浙江交界处领导建立起了一块革命根据地，最初称信江根据地。随着区域不断扩展，后来又称为赣东北根据地。1932年12月，根据中华苏维埃共和国临时中央政府的决定，赣东北省苏维埃政府改称为闽浙赣省苏维埃政府，机关驻江西横峰葛源枫树坞村，隶属中华苏维埃共和国临时中央政府。方志敏继续担任主席。政府下设有财政部，负责财政经济建设，部长最初由方志敏兼任，后由张其德担任，同时张其德还兼任闽浙赣省苏维埃银行行长。

在方志敏的领导下，闽浙赣根据地在党的建设、政权建设、法制建设、财政赋税、货币金融等方面有许多创新之举，取得了辉煌业绩，许多做法被其他根据地借鉴。毛泽东赞誉其为“模范苏区”和“方志敏式根据地”。1934年1月被中华苏维埃共和国中央政府授予“苏维埃模范省”，这是当时全国六大根据地唯一获此殊荣的苏区。

在战争环境中，各根据地的财政收入极不稳定，闽浙赣省苏区也不例外，由于粉碎国民党的军事“围剿”，战争消耗大，敌人对根据地经济封锁越来越严重，造成闽浙赣省苏维埃财政日益吃紧、困难重重。为了增加财政收入，政府通过打土豪筹款，扩大税源，提高土地累进税，开展节约运动，发动群众捐赠战争经费等多种方式增加财政收入，但是从当时实际情况来看，收效甚微，仍不能从根本上解决财政困难。尤其是进入1934年，在敌人军事进攻和经济封锁的形势下，闽浙赣省苏维埃政府的财政再次陷入严重的危机，军需和各项行政费用一时难以筹集。

为了弥补财政不足，渡过难关，一方面，闽浙赣省苏维埃银行开始增发纸币；另一方面，苏维埃政府适度发行粉碎敌人五次围攻决战公债券，以信用形式向群众举债。决战公债可以用现金购买，也可以用谷子来兑换，折合稻谷五十斤为一元[①]。

决战公债券面世之后，在“奋斗！一切为了前线！”的口号感召下，闽浙赣苏区干部战士、工人群众充分发挥革命主动性和积极性，踊跃购买，实际发行14万元。苏区人民为筹措战争费用，作出了巨大贡献。这同时也充分地体现出广大苏区群众对红色政权的信任、理解和支持。

由于第五次反“围剿”战争失利，决战公债券未能在1935年7月如期偿还本息。20世纪80年代，为了照顾老革命根据地苏区政府发行公债购买者的经济利益，财政部在《关于兑付老苏区发行的以银元计算的公债比价问题的复函》（1985年2月24日，［85］财综字第8号）中指出，“凡是当时以银元为计算单位的老苏区和革命根据地发行的公债，一律按兑付时当时国家银行规定的银元与人民币的比价兑付本息[②]”，这是对苏区人民顾全大局、为中国革命与民族解放事业无私奉献精神的尊敬和认可。

闽浙赣省苏政府粉碎敌人五次围攻决战公债券，是闽浙赣革命根据地发行的有价证券之一。它和苏区货币、股票一样，服务于苏区经济建设，保障了革命战争的供给，稳定了苏区财政，改善了人民群众

① 汤勤福：《闽浙赣根据地的金融》，上海社会科学院出版社，1998年，第152页。

② 中华人民共和国财政部办公厅编：《一九八五年财政规章制度选编（上）》，北京：中国财政经济出版社，1986年，第44页。

的生活，巩固了苏维埃根据地。

决战公债券的发行，是闽浙赣省苏维埃政府一切从实际出发，并善于从实践中发展和创造的财政筹款举措。发行公债也缓解了闽浙赣省苏维埃银行增发纸币的压力，保持了银行纸币币值的稳定，防止了物价的飞速上涨。

决战公债券的发行，也为今后各根据地革命政权发行公债在理论上和实践上提供了宝贵经验，在共产党的红色财政金融历史上书写了一页光辉的篇章。

赤币档案

张其德（1874—1938），德兴县（今德兴市）人。在家务农，兼做茶叶小生意时，结识方志敏之父方高翥。1927年11月，与在德兴张村乡开展农运工作的方志敏相熟。1928年6月加入中国共产党，参与组织、领导德兴年关暴动，影响一大批农友参加革命。

1929年，调信江苏维埃政府财政委员会工作，不久任红十军供给部部长。1930年，任赣东北特区苏维埃政府财政委员会主席、赣东北特区贫民银行行长。1931年，任赣东北省苏维埃政府财政部副部长、部长，赣东北省苏维埃银行行长。1932年，任闽浙赣省苏维埃执行委员、闽浙赣省苏维埃政府财政部部长、闽浙赣省苏维埃银行行长。1935年7月，在坚持游击战争时在德兴横港山被捕，关入南昌国民党军法处监狱。全面抗战爆发后获释，在南昌新四军驻赣办事处从事后勤工作。1938年7月，再次被国民党当局逮捕，在上饶市郊就义。

红色中华新纪年：
中华苏维埃共和国五年制银币

中华苏维埃共和国五年制银币，是土地革命战争时期陕北省苏维埃政府于 1935 年发行，在陕北地区流通使用，因为铸造量稀少，所以非常珍贵。

该枚银币，直径 38.6 毫米，重 26.7 克，成色 88%。一圈珠圈将银币正面【图一】分成两个部分，珠圈圆点大小一致，排列整齐。文字皆为逆时针读法。外圈上缘镌刻“中华苏维埃”5 个字，下缘镌刻“共和国五年制”6 个字，左右两侧各有实心五角星。珠圈里面上下镌刻币值“壹圆”二字，两边有嘉禾麦穗图案，线条简单、写意。

银币背面【图二】也是被一圈珠圈分成两个部分。外圈上缘镌刻“全世界无产阶级及”8 个字，下缘镌刻“被压迫民族联合起来”9 个字。左右两侧各有实心五角星。珠圈里面为镰刀和锤子组成的图案。

银币外表散发出一种自然古朴的状态，因为是手工制作，周廓不规整，地章不平。总体设计简单、朴实大方，文字结构自然，具有浓厚的时代特征、鲜明的苏维埃色彩和清晰的政治理念。

图一

图二

中华苏维埃共和国五年，即 1935 年，这是中华苏维埃共和国的纪年方式。1931 年 11 月，中华苏维埃第一次全国代表大会胜利召开，选举产生了同国民党政权性质根本不同的工农民主专政的新型政权——中华苏维埃共和国临时中央政府。临时中央政府设在瑞金（改名瑞京），瑞金成为中华苏维埃共和国的首都，向世人宣告中华苏维埃共和国正式成立。同时，使用独立的纪年，1931 年即被定为中华苏维埃共和国元年。土地革命战争时期，各工农政权在苏区发行的钱币上有很多采用“中华苏维埃”或“中华苏维埃共和国”年号纪年，这是一个具有鲜明阶级属性的年号。

银币背面镌刻“全世界无产阶级及被压迫民族联合起来”的政治主张，是 1920 年由列宁提出的。它是马克思列宁主义的重要内涵，号召各国共产党坚持进行民族解放运动，争取早日实现全人类的解放。

1935 年 1 月，陕北苏区第一次工农兵代表大会召开，正式成立了陕北省苏维埃政府，下设有财政部，部长为艾楚南。

艾楚南

这一时期苏维埃政府的财政面临一种窘迫局面。由于战争的破坏与政权刚刚建立，一切都在开始与草创中。苏维埃政权建立后，分配了地主的土地，取消了各种苛捐杂税。但由于陕北经济落后，连年灾荒，外加以前封建军阀的残酷剥削，人民群众生活艰难贫苦。陕北省苏维埃政府成立后，财政开支日益增大，人民群众没有什么负担能力，财政也就没有什么可靠收入，不能供给战争的需要。而且，当时根据地市场流通的是总行在榆林的陕北地方实业银行钞票，这是一家陕北地区性的商业银行，钞票滥发，苏区群众不愿接受，使得市场交易困难。那怎样解决这些问题呢？

艾楚南接手财经工作后，进行节约财政开支，机关只发实物，不发现金。同时，他着手积极拓宽财政来源。为了解决军政开支的困难、维持日常运转、满足市场交易需要，艾楚南开始组建银行，着手印制钞票和筹划制造银元，增加财政收入，力争建立长期有效的财政经济供应体制。

1935年夏，在延川县永坪附近的石油沟，陕北省苏维埃银行成立。9月下旬，更名为陕甘晋苏维埃银行，印制的钞票有纸币和布币两种。但当时银行在组织上尚未独立，只是在省财政部下面专门安排几名具体从事银行业务工作的干部。在发行钞票的同时，它还铸造了银币，铸造地点先是在永坪的石油沟，后在瓦窑堡的桃园村，据不完全统计，铸造和发行数量约为3000枚。

为了制造银元，艾楚南通过西北工作委员会党组织负责人郭洪涛，了解到在技术处工作的耿红字写得非常好，于是就找到耿红，二人一起研究设计制造的具体方法。后来，又找来刻字工人李生池等共同商量，最后决定由艾楚南负责总设计，耿红负责写字（一说是赵通儒），李生池负责图案的雕刻。银料来源是没收地主获得的各类银器。

因为条件简陋，工人只能采用钢筋制作成凹凸型两个模具，模具制作简单，银币制造方法是将坯饼放入凹型模具里，然后用凸型模正对着凹形模，手工锤砸加压，成型后再进行打磨修整。据艾楚南回忆，刚开始银币声音不好，后放入白矾煮过，声音才变得既亮又铮。因为铸造条件有限，银币规格大小存在着细微差别，现今发现的重量有的26.7克，也有的23.5克；成色有的95%，有的88%。

1935年11月，国民政府实行法币改革，禁止白银流通，导致金融市场上银价飞涨。为了稳定根据地金融市场，在财政上保证“革命战争的迅速胜利与扩大”，中华苏维埃共和国中央政府驻西北办事处发出《训令》，指出：“为着金融流通的便利，发行票币是需要的，但票币形式急需统一，发行数量应不超过市场的需要，以免发生其他弊端。”为此，中华苏维埃共和国国家银行西北分行开始发行统一的纸币，流通于陕甘地区。同时，陕甘晋苏维埃银行撤销，人员并入西北分行。因为统一使用西北分行纸币，中华苏维埃共和国五年制银币即停止发行，并开展回收。

中华苏维埃共和国五年制银币特点非常突出，它的流通地带仅限于陕北省中心区域的子长、延川、清涧、延长等县，流通时间只有短短的四五个月，后来又回收得非常彻底，故存世量非常稀少。在土地革命战争时期，各地苏维埃政权铸造的银币大都标有发行机构名称和公历纪年，中华苏维埃共和国五年制银币是唯一一枚使用中华苏维埃共和国纪年的银币，也是中华苏维埃共和国建立后唯一没有标注发行机构的银币。

中华苏维埃共和国五年制银币不仅是陕北省苏维埃政府，也是包括陕甘边区在内的整个西北革命根据地发行的唯一银币，为稳定金融、解决军政开支发挥了积极作用。

赤币档案

艾楚南（1900—1987），原名艾克生，陕西省米脂县井家河人，农民出身。1927年6月加入中国共产党。1934年，中共米东县委创建后，担任组织委员兼互济委员，在黑圪塔、小寺则一带开辟米东苏区。1935年，米东县委被国民党驻军破坏，他和县委书记郭文华突围脱险。后历任陕北省苏维埃政府财政部部长、陕甘省苏维埃政府副主席兼财政部部长、陕北省苏维埃政府副主席兼财政部部长。抗日战争时期，任绥德警备司令部供给部部长、陕甘宁边区政府财政厅副厅长。解放战争时期，任山东纵队司令部供给部政委，山东战时工作推行委员会委员兼财政处处长，山东省民主政府委员、副秘书长、秘书长、财政厅厅长。新中国成立后，历任山东省人民政府委员兼实业厅厅长，华东军政委员会委员，中央财政部部长助理，哈尔滨市委书记、副市长，政协陕西省委员会常委、副主席等职。

南梁精神的丰富内涵：
陕甘省苏维埃银行壹圆银币券

陕甘省苏维埃银行壹圆银币券，是由陕甘省苏维埃政府财政部于1935年发行，流通于陕甘边革命根据地，材质为当地的棉布。

银币券为横式，票面尺寸为148×78毫米。票券正面【图一】四周边缘有花草纹饰的边框，上端框内从右至左印有“陕甘省苏维埃银行”八字，呈弧形，下面两侧印有“019□16”六位数的红色印制号码。下面横书面值“壹圆”二字。中央为“全世界无产阶级及被压迫民族联合起来”的红色印戳。下端框内印有两排文字，分别是“凭票即付”和“中华苏维埃共和国五年印制”字样。两端各加盖一方“总经理印”印章，红色、篆书书体。

1931年11月，中华苏维埃共和国成立，首都瑞金，更改年号，使用独立的纪年，这一年为中华苏维埃共和国元年。此银币券上印有“中华苏维埃共和国五年”字样，即为1935年印制。“凭票即付”，意思是说拿着这张票券可以到银行兑换壹圆银币，这也是陕甘省苏维埃政府为民着想，保证银币券信用的体现。

票券背面【图二】四周装饰有花草团组成的边框，主图案为地球，内绘实心镰刀、锤子，底版图案全部是由“工农”字样组成。地球两侧各有一对称的图案，上面印有面额“1”字样。四角设有花边框，框内也印有“1”字样。

考察该券的印制特点，我们可以知道它是石版印刷而成。需要说明的是，这张布币券虽然设计简单、制作粗糙，却很有特点，正背面

图一

图二

均印有“工农”二字作票券的衬底，或横排，或竖列，主要是作为独特的防伪标识，另外也宣示了银行的性质，即为广大工农服务。

介绍了这张银币票的表面特征，结合历史背景知识，再叙述一下它印制和流通的情况。陕甘边即指陕西、甘肃两省交界的地方，包括现甘肃的华池、合水、庆阳、正宁、宁县；陕西的旬邑、彬县、淳化、耀县（今耀州区）、靖边、铜川、宜君、黄陵、富县、甘泉、志丹、安塞、定边 18 个市（县、区）的部分地域。

1934年2月，刘志丹、谢子长、习仲勋等共产党人在血与火的斗争中，于南梁四合台村成立陕甘边区革命委员会。当时南梁地区遭逢大旱，农田荒芜，经济凋敝。而此时，法币和地方政府发行的纸币皆贬值严重，市场上主要流通银元，缺少小面值的辅币，造成找零不便，商品交易受阻。为发展经济，革命委员会以陕甘边区革命委员会财政委员会的名义发行“油布票”。这是陕甘边革命根据地发行最早的苏区货币。

1934 年 11 月 1 日至 7 日，在华池县南梁荔园堡召开了陕甘边区第一次工农兵代表大会，正式选举成立了陕甘边区苏维埃政府，习仲勋任主席。下设粮食、财政、经济、土地等委员会。“至此，陕甘边苏区已扩大到东至临镇，西界定边，南接耀县，北靠高桥川、宁条梁一带，建立了庆北、淳耀、富西、富甘、定边、西靖边、合水 7 县革命委员会和赤安、安塞、华池等县苏维埃政府。9 月下旬，关中第三游击区划为陕甘边南区，成立了南区党委和革委会。”[①] 边区政府从根据地实际出发，制定和颁布了涉及土地、经济、军事、文化等方面的十大政策，建立南梁集市，鼓励贸易，促进边区经济发展，巩固了苏维埃政权。在茫茫黄土塬上的南梁小镇，是西北高原上的一片红色热土，是中国革命的历史重镇，从这里燃起的星星之火，曾照亮了中国革命

① 中共陕西省委党史研究室、中共甘肃省委党史研究室编：《陕甘边革命根据地》，北京：中共党史出版社，1997 年，第 257 页。

陕甘边苏维埃政府旧址位于下寺湾镇义子沟村 027 号，该旧址由 11 孔坐西北面东南的石窑洞和院落组成，2014 年 6 月被陕西省人民政府公布为第六批省级文物保护单位。

走向最终胜利的辉煌道路。

随着陕甘边革命根据地不断发展壮大，原发行的“油布票”已无法满足经济发展和交换的需要，于是边区政府成立陕甘边区农民合作银行，发行了陕甘边区第二种货币——陕甘边区农民合作银行兑换券。面值有壹角、贰角、伍角、壹圆四种。

1935 年 4 月，由于国民党调集数万兵力对陕甘边区进行第二次军事“围剿”，主力红军转战到陕北。针对敌人对南梁地区大规模“围剿”的新形势，为避免遭受更大的损失，陕甘边区苏维埃政府党政机关和保卫队 100 余人撤离至甘泉县下寺湾义子沟，陕甘边区农民合作银行也一并撤离。

1935 年 7 月中旬，苏区军民粉碎国民党“围剿”后，陕甘边和陕北两苏区连成一片，苏区扩展到 30 个县境，面积 3 万多平方公里，人口 70 余万人，20 多个县建立了苏维埃政权，红军和游击队发展到 1 万余人，统称陕甘苏区。这标志着北起长城，南至淳化、耀县，西接环县、庆阳县（今庆阳市），东临黄河的西北革命根据地的建立。

这一时期，陕甘边区农民合作银行改称陕甘省苏维埃银行，机构和业务有了一定的发展，内部设置若干科室，并建立了较为正规的办公制度。陕甘省苏维埃银行印制与发行了银币券和铜币券，银币券有壹角、伍角、壹圆三种面值；铜币券有贰拾枚一种面值[①]。陕甘省苏维埃银行发行的都是壹圆以下小面值的纸币券，说明充分考虑了当地的经济水平，人民群众的生活状况、购买力情况，以及商品流通的客观需要和币值的稳定。此外，贰拾枚铜币券的发行，还充分顾及了当地群众使用货币的习惯。这是党和根据地人民血浓于水的真实写照。陕甘省苏维埃银行票券的印制和发行，深刻地反映了陕甘苏区共产党人始终为人民群众着想，赢得了广大人民群众的支持和拥护。

1935 年 10 月，中央红军长征到达陕北。11 月，中华苏维埃共和国国家银行改称中华苏维埃共和国国家银行西北分行，并印制和发行国家银行西北分行货币，西北革命根据地开始统一使用西北分行苏维埃钞票。

陕甘省苏维埃银行结束历史使命，陕甘省苏维埃银行银币券和铜币券亦停止使用。

陕甘省苏维埃银行虽然只存在了短短半年，其印制和发行的银币券、铜币券流通时间都很短暂，却对陕甘边革命根据地的巩固、经济的发展起到了一定的作用。

首先，它的面世和流通，方便了当时边区的商品交换，促进了边

---

① 陕甘宁边区金融史编辑委员会等编：《陕甘宁边区金融史》，北京：中国金融出版社，1992 年，第 29 页。

区的集市贸易和物资交流。其次，它打破了敌人的经济封锁，稳定繁荣了边区的经济，促进了生产发展，有力地支援了根据地的建设，进而为红军长征在陕北落脚奠定了物质基础。最后，陕甘省苏维埃银行的组织规章制度，为中华苏维埃共和国国家银行西北分行提供了一定的借鉴。

陕甘省苏维埃银行壹圆布质银币券，历经 80 多年的风风雨雨，尽管印刷简单，但是它代表了陕北红军在艰苦困难条件下卓越的经济金融政策，代表了共产党人以面向群众、忠诚为民的奋斗精神为核心的南梁精神！

赤币档案

谢子长（1897—1935），原名世元，又名德元，号浩如，陕西省安定县人。陕北红军和苏区创建人，中国工农红军的杰出指挥员。1925 年加入中国共产党。1927 年春，协助建立了中共安定特别支部，组织开展农民运动。参与领导了清涧起义、渭华起义。1931 年 10 月，奉命到南梁统一领导各支武装力量，组成了由其任书记，刘志丹等同志为委员的部队党委。1934 年任陕北红军游击队总指挥部总指挥、红 26 军 42 师政治委员。1935 年任中共西北工作委员会委员和西北革命军事委员会负责人，指挥部队粉碎了国民党军对陕北苏区的“围剿”。谢子长在长期征战中，多次负伤，病情恶化，于 1935 年 2 月 21 日逝世；同年秋，中共西北工作委员会决定设立子长县，1942 年改安定县为子长县。1946 年，中共中央西北局和陕甘宁边区政府在瓦窑堡修建了子长烈士陵园，并举行了隆重的公祭仪式。2009 年 9 月，被评为“100 位为新中国成立作出突出贡献的英雄模范人物”。

纸币中的“抗日先锋”：
神府特区抗日人民革命委员会银行流通纸券

神府特区抗日人民革命委员会银行流通纸券印制于 1936 年，是陕甘革命根据地神府特区发行的货币，流通于神府地区。它有纸和布两种材质，面值有伍分、壹角、贰角、伍角和壹圆五种。无论是纸币还是布币，皆为横式版，采用红色油墨、木版印刷而成。为防止造假，所有券背的右上角均盖有不同颜色的骑缝章。

现就部分面值的纸币以及布币做一下介绍，设计风格和版式特征如下：

贰角券。质地为纸张，票面尺寸为 133×75 毫米。正面【图一】四周有传统的花纹装饰边框，边框四角分别印有表示面值的实心体“贰”字。票面上端正中，自右至左，印有“神府特区抗日人民革命委员会银行”15 个字，标明票券发行机构。下面印有“流通纸卷”（注：卷应为券）4 个字。中间为纸币的主图案——镰刀、斧头图，两侧有谷穗花纹环绕。主图两侧各有一个不规则竖式花框，框内分别印有面值“贰”“角”字样。票面下端，印有时间“公历一九三六年印”。左右两侧各加盖一枚篆书红色“银行经理”小方印。

背面【图二】中间为直线构成的长方形装饰框，边框四角分别印有五角星。票券上部自右至左印有“全世界无产阶级及被压迫民族联

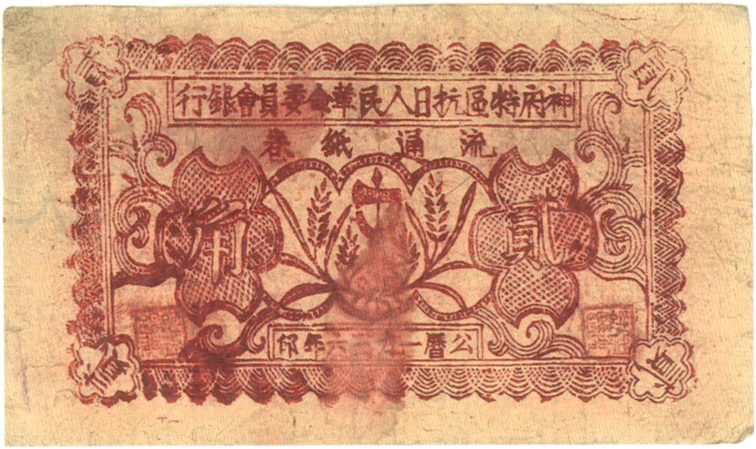

图一

图二

合起来”字样。票券中部为一打开的卷轴，卷轴中心为一颗大五角星，两侧有谷穗环绕，上方左右各有镰刀、斧头图。券面右边有一手书的黑色字，下方有一个红色中文数字编号，表示印制编码。

伍角券【图三、图四】。质地为纸张，票面尺寸为 138×78 毫米，

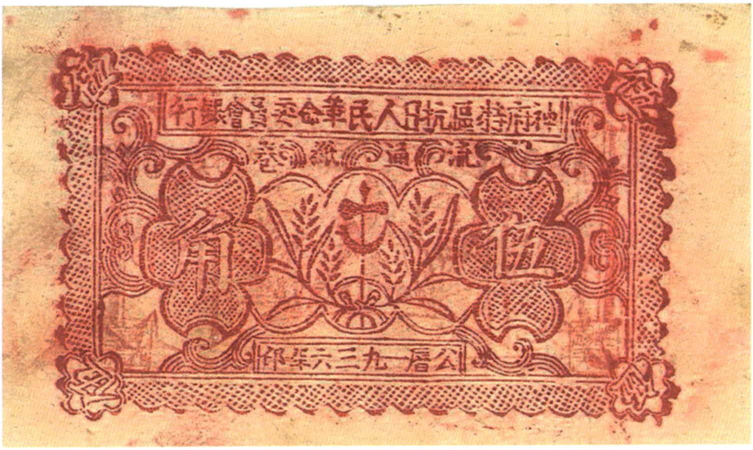

图三

图四

设计风格和版式特征与贰角券一致。

伍角券【图五、图六】还有布币，票面尺寸、图案和纸质一致。

壹圆券。票面尺寸为 140 × 90 毫米。正面【图七】四周有传统的花纹装饰边框，边框四角分别印有表示面值的实心体“壹”字。票面

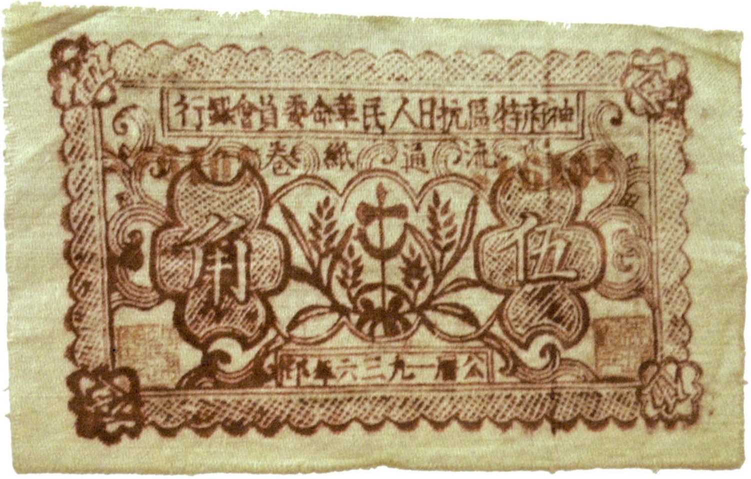

图五

图六

上端正中，自右至左，印有“神府特区抗日人民革命委员会银行”15个字，标明票券发行机构。票券中部为一打开的卷轴，卷轴内有一谷穗环绕的圆圈，似银元状，圆圈中心为一五角星图案，上部分别印有“一九”“三六”字样，五角星内有竖印“壹圆”二字。卷轴两侧各印有表示面值的竖印心体“壹圆”二字，面值下面各加盖一枚篆书红色“银行经理”小方印。券面下端印有“流通纸券”4个字。

券背面【图八】四边为直线构成的长方形装饰框，边框四角有花瓣图案，花瓣内均印有“1”字。上方自右至左印有“全世界无产阶级及被压迫民族联合起来”字样。券面中央一花框内印有一颗五角星。券面右边有一手书的黑色字，下方有一个红色中文数字表示印制编号。

通过观察实物，我们不难发现神府特区抗日人民革命委员会银行贰角和伍角流通券均将“券”写成“卷”，从纸张裁切、印刷工艺可以看出当时设备简陋，技术水平很低。尽管如此，流通券图案的设计却有独特的风格，体现了共产党人坚定的理想信念和为劳苦大众谋幸福的精神。

神府特区即神府革命根据地，是土地革命战争时期，中共陕北特委领导创建的一块根据地，它以神木为中心，包括府谷、佳县、榆林的部分地区，面积约4000平方公里，人口14万，是陕北革命根据地重要而独特的组成部分。

早在1927年，神府地区就创建了党组织，1934年3月成立中共神木县委。土地革命战争时期，神府革命根据地没有和陕北革命根据地连成一片，经历了敌人五次较大规模的“围剿”，牵制了大量敌人，缓解了陕北革命根据地的压力，在争取西北革命乃至全国革命胜利方面发挥了重要作用。

1935年10月，中共中央率领中央红军长征到达陕北后，为了加

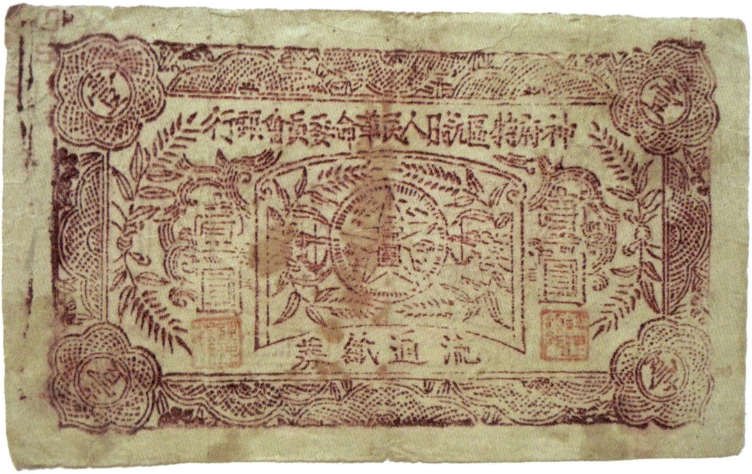

图七

图八

强对西北革命根据地的领导，决定成立陕北、陕甘两个省委和关中、三边、神府三个特委，直属中央领导，并从延安抽调一批优秀干部充实到神府特委工作。毛泽东非常重视神府革命根据地建设，他指出，“神府苏区虽不大，但这个地方很重要，是个抗日前哨”。[①]这说明那里的形势很紧张，斗争很艰苦。

1936年3月，刘志丹、宋任穷率领红28军东征路过神府革命根据地，和神府红三团共同粉碎了国民党军队对神府革命根据地的第三次“围剿”，神府苏区得到恢复和发展。4月15日，在神木县杨家沟，神府特区召开第一次工农兵代表大会，选举成立了神府特区抗日人民革命委员会，由乔钟灵任主席，财政部部长为高振业。

中共神府特委和特区抗日人民革命委会加强对财政经济、生产建设、文化教育、社会治安等的领导，及时调整政策，促进了地区社会安定。这些措施对于打破敌人的经济封锁起了一定作用，使苏区的经济困难得到了很大改善。

当时神府特区金融领域面临的主要问题，是市面上没有自己的货币可以进行流通，因为没有货币进行输血循环，造成市场萧条，使广大群众在物质上感到极大的困难。当时，东征回师到神府特区养伤的红军战士，带着一部分中央苏区票和陕甘苏区票在市场买东西。这种情况引起了中共神府特委和特区抗日人民革命委会领导人对印钞的重视。为了活跃经济，促进农村交易，恢复原有的集市贸易市场，1936年春成立了神府特区抗日人民革命委员会银行（1937年1月，改称神府特区苏维埃政府银行），并用其名称发行了纸质和布质的流通券。特区财政部部长高振业兼银行经理，副经理是王玉亭，二人负责筹集货币发行基金。基金来源主要有三个：一是红军游击队打土豪没收的

---

① 中共陕西省党史资料征集研究委员会等编：《神府革命根据地》，西安：陕西人民出版社，1990年，第273页。

银元、元宝及其他贵重物品；二是抗日基金募捐委员会募捐的现金；三是发动群众自愿入股投资，到期分红。

财政部成立了一个小型钞票印刷厂，位于神府三区的王家丹，指定一名姓王的同志负责，印刷工人有王桂林、王俊党、王俊宝等10名左右。钞券上的图案是由王玉亭、刘长建等人设计，神府一区寨子沟的刻字工人王荣富负责制版。图案设计好经过批准后，由王荣富完成木版雕刻，再进行印刷。刚开始是印在漂白布上，后来漂白布紧缺，购买困难，就改印在麻纸上。这种钞票纸很厚，目的是防止损坏。做法也简单，把几张薄的细麻纸有序地粘在一起，晒干后，再进行压平打光处理，然后再用木版印刷。

据当事人回忆，1937年上半年，印刷厂印制了面值1元的钞票51000元，发行流通后，收回47890余元[①]。流通券投放到市场后，财政部派人到集市去观察，发现特别好用。当时神府地区经济基础很差，群众愿意使用流通券，是因为党和政府在当地威望很高，所以流通券很受欢迎，有“苏票”之美誉。农民使用流通券可以互相交易，买进各自所需的物品，出卖多余的物资，并且可以拿上流通券到合作社买回生产生活用品，如布匹等，这在很大程度上解决了群众生产和生活上的困难，大大地方便了群众。而且，党政机关和部队也可以用流通券到集市上购买粮食及其他日用品，保障了前方红军指战员物质生活的供给。

1937年4月，中央派人到神府地区传达西安事变的经过，以及中央“停止内战，一致抗日”，实行第二次国共合作的指示，神府地区的红军奉命与国民党军停战，神府特区苏维埃政府银行遂停止印钞和货币发行等业务活动。所发行的流通券，银行相继用物品和银元兑换

① 中共陕西省党史资料征集研究委员会等编：《神府革命根据地》，西安：陕西人民出版社，1990年，第114页。

收回，统一送往延安。

神府特区抗日人民革命委员会银行流通券发行时间不足一年，却极大地促进了根据地集市贸易的发展，便利了群众交易，保障了干部和红军战士的生活供给，有力地维护了神府革命根据地的金融秩序。

神府革命根据地在党的领导下，在长期的革命斗争中，形成了自己独特的经济体制。因为神府地区特殊的地理位置，神府特区抗日人民革命委员会银行流通券的印制和发行，深刻地体现了神府特区军民紧密团结、生死与共的革命情怀。而且，这也是到目前为止，党领导的革命政权最早发行有“抗日”二字的钞券，堪称红色货币中的“抗日先锋”。

赤币档案

高振业（1901—1950），陕西神木县（今神木市）贺家川镇道河坬人。1928年，中国共产党在贾家沟成立了支部，到1933年底，党团员发展到400多人。在这期间，投身革命。1936年，在神木南区杨家沟举行了神府特区革命根据地第一次工农兵代表会议，被选为财政部部长兼神府特区银行行长。在他的主持下，神府特区政府印刷发行了5万多元钞票在市场上流通，又在贺家川组建了民众合作社和纺织工厂。1940年前后，到延安学习了一段时间。1942年，神府县、兴县和岚县组成晋绥边区一分区，任一分区贸易局局长。1950年，任陕西省商业厅副厅长。后患伤寒，由于当时医疗条件太差，他的病时好时坏，迁延数月之久，于1950年病逝，时年49岁。

第三章

全面抗日战争时期——壮大

（1937—1945）

面值小作用大：光华商店代价券的印发与贡献

光华商店代价券是抗日战争全面爆发后，陕甘宁边区政府最初印制和发行的一种用于找零的纸币，与国民政府的法币并行流通，简称“光华票”。它的发行时间虽不长，但在党领导的抗日根据地经济金融史上留下了光辉的一页。

代价券因光华商店而得名。光华商店是陕甘宁边区政府领导的一家非常重要的公营商业机构。1935 年 10 月，中央红军长征胜利到达陕北。11 月，中华苏维埃共和国中央执行委员会发布布告，设立苏维埃中央政府驻西北办事处，办事处下有国民经济部，在国民经济部下设贸易总局。抗日战争全面爆发后，1937 年 9 月，陕甘宁边区政府正式成立，贸易总局改成边区合作总社，隶属建设厅（原西北办事处国民经济部改组）。

1937 年 10 月，在原中华苏维埃人民共和国国家银行西北分行的基础上，边区政府成立了陕甘宁边区银行。陕甘宁边区银行最初成立时资本金只有 10 万元，其中一多半为各种现金、现银，流动资金只有 4 万元。为大力发展边区商业体系，进一步扩大边区银行的资本，1938 年，将边区合作总社与光华书店进行合并，组成光华商店，隶属于边区银行，余建新任经理。总店设在延安，各地设有分店，分店之下有支店，至 1941 年已有 22 家分（支）店。光华商店是边区银行所属规模最大、作用也最大的一个部门。1943 年因机构变化，光华商店与盐业公司合并，退出历史舞台。

陕甘宁边区银行于1937年已经成立，为什么没有发行自己的货币，反而以光华商店的名义发行代价券呢？这里面还有很深的历史背景。西安事变和平解决后，国共两党实现了第二次合作。为进一步巩固抗日民族统一战线，共产党领导的抗日民主政权主动收回原印发的各种苏维埃货币，在根据地开始使用国民政府印发的法币，并以法币为主币。因为流通法币，所以领取国民政府发放的军饷、经营光华商店是这一时期边区银行的主要职责。实际上，边区银行成立之初充其量也只能算是一个财政支付机关。

当时国民政府给边区发放的法币主要面值是伍元和拾元券。边区经济落后，法币面值较大，市场上辅币稀缺，买卖时出现找零困难，从而导致物价提高，影响了群众交易，阻碍了商业繁荣。“商人则因无辅币之找换，货物不易售出；农民则因需用品之不易购到，宁愿物物交换，不肯收受法币。遂致法币失去信仰，流通大受障碍”（《陕甘宁边区政府给军事委员长天水行营主任程潜的呈文——呈复延安光华商店发行代价券情形（一九三九年四月八日）》）。在延安市场上，买卖交易时一度使用邮票找零，但群众对邮票的认可程度不高，不能接受邮票为零钱。这给边区的商业贸易和军民生活带来极大的不便。为保证正常买卖的顺利进行，群众有时候甚至采用将法币打折的办法进行交易，造成法币信誉降低。

因陕甘宁边区银行成立之初并未对外公开营业，故不便印发货币。

为维护法币的信誉，解决辅币的问题，1938年，陕甘宁边区政府授权边区银行以光华商店的资产作保证金，发行贰分、伍分、壹角、贰角和伍角小面值的代价券作为法币的辅币，并行流通于边区市场，受到老百姓的欢迎，将其称为“光华票”。

1939年，国民党制定了“限制异党活动”办法，“消极抗日，积极反共”，对边区进行经济封锁，限制政府货物的通行，不如期发给八路军军饷，边区经济发生了困难。为解决财政困难，边区银行于1940年又印发了面值为柒角伍分的光华商店代价券。两张加在一起就是壹元伍角，四张就是三元。所以，柒角券虽然是辅币，却在实际流通中发挥了主币的作用，解决主币不足的困难。这可以说是边区金融工作者的一个创举、一项伟大发明和重大贡献。

光华商店代价券一共有6种面值，每种券别的设计风格和版式特征简述如下：

贰分券【图一、图二】。横式，票面尺寸为74×45毫米，正面主色调为蓝色，四周有装饰花框，上方由右至左呈弧形印有“延安光华商店代价券”字样，其两侧为阿拉伯数字面值“2”，上方花框两角各印有面值“二分”；主图案为花纹，花纹中有大写面值“贰分”；下方有“中华民国二十七年印”字样。背面为黑色说明文字，无装饰。

说明文字为横排，三条六行：一、为便利市面流通特发行代价券。二、凭此券五拾张或与其他通用小票凑足拾角即兑付法币壹圆。三、此券发行十足准备，准备金全部存放边区银行，由边区银行保证并代理兑换。最后印有发行机构“延安光华商店”及手写体签名。

伍分券【图三、图四】。横式，票面尺寸为85×51毫米，正面主色调为棕色，四周有装饰花框，上方由右至左呈弧形印有“延安光华商店代价券”字样，其两侧为阿拉伯数字面值“5”，上方花框两角各印有面值“五分”；主图案为花纹，花纹中有大写面值“伍分”，

延安光華商店代價券
199137
二分
二分
2
2
貳分
中華民國二十七年印

图一

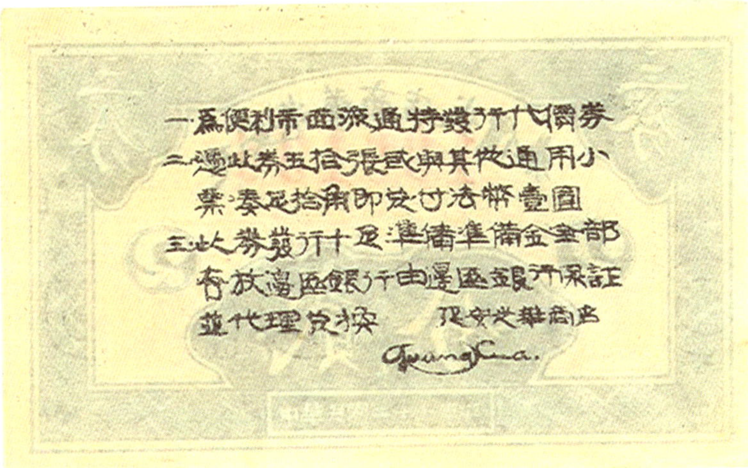
一、為便利市面流通特發行代價券
二、憑此券五拾張或與其他通用小
票湊足拾角即兌付法幣壹圓
三、此券發行十足準備金全部
存放邊區銀行由邊區銀行保証
並代理兌換　延安光華商店

图二

延安光華商店代價券
伍分
5
5
中華民國二十七年

图三

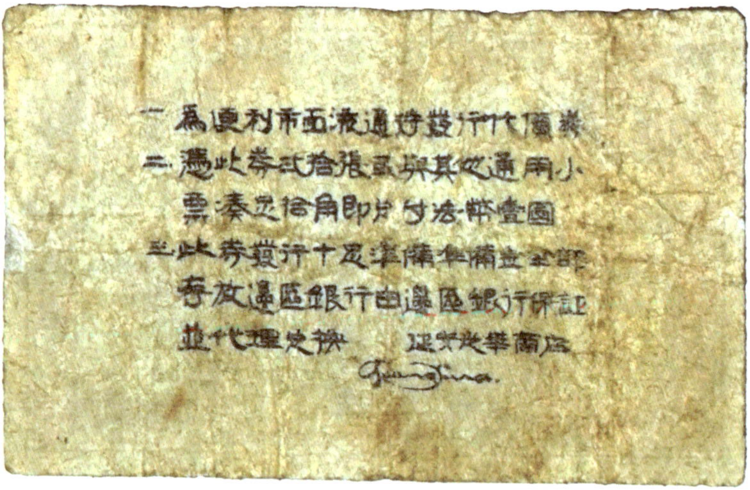
一、為便利市面流通特發行代價券
二、憑此券貳拾張或與其他通用小
票湊足拾角即兌付法幣壹圓
三、此券發行十足準備準備金全部
存放邊區銀行由邊區銀行保證
並代理兌換
延安光華商店

图四

下方有“中华民国二十七年印”字样。背面为黑色说明文字，无装饰。说明文字的排列和主要内容与贰分券基本相同，唯有贰分券为“五拾张”兑付法币壹圆，伍分券为“弍拾张”兑付法币壹圆。

壹角券。竖式，票面尺寸为 48×90 毫米，正面主色调为红色，四周有装饰花框，花框下方两角印有“壹角”字样，票面上方有装饰框，中有一“凸”字形框，框内由右至左两排印有“延安”“光华商店代价券”字样，其下有一“光华”二字组成的圆形图案；票面中下部有花纹，花纹中有大写面值“壹角”；下方盖有篆书“经理之章”红色小方印，底部花框内印有“中华民国二十七年”字样。背面为黑色说明文字，无装饰。说明文字的主要内容与贰分券基本相同，唯有排列方式为竖排，贰分券为“五拾张”兑付法币壹圆，壹角券为“拾张”兑付法币壹圆。

贰角券。竖式，票面尺寸为 55×98 毫米，正面【图五】主色调为红棕色，四周有装饰花框，花框下方两角印有“贰角”字样，票面上方装饰框内有一长方形框，框内由右至左印有“光华商店代价券”字样；其下主图案为塔、房屋；票面中下部有花纹，花纹中有大写面值“贰角”，下方有签名，底部花框内印有“中华民国二十七年印”字样。背面【图六】主色调为红棕色，四周有装饰花框，花框内有黑色说明文字。说明文字的主要内容与贰分券基本相同，唯有排列方式为竖排，贰分券为“五拾张”兑付法币壹圆，贰角券为“伍张”兑付法币壹圆。

伍角券。有两种版式，皆为横式。其一，票面尺寸为 127×66 毫米，正面【图七】主色调为蓝色，四周有装饰花框，花框四角印有“伍角”字样，票面右侧上部由右至左印有“延安光华商店代价券”字样；其下半圆形内为主图案亭子，下方印有“中华民国二十七年印”字样；票面左侧有花纹，花纹中有大写面值“伍角”，下方有签名。背面【图八】

光華商店代價券
貳角
貳角
貳角
中華民國二十七年印

图五

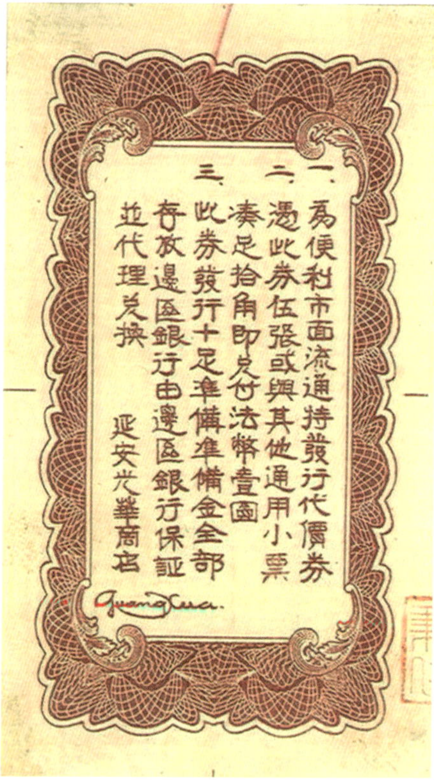
一、為便利市面流通特發行代價券
二、憑此券伍張或與其他通用小票
湊足拾角即兌付法幣壹圓
三、此券發行十足準備準備金全部
存放邊區銀行由邊區銀行保証
並代理兌換
延安光華商店

图六

延安光華商店代價券
805868
伍角
伍角
伍角
伍角
伍角
中華民國二十七年印

图七

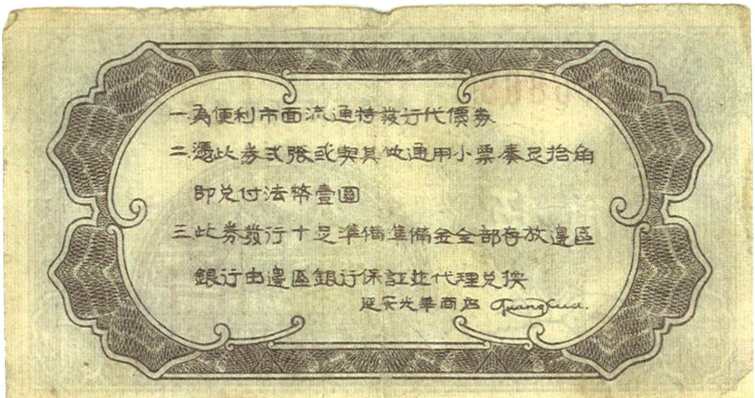
一為便利市面流通特發行代價券
二憑此券貳張或與其他通用小票湊足拾角
即兌付法幣壹圓
三此券發行十足準備準備金全部存放邊區
銀行由邊區銀行保証並代理兌換
延安光華商店

图八

主色调为黑色，四周有装饰花框，花框内有黑蓝色说明文字。这说明文字的排列和主要内容与贰分券基本相同，唯有贰分券为“五拾张”兑付法币壹圆，伍角券为“弍张”兑付法币壹圆。

其二，票面尺寸为124×53毫米，正面【图九】主色调为红色，四周有装饰花框，花框四角印有“伍角”字样，票面上部由右至左印有“光华商店代价券”字样；其下方为主图案，有花纹，花纹中有大写面值“伍角”；面值右侧图案为羊群，下方盖有篆书“经理之章”红色小方印；面值左侧图案为纺织，下方印有“中华民国廿九年”字样，面值下方有“凭券兑付国币”字样。背面【图十】色调为蓝色，四周有装饰花框，花框四角印有“50”，上方呈弧形印有“GUANGXUA SHANGDIAN”字样，其下有花纹；花纹内有阿拉伯数字面值“50”；下方有“CENTS”及“1940”，面值左右下方各有签字。

柒角伍分券。横式，票面尺寸为130×54毫米，正面【图十一】主色调为棕色，四周有装饰花框，花框四角印有“柒角伍分”字样，票面左上部由右至左印有“光华商店代价券”字样；其下主图案为宝塔山、桥、农民，主图下方有“凭券兑付国币”以及“中华民国廿九年”字样；票面右侧有花纹，花纹中有大写面值“柒角伍分”，面值下方左右各盖有一篆书“经理之章”棕色小方印。背面【图十二】色调为蓝色，四周有装饰花框，花框四角印有“75”；上方装饰框内有“GUANGXUA SHANGDIAN”字样，其下有花纹，花纹内有阿拉伯数字面值“75”，下方有“CENTS”及“1940”，面值左右下方各有签字。

“光华票”纸张早期为道林纸，后期为土纸，质地较为粗糙。因采用石印版印制，铅印手工加盖印制号码，略显不规整。

“光华票”发行初期，边区政府为了维护法币的主币地位和“光华票”的自身信誉，严格控制发行量。最初发行总额为99050元；1939年底，累计发行量上升为316975元；到1940年上半年，累计发

图九

图十

光華商店代價券
D019963
柒角伍分
憑券兌付國幣
中華民國廿九年

图十一

GUANGXUA SHANGDIAN
75
CENTS
1940

图十二

行 547915 元。

1940 年以后，国民政府不仅克扣、减少甚至停发八路军的抗日经费，还阻挠国际援助款的汇入，这种情况使得边区财政陷入极大的困难境地。1940 年下半年开始，不得不加大“光华票”的发行量，以弥补财政赤字。至 1941 年 2 月，“光华票”累计发行 4307215 元①。

光华商店代价券，是在第二次国共合作统一战线的形势下印发的。它在边区作为法币的辅币而流通，广大群众尤其是商人十分乐于使用，它的信用很好，流通范围甚至扩大到边区以外。“光华票”与法币相互结合，相互补充，方便了市场交易，方便了群众生活，有力地支持了边区财政和边区银行各项业务活动的开展，为边区银行积累了充足资本，对边区的经济建设和货币体系的创立作出了重大贡献。

首先，稳定了边区市场。按照货币学理论，银行对社会的货币供应与货币流通，和商业对社会的商品需求与商业流通，二者是有机地结合在一起的。“光华票”的成功发行，使得这一结合更加紧密，对稳定边区市场、巩固边区的经济金融提供了有利条件。尤其是柒角伍分面值的“光华票”的发行，有效地解决了增加发行的需求，反映了边区货币金融工作者的创造性和灵活性。

其次，对其他抗日根据地货币的发行起到了先导作用。“光华票”是抗日战争时期抗日根据地在边区政府主导下、边区银行借商业部门名义发行最早的一种货币，这是一次伟大的创举，也是一次成功的尝试，为其他抗日根据地货币的发行起到了带头示范作用，并积累了宝贵的经验。

① 中国财政科学研究院主编：《抗日战争时期陕甘宁边区财政经济史料摘编（第 5 编 金融）》，武汉：长江文艺出版社，2016 年，第 15 页。

赤币档案

余建新（1906—1974），原名鱼生溪，绥德县枣林坪镇鱼家湾村人。1934 年 8 月参加革命，化名“余建新”，为红军购买物品、探消息、送情报。他和父亲掩护革命干部，接待红军秘密活动人员，他家成了红军的地下联络点。曾任绥清贸易局局长、西北贸易总局副局长、陕甘宁边区合作总社副主任、延安光华商店经理、甘肃省财政经济委员会副主任等职。

1945 年 10 月，毛泽东在重庆谈判回到延安后，特意接见了余建新，勉励他要一辈子做好党的经济工作。临别时，毛泽东拿出一张近照赠给他，并在照片背面题字：“余建新同志 毛泽东 一九四五年十月十三日。”

伸出金融力量打击敌人：
晋察冀边区银行的设立和货币的发行

全面抗日战争开始后，八路军和新四军相继挺进敌后，开辟了大片抗日根据地，到抗日战争胜利前夕，先后建立了 19 块抗日根据地。在中国共产党的领导下，各抗日根据地均自成一个战略区，建立了抗日民主政府。这些政权为发展当地农业生产，防止和抵制敌伪钞的侵入与流通，保护根据地人民的财富，相继建立银行，发行货币。各根据地的金融事业随着根据地的发展而不断扩大，为抗日战争的胜利打下了坚实的基础。这一时期是红色政权货币由奠定基础到发展壮大的时期。

晋察冀边区银行是全面抗日战争时期党领导的抗日民主政权在敌后建立的第一家红色银行，被誉为“战斗银行”，它印制的各种钞票，是各抗日根据地中最早发行的。晋察冀边区银行及其发行的钞票，至今已有 80 多年的历史，现已成为中国人民艰苦抗战的重要见证。这些钞票的印制和发行，不仅有力地支持了抗日战争，也为日后推翻国民党反动统治、建立新中国作出了重大的经济贡献。

晋察冀抗日根据地，是抗日战争时期党领导的八路军在敌后创建的第一块根据地。全面抗战胜利后，晋察冀根据地发展到包括当时热河、察哈尔省的全部，河北省大部，山西省东北部，绥远省东部和辽宁省西部广大地区，人口3000余万。因为处于华北抗战最前沿的重要位置，根据地曾被中共中央誉为“敌后模范的抗日根据地”“统一战线的模范区”。

晋察冀抗日根据地建立初期，境内主要流通法币和伪币，此外还有各种地方小票、杂钞充斥市场，金融秩序十分混乱。为了统一边区币制，筹集军费，打击杂钞，驱逐伪币，边区政府开始考虑创办边区银行，统一印钞，保护和发展根据地经济。

1937年10月14日，吕正操率原国民党53军691团2000多名指战员在晋县（今晋州市）小樵镇改编为人民自卫军，接受党的领导，北上抗日，进抵河北高阳、安国，创建了抗日根据地。12月，人民自卫军到阜平受训时，晋察冀边区司令员聂荣臻向吕正操阐明在冀中建立平原根据地的重要性，还介绍了建立根据地银行、抵制伪钞的设想。吕正操积极响应，以在安国商会收缴的3万多元钱作启动基金，推荐时任人民自卫军军需官的关学文负责银行的筹建工作。

1938年1月10日至15日，在阜平召开的晋察冀边区军政民代表大会上，选举产生了晋察冀边区临时行政委员会，根据代表们的提议，通过了“边区为统制与建设经济得设立银行，发行钞票”的决议案。

1938年3月20日，晋察冀边区抗日民主政权在山西省五台县石咀村成立了晋察冀边区银行【图一】，首任经理关学文、副经理胡作宾。总行设有发行科、出纳科、会计科、营业科、秘书室、文书股、庶务股、运输队和警卫队，下设分行以及办事处。当时因处于残酷的战争环境中，日寇“扫荡”频繁，边区银行几经辗转，先后转移多地，最后到达闸北村。尽管在战火纷飞的环境中工作、生产，但边区银行广大干

图一

部职工却始终保持着高昂的精神状态。为庆祝边区银行取得的成就，1940 年 3 月，边区银行召开庆祝成立两周年大会，晋察冀军区西北战地服务团特意谱写了《晋察冀边区银行行歌》。1944 年 3 月，银行在闸北缩编，和财政合并，当时的财政处处长张苏兼任银行经理。边区银行成立后，即开始印制和发行“晋察冀边币”，禁止流通各种杂钞及伪币，使晋察冀边区银行币成为该区的本位币。晋察冀边区银行历经血与火、生与死残酷斗争的考验，胜利完成了“筹集军费、打击杂钞、保护经济”的特殊使命。

建立银行，首先就要发行货币，发行货币必须有印制货币的地方，所以，筹建印钞厂是首要任务。早在 1937 年 12 月，在冀中负责筹办银行的关学文就到印刷业较为发达的河北省安国县（今安国市）。在冯国俊等人的协助下，关学文找到一些小印刷厂的掌柜和工人，向他们宣传抗日救国的道理，经过动员，很快找到了 10 余台小型石印机、手打号码机及辅助设备、材料和近 20 名技术工人。之后，在县城南关药王庙的一座大院子里，关学文建立了人民自卫军军需处印刷所。为了加快筹备工作，关学文派人四处采购油墨等印刷物资，并选派有设计制版能力的赵毅林、李德义二人制作票版。

1938 年 1 月，因日寇沿平汉铁路两侧进行残酷“扫荡”，筹建中的银行奉命向冀西抗日根据地中心阜平县转移。不久，赵毅林、李德义二人成功地设计出壹圆小黑马样票。这张样票经上级审验合格后赶制印版，在阜平法华村装机并正式开印。不到 20 天，首批钞票印成，在法华村裁切后，用骡子驮到阜平，打印上经理关学文、副经理胡作宾的签章，加印号码，经检验封装，即投入使用。该票为横式，票面尺寸为 145 × 75 毫米。正面【图二】主色调为红黄色，主图案是小黑马耕地，正上方有“晋察冀边区银行”7 个字，右侧有“壹圆”二字，两侧有“公私款项，一律通用”8 个字，下方是“中华民国二十七年印”字样。背面【图三】主色调是红褐色，文字以英文为主，下方注明“1938”。票面设计很好地突出了“搞好生产、支援抗日”的主题，同时又散发出宁静的田园韵味。随后印刷所又马不停蹄、加班加点，赶印制出了 1938 年版伍圆券【图四、图五】，亦为横式，票面尺寸为 152 × 80 毫米。正背面主色调均为黄褐色，正面主图案是颐和园荇桥。晋察冀边区银行在根据地首批发行自己设计印制的壹圆券和伍圆券，有力地开展了对敌经济斗争，维护了边区人民的利益，促进了生产。

自 1938 年至 1947 年，晋察冀边区银行先后印制和发行了贰拾枚、壹角、贰角、伍角、壹圆、贰圆、伍圆、拾圆、伍拾圆、壹佰圆、贰佰圆、伍佰圆、壹仟圆、贰仟圆、伍仟圆 15 种不同面值、50 多种版别的钞票，每种面值的券别特征分别简述如下：

贰拾枚：竖式，颜色为绿 / 棕，票面尺寸为 53 × 93 毫米。正面【图六】四周有装饰边框，框内上方自右向左横印“晋察冀边区银行”，下方主图案为颐和园的铜牛、廓如亭以及十七孔桥局部，主图下为红

晉察冀邊區銀行
00000
00000
一律通用
公私款項
壹圓
中華民國二十七年印

图二

SHANSI CHAHAR &
ONE YUAN
LOCAL CURRENCY
1938

图三

图四

图五

色编码，其下为一花框，内横印面值“贰拾枚”。边框下方两角竖印有面值“贰拾枚”，中间为“中华民国廿八年印”。背面【图七】四周有装饰边框，框内上部有一“工”字形框，内分三排横印英文行名“BANK”“OF”“SHANSI CHAHAR & HOPEI”，其下方为关学文、胡作宾中文签名，其下有一“T”形框，内分两排横印英文“LOCAL CURRENCY”（当地币）、年代“1939”。后因物价上涨，货币发行面值增大，该券较早地退出了流通。需要说明的是，这是铜元票，一张折合当十铜元 20 枚。因为晋察冀抗日根据地社会经济不发达，市场交易最初以低值货币为多，所以边区银行发行有部分铜元票。

壹角：竖式，票面图案为颐和园廓如亭，颜色为棕色，票面尺寸

图六

图七

为 56×101 毫米。

贰角：竖式。其一，票面图案为颐和园铜牛、十七孔桥，颜色为紫红 / 深棕，票面尺寸为 60×106 毫米；其二，票面图案为村中街景，颜色为棕 / 红，票面尺寸亦为 60×106 毫米。

伍角【图八、图九】：竖式，票面图案为宝塔，颜色为紫棕 / 棕，票面尺寸为 63×122 毫米。

壹圆：其一，票面图案为小马耕地，颜色为红黄 / 红褐，票面尺寸为 145×75 毫米；其二，票面图案为牌楼，颜色为绿灰 / 紫，票面尺寸为 165×79 毫米。

图八

图九

贰圆：票面图案为山路、水景，颜色为紫 / 深绿，票面尺寸为 137×74 毫米。

伍圆：其一，票面图案为颐和园荇桥，颜色为黄褐，票面尺寸为 152×80 毫米；其二，票面图案为长城，颜色为红 / 棕，票面尺寸为 157×78 毫米；其三，票面图案为古塔，颜色为绿 / 灰绿，票面尺寸为 120×60 毫米；其四，票面图案为帆船，颜色为红 / 棕红，票面尺寸为 124×65 毫米，此券加盖“冀热辽”字样。

拾圆：其一，票面图案为天坛，颜色为红棕 / 灰绿，票面尺寸为 170×88 毫米；其二，票面图案为牧羊，颜色为红 / 棕红，票面尺寸为 128×68 毫米；其三，票面图案为长城，颜色为红棕 / 紫，票面尺寸为 132×70 毫米；其四，竖式，票面图案为农民锄地，颜色为棕 / 红棕，票面尺寸为 58×104 毫米；其五，票面图案为羊群，颜色为红棕 / 棕，票面尺寸为 136×72 毫米，此券加盖“冀热辽”字样；其六，票面图案为马耕地、车、水，颜色为红 / 棕，票面尺寸为 130×65 毫米，此券加盖“冀热辽”字样；其七，票面图案为火车，颜色为红 / 紫，票面尺寸为 112×60 毫米，此券加盖“冀热辽”字样。

伍拾圆：其一，票面图案为打水、古桥，颜色为紫 / 绿，票面尺寸为 167×80 毫米；其二，票面图案为过河、耕地，颜色为棕 / 黄绿，票面尺寸为 151×78 毫米；其三，票面图案为插秧，颜色为棕色，票面尺寸为 129×68 毫米；其四，票面图案为宫殿，颜色为棕色，票面尺寸为 127×65 毫米；其五，票面图案为耕地，颜色为红棕 / 灰，票面尺寸为 129×68 毫米；其六，票面图案为划船，颜色为灰棕 / 棕，票面尺寸为 118×63 毫米；其七，票面图案为牧羊、群山，颜色为红棕 / 黑棕，票面尺寸为 128×68 毫米，此券加盖“冀热辽”字样。

壹佰圆：其一，票面图案为插秧，颜色为绿棕 / 绿，票面尺寸为 129×66 毫米；其二，票面图案为长城，颜色为黄棕 / 灰绿，票面尺寸为 128×67 毫米；其三，票面图案为耕地、马车，颜色为黄棕 / 绿，票面尺寸为 133×69 毫米；其四，票面图案为割麦，颜色为红棕 / 棕，票面尺寸为 130×68 毫米；其五，票面图案为割麦，颜色为绿棕 / 棕，票面尺寸为 130×68 毫米；其六，票面图案为牛耕地，颜色为棕 / 紫红，票面尺寸为 130×63 毫米；其七，票面图案为山阁，颜色为红 / 浅咖，票面尺寸为 129×66 毫米；其八，票面图案为田间，颜色为灰蓝 / 棕，票面尺寸为 134×74 毫米，此券加盖“冀热辽”字样。

贰佰圆：其一，票面图案为马犁地，颜色为灰棕 / 蓝，票面尺寸为 132×70 毫米；其二，票面图案为打井水浇地，颜色为红棕 / 紫，票面尺寸为 128×68 毫米；其三【图十、图十一】，票面图案为火车，颜色为黑棕 / 黑蓝，票面尺寸为 130×67 毫米，此券加盖“冀热辽”字样。

伍佰圆：其一，票面图案为牛耕地，颜色为棕色，票面尺寸为 128×67 毫米；其二，票面图案为塔、石桥，颜色为红 / 咖啡，票面尺寸为 130×70 毫米；其三，票面图案为赶骡子、马耕地，颜色为浅棕 / 蓝灰，票面尺寸为 126×66 毫米；其四，票面图案为耕地，颜色为黄棕 / 棕，票面尺寸为 128×67 毫米；其五，票面图案为放牛，颜色为棕色，票面尺寸为 128×66 毫米；其六【图十二、图十三】，票面图案为收获，颜色为粉棕 / 紫灰，票面尺寸为 132×70 毫米；其七，票面图案为农作，颜色为棕色，票面尺寸为 127×65 毫米，此券加盖“冀热辽”字样。

壹仟圆：其一，票面图案为石级、城楼，颜色为棕 / 绿，票面尺寸为 153×78 毫米，该券银行收兑后即不再流通；其二【图十四、图十五】，票面图案为马饮水，颜色为灰黑 / 黄棕，票面尺寸为 146×77 毫米，正面图案与第一套人民币牧马图壹仟圆券有诸多相似之处，背面设计亦大气恢宏，中间图案是张家口的大境门，上面有“大好河山”四个大字；其三，票面图案为张家口清河桥，颜色为黄棕 / 灰绿，票面尺寸为 134×67 毫米；其四，票面图案为亭子，颜色为灰棕 / 棕，票面尺寸为 121×48 毫米；其五，票面图案为农田，颜色为灰紫 / 棕，

晋察冀边區銀行
416725
(A)
贰佰
冀熱遼
贰佰圓
200
民国三十五年印

图十

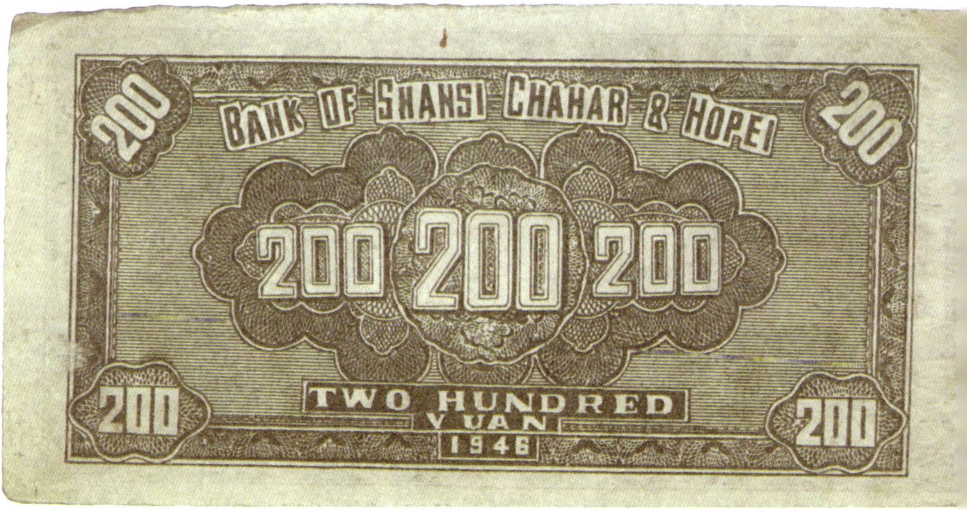
BANK OF SHANSI CHAHAR & HOPEI
200
200 200 200
TWO HUNDRED
YUAN
1946

图十一

晋察冀边区银行
伍佰
伍佰
019021
(KL)
伍佰圆
500
500
中华民国三十五年

图十二

BANK OF SHANSI CHAHAR & HOPEI
500
500
500
500
500
500
FIVE HUNDRED YUAN
500
1946
500
500
500

图十三

晉察冀邊區銀行
壹仟圓
1000
1000
中華民國三十五年

图十四

BANK OF SHANSI CHAHAR & HOPEI
大好河山
1000
1000
ONE THOUSAND YUAN
1946

图十五

票面尺寸为 141×62 毫米，此券加盖“冀热辽”字样。

贰仟圆【图十六、图十七】：票面图案为群山、大桥，颜色为灰绿 / 黄褐，票面尺寸为 146×64 毫米，此券加盖“冀热辽”字样。

伍仟圆：其一，票面图案为打场，颜色为绿棕 / 深棕，票面尺寸为 157×82 毫米；其二，票面图案为山前耕地，颜色为红棕 / 深棕，票面尺寸为 105×77 毫米；其三，票面图案为帆船，颜色为紫 / 棕，

图十六

图十七

票面尺寸为 122×48 毫米；其四，票面图案为石桥，颜色为棕 / 红棕，票面尺寸为 141×58 毫米，此券加盖“冀热辽”字样。

在“边币”印制过程中，印刷工人付出了艰辛的汗水。随着抗日战争形势的发展，根据地对货币的需求量越来越大。为了完成生产任务，工人们加班加点，实行三班倒。因为心中有“为了抗日的需要”这个理想信念，工人们苦干、拼命干，而且积极开动脑筋实行巧干。每张钞票都有阿拉伯数字印制编码，负责印制编码的工人师傅，看到大量的半成品钞票积压在他们这一道工序上，内心万分着急。他们齐心合力，想办法改造号码机，加大印制数量。以前，一台号码机只能印 2 张钞票，改革后，一次可以印 4—8 张，从而大大提高了工作效率。如下图【图十八】展示的就是晋察冀边区银行发行科脚踏号码机工人在拼搏工作的场景。正是因为有了印钞工人的辛苦付出，才保质保量地完成了生产任务。

“边币”的发行权由晋察冀边区行政委员会负责，边区银行向边委会提供货币印制数量等金融资料，边委会决策何时发行、发行多大面值、发行多少、在哪个地区发行等问题。边区银行再根据边委会的指示精神，付给军政费用或进行市场投放。最初，边区政府和边区银行规定了“边币”的发行渠道，要求以兑换法币的形式进行投放。1939 年初，才通过财政发行，即以支付军政费用的形式来投放。

图十八

“边币”发行后，为了迅速占领货币市场，晋察冀边区银行努力办理农业贷款，在边区设立兑换所。在敌人的扫荡中，一边宣传“边币”的信誉，一边动员群众拒收伪钞。晋察冀边区银行的钞票发行后，统一了边区的货币市场，维护了边区金融秩序，促进了边区的生产，有力地支持了抗日战争，在老百姓心目中信誉极高，当时人们称“晋察冀边币”为“抗日票”“红票子”，深受抗日根据地军民的欢迎。

全面抗战胜利后，晋察冀边区银行迁到张家口市，接收了日伪政权的“蒙疆银行”。1946 年冬，晋察冀边区银行又迁回河北阜平县。1947 年 11 月，根据中央将晋察冀边区与晋冀鲁豫边区合并的指示，晋察冀边区银行在石家庄市与冀南银行合署办公，后组成华北银行，完成了晋察冀边区银行的历史使命。晋察冀边区银行货币于 1948 年 5 月停止印制，按拾圆与冀南银行币壹圆的固定比率并行流通。1948 年 12 月，华北银行与北海银行、西北农民银行合并，组建成中国人民银行。同时，晋察冀边区银行币按壹仟圆折合第一套人民币壹圆的比价收兑，停止流通。

晋察冀边区银行和它发行的货币，作用巨大，就像其行歌歌词描写的那样，“用脑和手制造民生的繁荣，伸出金融力量打击敌人”。

赤币档案

关学文（1898—1989），辽宁省辽阳县人，满族。1937 年秋参加革命，1940 年 6 月加入中国共产党。早年曾参加东北军，从事军需工作。后经吕正操推荐，筹建晋察冀边区银行及印钞厂，并任总经理。1948 年 12 月，中国人民银行成立后任副总经理。新中国成立后，历任中国人民银行办公厅主任、华北业务管理局局长、组织预算司司长、华北区行行长；参与筹建中国农业银行，并任副行长。晚年担任中国人民银行总行顾问一职。

民族危亡　人人有责：
晋察冀边区行政委员会救国公债票

七七事变后，全民族抗日战争全面爆发，中华民族到了生死攸关的时刻。为捍卫国土主权，不当亡国奴，国共两党第二次合作，结成抗日民族统一战线，从此开始了全民族的抗日救亡战争。晋察冀边区行政委员会救国公债票是抗日战争全面爆发后，晋察冀边区行政委员会为支持抗战，鼓励边区军民集中财力、充实军费、发展经济而发行的一种特殊性质的公债，面值有壹圆、伍圆、拾圆、伍拾圆和壹佰圆5种。可以说，每种券别的救国公债，都体现出晋察冀边区广大军民筹备战时资金的艰辛与不易。

5种面值的救国公债票版式设计风格相同，均为双面彩色印刷，唯有颜色和票幅尺寸不同。下面以壹圆票为例，介绍一下该公债票的设计风格和版式特征：横式，票面尺寸为187×107毫米，蓝色油墨印刷。正面【图一】采用同时期钞票华美流丽的装饰艺术，通过繁缛的装饰花纹构成票面的四周边框，实现封闭式票面结构。边框四角分别印有表示面值的空心体“壹圆”二字。票面上端正中，自右至左，弧形印有“晋察冀边区行政委员会救国公债票”15 个字，标明票券发行机构和名称。下面一小型长方装饰花框内印有面值“壹圆”二字。两侧各加盖有红色阿拉伯数字编码。边框内的表现内容是公债的发行条例，竖式印刷，共 10 条：

第一条　晋察冀边区行政委员会为鼓励人民集中财力，充救国费用起见，呈准民国政府发行公债，定名为救国公债。

第二条　凡个人或团体以现金或有价物品，缴充救国之用者，按照其所缴数额，以本公债给与之。

第三条　本公债总额二百万元，于民国二十七年（1938 年）七月一日照票面十足发行。

第四条　本公债年息四厘，自民国二十八年（1939 年）起，每年六月底一次付给。

第五条　本公债自民国三十一年（1942 年）起还本，分三十年还清，每年抽签还本一次。

第六条　本公债还本付息，基金由财政处于全区赋税项下指拨之。

第七条　本公债债票分百元、五十元、十元、五元、一元五种，均为无记名式。

第八条　本公债由本委员会及各县政府经募之。

第九条　对本公债如有伪造及毁损信用之行为者，由司法机关依法惩处。

第十条　本条例自核准日施行。

条例文末为签发人主任委员宋劭文、副主任委员胡仁奎的手写体签名。时间是中华民国二十七年七月一日。在票面正中条例文字上，盖有红色篆书“晋察冀边区行政委员会印”方形大印。

公债正面印制的条例，详细地向人们说明了此次公债品种、公债发行权限、公债发行对象、公债发行数额、公债券票面金额、利息率、偿还方式，以及对伪造公债票的惩处措施等。

公债背面【图二】，褐色油墨印刷。一组装饰花纹形成票面的四周边框。右侧两行竖式排列印有“以下三十三格，于每年付息或还本后，由付款机关填记一格”。其左侧是三行十一列，共有33个小长方格。因为“公债条例”中明确规定，自民国二十八年（1939年）起，付利息；自民国三十一年（1942年）起还本，分30年还清。故付息、还本总计需要33年，一年一填写，需要33个格子。

晋察冀边区行政委员会救国公债票发行于全面抗战初期，晋察冀边区为什么要发行这种公债呢？社会反响和效果又如何呢？

众所周知，全民族抗日战争时期，经济建设是边区的重要工作，这是边区扩大巩固的决定条件，也是战胜敌寇的决定条件。为了充裕边区政府的财政，加强对敌经济斗争和促进生产，许多抗日根据地都曾发行公债和其他财政票证，以信用形式向人民群众举债。晋察冀边区发行晋察冀边区行政委员会救国公债票，这与当时边区政府财政状况举步维艰有很大的关系。由于边区抗日武装发展迅猛，税收远不能满足开支，边区政府财政面临入不敷出的问题。

1938年1月10日，晋察冀边区军政民代表大会在河北阜平召开。财政问题是大会讨论的重要问题。大会详细地讨论了当时的财经政策，指出边区每月的军费开支为70万元，这么一个绝大的财政数字，如果完全依靠边区政府自己解决，可谓困难重重。可在当时全国一致抗战的形势下，依靠上级解决也存在很多困难。因此，关于纸币发行的问题就特别引人注目。但是，每一名代表又都谨慎地考虑到纸币发行的利与弊、得与失，最后的决定是着重于发行救国公债。

晋察冀边區行政委員會救國公債票
壹圓
307687
307687
本公債條例

图一

以下三十三格於每年付息及還本後
由付款機關填記一格

图二

会议通过了统一边区的军事、行政、财政、经济、教育的各项提案，并民主选举了聂荣臻、宋劭文、刘奠基、吕正操、胡仁奎等9人为边区临时行政委员会的委员，其中宋劭文为主任委员。这是党领导的第一个敌后统一战线性质的抗日民主政权。

宋劭文

会议通过的《财政问题决议案》，决定实行战时财政制度，募集公债：依照国民政府募集公债之原则，发行小额低利之救国公债……指定以战后某项收入为担保，依边区人民财产，按比例合理分配及自由认购两种办法，进行募集。

经核准后，救国公债的发售进入筹备和政治动员阶段，用“抗日高于一切”“一切为了前线胜利”的口号鼓舞人心。1938年5月，晋东北各县县长联席会议决定征收筹集2万石粮食，发行200万元公债；随后冀西各县县长联席会议亦作出发行百万元公债的决定。彭真在《广泛进行抗战的财政动员》一文中写道：“应该发扬我们的布尔什维克的顽强性积极性去战胜一切困难，‘一个月内完成上忙钱粮’，并准备在‘三月内募足救国公债二百万’。”[①]7月1日，晋察冀边区行政委员会救国公债正式发行。

① 河北省税务局、山西省财政厅税务局、河北省档案馆、山西省档案馆编：《华北革命根据地工商税收史料选编》（第1辑　综合部分），石家庄：河北人民出版社，1987年，第66～67页。

晋察冀边区银行

为圆满完成救国公债的发行工作，边区政府想办法提高人民群众对公债的认知度，颁布有《晋察冀边区救国公债条例》《晋察冀边区救国公债募集办法》，在办法中明确指出，公债由军政民统一宣传，开展竞赛运动。募集的现金包括“边币”、法币、硬币；物资包括粮食、布匹和棉花及可随时变现的物品材料，募集的现款交由行政委员会核收，粮食可交到各地粮站听候拨用。

此外，边区政府还公布了《晋察冀边区救国公债付息暂行办法》，指出各县政府为法定付息机关。为适用当时环境及便利商民，各县指定各区区公所代理付息。而且，在办法中还详细地说明了付息手续、偿还方式和利息计算等。

公债的推销，完全采用募集方式，绝不带一丝一毫的强迫性质，而是努力做好政治动员工作，政府负责出面组织动员，各群众团体加以热烈响应，并帮助动员推销。党政机关人员带头购买，社会团体、八路军战士、群众竞相购买，边区内部上上下下很快形成购买救国公债的热潮。

街头巷尾贴满了“多买一份救国公债就是多增加一份抗日力量”“多买一份救国公债等于多尽一份保卫边区的责任”“借钱给政府帮助抗战”等醒目的标语。

边区广大群众因为从心底拥护共产党、拥护边区政府，他们真心实意地帮助政府解决困难，纷纷用 5 元、10 元钱换得一张张公债票。甚至连小孩子都拿出糖果钱、老太太取来陪嫁几十年的首饰换购公债。因为边区政府统一战线工作做得好，每个县都有一些声望高的富户出面组织“救国公债推销委员会”开展劝募，大部分富户都积极踊跃购买，一位富户深受鼓舞当场就购买了 3500 元的公债。边区广大军民认购的每一份救国公债，无论金额大小，都表现出拳拳的爱国之情，表现出天下兴亡、匹夫有责的家国情怀。因为宣传到位，人民群众的购买积极性高，公债发行得非常顺利，很快就发售完毕，不少地区还超额完成了发行任务，如冀中区发行任务为 100 万元，由于群众积极认购，实际发行 154 万元。

晋察冀边区行政委员会救国公债的发行取得了良好的成效，缓解了全面抗战初期边区政府的财政危机，对晋察冀根据地的建设与巩固，尤其是财政金融秩序的稳定发挥了重要作用。作为全面抗日战争时期重要的历史文物，体现了晋察冀边区政府实施的具有强烈时代特色和地方特色的公债政策与实践，而且，也深刻地诠释了晋察冀抗日根据地军民不畏困难，尽己所能，积极主动支持根据地生产建设的爱国情怀和奉献精神。同时，通过公债票的顺利发行，也体现了根据地上下齐心合一的凝聚力，这股凝聚力是中国人民抗战胜利的精神支柱。

赤币档案

宋劭文（1910—1994），山西太原人。1933 年加入中国共产党。1935 年毕业于北京大学历史系。曾任北平社会科学家联盟党团书记、山西牺盟会宣传部部长、五台县县长、山西省第一专署专员、晋察军区行政委员会主任委员、华北人民政府财经办事处秘书长兼农业部部长。新中国成立后，历任政务院财经委员会委员、计划局局长，财经委员会秘书长，轻工业部副部长，国务院第四办公室副主任，国家经委副主任兼北平中央财经小组秘书长，国家建委、国家计委、国家机械工业委员会副主任，国家计委顾问兼国务院物价小组副组长，国务院经济技术社会发展研究中心总干事，第六届全国人大常委、第四届全国政协委员、第五届全国政协常委。

誓拼热血固胶东：
北海银行纸币上的抗日烈士纪念塔

北海银行是中国共产党领导的山东抗日根据地创立的红色银行。1938 年 3 月，掖县（现为莱州市）抗日民主政府在掖县成立，4 月开始筹建北海银行。8 月，北海专署成立，辖蓬莱、黄县、掖县。12 月 1 日，北海银行正式营业。1940 年，北海银行总行在沂南成立，原北海银行改为胶东分行，各区分行陆续成立。北海银行逐渐发展成为遍布山东抗日根据地的地方银行，其发行的纸币券逐渐在山东全省流通，成为山东抗日根据地的本位币。

北海银行成立之后的一项主要任务就是印发货币，以便掌握经济命脉、进行货币斗争、保持物价稳定、保障军需民用。北海银行面对复杂的斗争形势，通过印发纸币，建立起独立自主的货币市场，在对敌货币金融斗争中取得了胜利，稳定了根据地的经济秩序，安定了人民生活，为抗日战争的最终胜利提供了财政保证。北海银行纸币券为山东抗日根据地的经济建设作出了卓越的贡献，在中国红色货币史上占有重要的地位。

北海银行纸币券版别繁杂，据不完全统计，根据印制年份、图案、颜色、地名、文字加盖图章、签署区分，品种达210余种。从图案特征看，纸币券大多采用齐鲁大地各处风景名胜、革命遗迹及广大农民劳作的画面，一方面反映出浓郁的乡土气息，另一方面也反映出根据地广大军民英勇斗争的革命精神和深深的家国情怀，具有鲜明的时代风格，书写出不朽的红色金融精神。

1946年印制的北海银行壹百圆纸币券，图案为胶东抗日烈士纪念塔，按照颜色区分，共有8种券别，票面尺寸、版式设计和风格一致，只是颜色不同而已。从目前掌握的实物资料来看，8种券别正背颜色分别是黄褐/浅蓝【图一、图二】、褐/赭【图三、图四】、红黄/褐【图五、图六】、蓝绿/湖蓝【图七、图八】、蓝黑/褐【图九、图十】、蓝黑/蓝黑【图十一、图十二】、蓝粉/绿蓝【图十三、图十四】、青灰/绿【图十五、图十六】。

1946年壹百圆券，横式，票面尺寸为130×65毫米。券正面四周是由传统纹饰组成的边框，边框四角内均斜书“壹百”字样。券面上端正中自右至左横书“北海银行”四字，粗体、楷书，标明发券机构。两侧加盖红色印制编码，组合方式为英文字母+阿拉伯数字+英文字母。券面中央是主图案——胶东抗日烈士纪念塔【图十七】，纪念塔巍峨耸立在石阶上，上端有迎风飘扬的旗帜，背景是朵朵白云。主图案两端各有一花框，花框内横书“壹百圆”三字。下面两侧各有一篆书方形印章，红色或蓝色，分别是“总经理章”“经理之章”，笔画疏密揖让，线条深峻流畅，书艺篆刻功力非凡。券面左右两端各竖式印有“山东”二字，代表该券在山东全境范围内流通。券面最下端印有“中华民国三十五年印”字样，标明该券的印制时间。

券背面设计较为简单，四周是由传统纹饰组成的边框，边框四角内均印有“100”，上端印有英文行名“BANK OF BAI HAI”，中间繁缛的花框内印有“100”字样。券面最下端印有“1946”。

北海銀行
E868247T
E868247T
山東
壹百圓
壹百圓
山東
壹百
中華民國三十五年印

图一

BANK OF BAI HAI
100
100
100
100
100
1946

图二

北海銀行
A364160M
A364160M
山東
壹百圓
壹百圓
山東
壹百
壹百
壹百
壹百
中華民國三十五年印

图三

BANK OF BAI HAI
100
100
100
100
100
1946

图四

北海銀行
J0457000
J0457000
山東
山東
壹百圓
壹百圓
壹百
壹百
壹百
壹百
中華民國三十五年印

图五

BANK OF BAI HAI
100
100
100
100
100
1946

图六

北海銀行
Y2449793
Y2449793
壹百圓
壹百圓
山東
山東
壹百
壹百
壹百
壹百
中華民國三十五年印

图七

BANK OF BAI HAI
100
100
100
100
100
1946

图八

北海銀行
S697571
S697571
壹百
壹百
壹百
壹百
山東
山東
壹百圓
壹百圓
中華民國三十五年印

图九

BANK OF BAI HAI
100
100
100
100
100
1946

图十

北海銀行
R000000
R000000
壹百
壹百
壹百
壹百
山東
山東
壹百圓
壹百圓
中華民國二十五年印

图十一

BANK OF BAI HAI
100
100
100
100
100
1946

图十二

北海銀行
K456935
K456935
山東
壹百圓
山東
壹百圓
中華民國三十五年印

图十三

BANK OF BAI HAI
100
100
100
100
100
1946

图十四

北海銀行
JH878382
JH878382
山東
山東
壹百圓
壹百圓
中華民國三十五年印

图十五

BANK OF BAI HAI
100
100
100
100
100
1946

图十六

1946 年北海银行壹百圆券上的主图案——胶东抗日烈士纪念塔，位于今栖霞市境内。胶东是著名的抗日根据地，英雄的胶东儿女为了抵御日寇前仆后继，浴血奋战，经历了艰苦卓绝的斗争，谱写下可歌可泣的壮丽诗篇，树立起一座座丰碑，建立了卓越的功勋。1945 年，中国共产党胶东区党委、胶东区临时参议会、胶东区行政公署、八路军胶东军区司令部和政治部、胶东各界抗日救国联合会、胶东人民武装自卫委员会为纪念抗日战争期间牺牲在胶东大地上的两万余名烈士，决定建立烈士纪念塔，以铭记先烈功绩，继承先烈遗志。

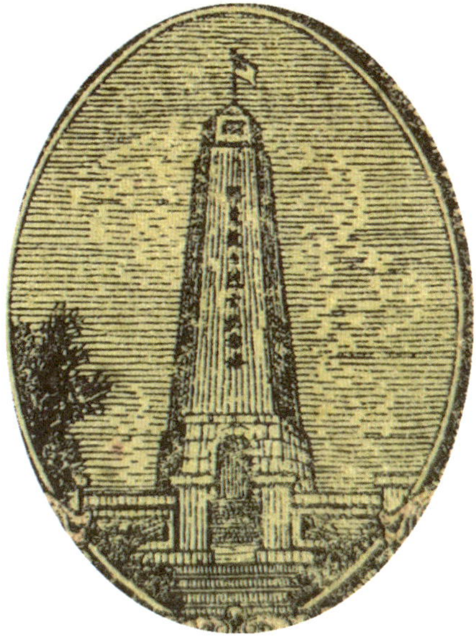

图十七

纪念塔巍然屹立于英灵山巅，系由 960 块豆青磨光花岗石砌成，呈六边棱形锥体。纪念塔由塔座、塔身和塔尖三部分组成，通高 21.37 米，塔底周长 24 米。正面塔身楷书阳刻“胶东抗日烈士纪念塔”9 个醒目大字。侧面塔身铭刻有胶东特委书记、胶东军政委员会主席、山东人民抗日救国军第三军司令员理琪等 5716 名烈士的英名。塔座石壁上镌刻“胶东抗日烈士纪念塔序文”。

纪念塔于 1945 年 5 月 1 日开始正式动工修建，8 月 15 日竣工，仅仅耗时一百余天。当时，建筑技术落后，力量缺乏，可想而知，在修建过程中，抗日民主政府和广大人民群众付出了怎样的艰辛与努力。而且，当时战争还在紧张地进行，面对敌人的“扫荡”，建塔工人表现出了不怕牺牲的大无畏精神。

据统计，修建烈士纪念塔共使用洋灰 15 万余斤，以及数量众多的大石块。这些大石块都是从十多里以外的地方运来的，从山脚到修塔的地方有三里路，运输过程困难重重。因为搬运这些大石块，需要重新修建一条路，还得占用村民田地。为减少百姓的损失，政府发给粮食作为补偿，但是没有一个人领取。为了尽快完工以慰英烈，修塔工人们主动要求不午休，下雨也不停工，还要求降低每天的工资。此外，周围的群众也积极支持参与建塔，妇女们则积极主动地抬水慰劳。

就这样，在没有正规工程技术人员的情况下，工人们边干边学，发挥人民群众的集体智慧，终于修建完成，成功地让纪念塔高高地屹立在英灵山之巅。

1945 年 11 月 7 日，胶东区行政公署举行了“胶东抗日烈士纪念塔”落成典礼。中共胶东区委书记林浩、胶东军区司令许世友及军民近 10 万人出席了大会，各地烈、荣、军属代表应邀参加，并公祭了胶东抗战八年来牺牲的诸多先烈。很多老百姓纷纷从四面八方赶来，在纪念塔上寻找牺牲亲属的姓名，找到了既悲伤又满足，那个场面不禁让人潸然泪下。

印有纪念塔图案的北海银行纸币，是由北海银行胶东印钞厂印制完成的。1945 年，全面抗战胜利后，北海银行将胶东的 3 个印钞厂、1 个制版厂合并为北海银行胶东印钞厂，集中搬迁到根据地的中心地带——乳山市崖子村。至 1945 年底，印钞厂有各种印刷机器 41 部，机刀、机床设备 12 部，柴油机 6 部，制版用的照相机 2 架，各类工作人员 210 名。在斗争异常残酷的条件下，广大印制工人在英烈精神的指引鼓舞下，依靠聪明才智解决了印刷过程中的诸多困难，印制出一批又一批北海银行纸币。这些纸币最终走向市场流通，有力地支援了解放战争的胜利。

北海银行纸币的印制和发行，为山东抗日根据地的巩固和经济的发展打下了坚实的物质基础，英勇的胶东人民为战争的胜利、民族的解放作出了卓越贡献。70多年后的今天，当我们再次审视这一张张印有抗日烈士纪念塔的北海银行纸币时，感受到穿透岁月的震撼，心中不禁感慨万千，仿佛看到了老一辈金融工作者在烽火战争年代出生入死的画面，他们用热血开辟了一个与前线战斗同样激烈的货币战场。

这一张张纸币虽轻于鸿毛，却重于泰山，凝聚了革命先辈勇于斗争的光荣传统，融注了强大的红色基因。这些纸币，将北海银行那段波澜壮阔的历史再次呈现在世人面前，它们是无数先烈留给我们的一笔丰厚的精神财富。

赤币档案

理琪（1908—1938），原名游建铎。河南省太康县游庄村人。1925年加入中国共产党。1926年下半年，到开封加入了冯玉祥部队任电务员，从事地下工作。1929年以后，进入中央苏区，为我党、我军和根据地通信事业的建设作出了新的贡献。1934年，被派到上海从事地下工作。1936年春，经介绍，辗转到了山东胶东地区，担任中共胶东临时特委书记、胶东特区工委书记。同年12月，由于叛徒出卖，被捕入狱。1937年11月出狱。1937年12月24日，领导了著名的天福山起义，成立了山东人民抗日救国军第三军，任司令员兼军政委员会主席。1938年1月，又策动了威海武装起义。1938年2月，率领的部队遭增援日军围攻。率部突围时身中数弹，仍坚持指挥战斗，终因伤势过重不幸牺牲，年仅30岁。

太行山上：
冀南银行与“冀钞”

巍巍太行，绵延千里，自古以来就是军事战略要地。抗日战争全面爆发后，中国共产党领导的八路军誓师整装，东渡黄河，开辟了以太行山为中心的敌后战场，建立了晋冀鲁豫抗日根据地。晋冀鲁豫抗日根据地又称晋冀鲁豫边区，包括太行、太岳、冀鲁豫、冀南四个区，面积12万平方公里，人口2551万，是华北抗日根据地的重要组成部分。

战争不但是军事上和政治上的竞赛，也是经济上的竞赛。如果说，抗日根据地的经济建设是抗战胜利的物质保证，那么，“抗币”的发行和流通则是抗日根据地生产发展和开展经济建设的基石。

晋冀鲁豫抗日根据地成立的银行名为“冀南银行”，发行的钞票俗称“冀钞”，作为边区的本位币。冀南银行在中国革命金融史上占有重要的地位，“冀钞”更是抗日根据地货币中的重要篇章。

全面抗战初期，日寇在军事上对抗日根据地进行疯狂扫荡，在经济上进行残酷掠夺与封锁，国民党顽固派又不断限制对共产党领导的抗日民主政府及军队的物资供给，在这种情况下，随着根据地的扩大，筹粮筹款遇到很大的困难。此外，抗日根据地建立初期的金融市场流通秩序极度混乱，法币、日伪币、各商业银行票、地方杂钞等泛滥流通，币值不稳定、信用极低，物价飞涨，造成根据地的财政经济更加困难。

为打破财政的窘迫局面，击破日寇破坏华北抗日根据地金融的阴谋，1938 年，冀南行政主任公署颁布八大施政方针，其中第五项为“整理各县金融，发展农村经济，提倡土货生产，击破日寇破坏我华北金融之毒计”。

第二年，根据八路军总部命令，在邓小平亲自指导下，第 129 师供给部着手筹建冀南银行。1939 年 6 月，中共中央北方局和八路军总部共同决定，在山西黎城组建冀南银行，委派第 129 师供给部部长徐林和出纳科科长梁绍彭二人具体组织筹备。筹备处骨干还有杨介人、胡景沄、李绍禹、李凌霄、范惠、王仲伯、陈嵘等人。

1939 年 9 月 16 日，冀南行政主任公署发布财政字第 17 号令，其中提到设立冀南银行，发行新钞是为“稳定金融，改善民生，救济灾民”，并提出冀南银行是“培养冀南抗战经济的摇篮”“对抗敌伪经济侵略破坏阴谋的堡垒”“保护冀南抗战民众经济利益的堡垒”等口号。经过悉心筹备，10 月 15 日，设在太行区黎城县小寨村的路西行（冀南银行总行）和设在冀南区南宫县（今南宫市）的路东行同时正式宣告成立，并正式发行“冀钞”。

冀南银行组织机构严密，行长由高捷成担任，政治委员是熊光炳，政治处主任是陈希愈。路东行经理为赖勰，副经理为胡景沄。总行共设立五科、二部、一处。五科分别为会计科、出纳科、检查科、材料科和总务科；二部包括发行部（印刷与发行钞票）、营业部（发放贷款、管理外汇、组织货币流通、支援工农业生产）；一处是政治处。因为时刻面临日伪军的军事进攻，故冀南银行属于绝对的保密单位。为防止泄密、保卫根据地资产，对冀南银行内部各机构和工作人员的真实名称均进行保密而规定代称。对外称作工作队，代号“伦敦”。行长高捷成为“7号”，政委熊光炳为“8号”，政治处主任陈希愈为“9号”，发行部主任梁绍彭“10号”。此外，印钞厂对外也实行严格的保密政策，印钞一厂称为“胡家沟”，印钞二厂称为“李家湾”，厂长称作大队长，队长称作组长。

由于根据地条件限制，冀南银行成立之初，面临设备、原材料严重匮乏的局面。行长高捷成带领银行员工，冒着生命危险，深入各地寻找印刷机器，收集纸张、油墨等。冀南银行先后集中了上党银号、胜利报社、冀西报社、太南报社、冲锋报社、太岳新华日报印刷厂的印刷机，建立起4个印刷厂、2个铅印厂。

纸张、油墨和其他物资等也从敌占区采购，再通过沿途设立的各地下交通站运抵抗日根据地。在地下党的秘密联络下，从河北南宫请来技师张裕民到根据地，着手“冀钞”的印制和工人的培养。经过技师和印刷工人反复试验，终于设计和印制出了符合要求的“冀钞”。由于原材料的限制，在印制过程中，不得不临时换版、制版，这一点也是“冀钞”版别比较多的一个重要原因。

冀南银行自1939年10月开始发行货币，直至1948年12月1日中国人民银行成立，“冀钞”停止流通，9年间共印发不同面值、不同尺寸、不同版别、不同颜色的钞票56种，面值包括壹角【图一、图二】、贰角、贰角伍分、伍角的辅币券，壹圆、贰圆、叁圆、伍圆【图三、图四】、拾圆、贰拾圆、贰拾伍圆【图五、图六】、伍拾圆、壹百圆【图七、图八】、贰佰圆、伍佰圆、壹千圆【图九、图十】、贰仟圆的主币券，另有拾枚【图十一、图十二】、贰拾枚面值的铜元票，以及壹佰圆、贰佰圆【图十三、图十四】、叁佰圆、伍佰圆、壹仟圆五种面值的本票，累计金额2012.7亿元，活跃了边区金融，打击了敌伪钞，有力地支持了晋冀鲁豫抗日根据地的财政经济和生产建设。

图一

图二

冀南銀行
G 536887
G 536887
伍
伍
伍
伍
伍圓
中華民國二十八年印

图三

BANK OF CHINAN
5
5
FIVE YUAN
1939

图四

冀南銀行
(19)
貳拾伍圓
貳拾伍
貳拾伍
民國三十一年

图五

25
BANK
OF
CHINAN
25
TWENTY
FIVE YUAN
1942

图六

JA 000000
冀南银行
JA000000
壹百圆
壹百
中华民国二十八年印

图七

BANK OF CHINAN
100
YUAN
ONE HUNDRED YUAN
1939

图八

冀南銀行
〈BO〉
882350
壹千
壹千圓
壹千圓
壹千
中華民國三十二年印

图九

BANK OF CHINAN
1000
1000
1000 YUAN
1000 YUAN
ONE THOUSAND YUAN
1942

图十

冀南銀行
拾枚
拾枚
一律通用
公私款項
10
10
中華民國三十年

图十一

銅
10
TEN
COPPER
COINS
10
元
1941

图十二

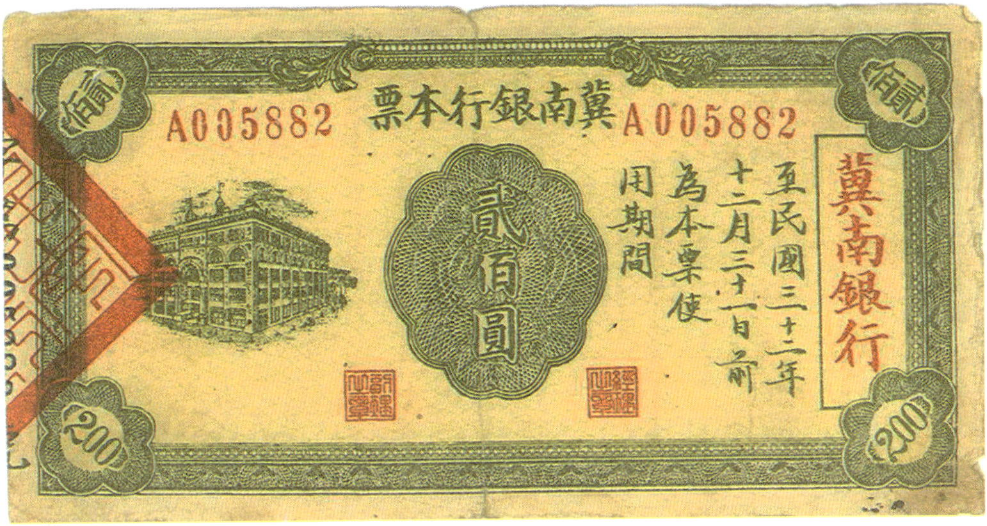
冀南銀行本票
A005882
A005882
貳佰圓
至民國三十二年十二月三十一日前為本票使用期間
冀南銀行
200

图十三

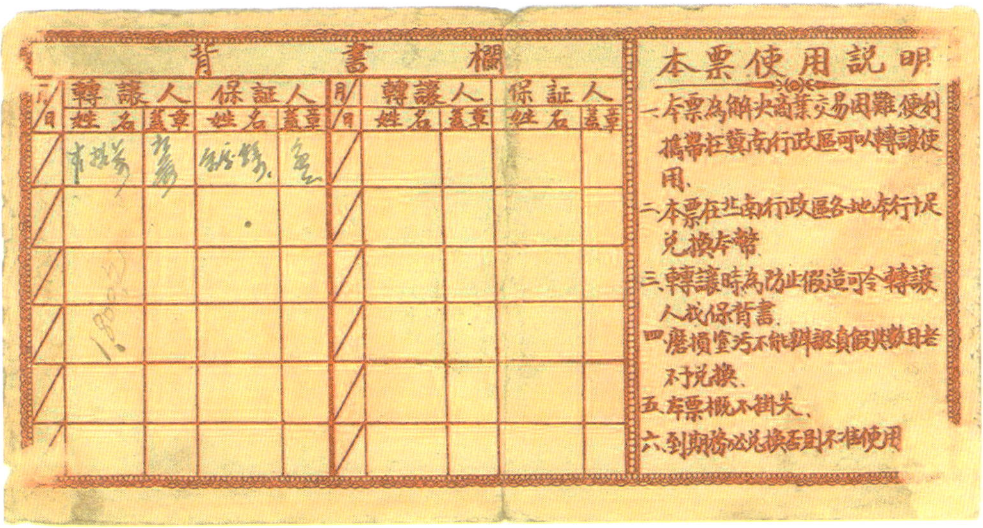
背書欄
轉讓人　保証人　轉讓人　保証人
姓名　蓋章　姓名　蓋章
本票使用說明
一、本票為解决商業交易困難便利携帶在冀南行政區可以轉讓使用、
三、轉讓時為防止假造可令轉讓人找保背書、
四、磨損塗污不能辨認真假與數目者不予兌換、
五、本票概不掛失、
六、到期務必兌換否則不准使用

图十四

冀南银行钞票有横式和竖式两种，以横式居多。票面的设计风格采用当时纸币比较流行的对称式和平均式，继承了中国传统美学，简单大方，符合审美要求。票券主图案的选择和运用，与抗日根据地的发展壮大息息相关。早期票面主要以名胜古迹、自然风光等为主，后期票面主要以生产劳动为主，如耕地播种、浇地灌溉、粮食丰收，以及开展工业建设，如交通运输等。这种券面图案上的变化，一方面反映出根据地经济形势的变化，战争胜利的曙光已经初现；另一方面，也反映出军民对新观念、新事物的理解和接受，对美好生活的向往。票面设计层次分明，渗透着民间版画、年画的民俗风格特点，生动形象，具有独特的地域性。保存至今的“冀钞”宛如繁星，积淀着让人热血沸腾的革命故事。

由于当时的抗日根据地遭到严重封锁，材料购买受到限制，行长高捷成就通过商人关系从日伪占领下的城市，如北平、天津、德州等地采购印制货币的器材和原料。当采购到手后，再往根据地运送时，为了保证安全，要及时准确沟通情报，由部队、民兵、自卫队护送，趁黑夜通过封锁线到达根据地。没有钞票纸，就用土纸、竹纸等代替。所以，保留至今的“冀钞”纸张厚薄不同，由于印刷技术水平有限，质量也参差不齐。冀南银行印制的第一版纸币的贰角辅币券【图十五、图十六】，券面色调是蓝绿色，底纹是点条格纹，因为技术落后，刚开始印制完成后，没有达到规定标准，就没有正式发行。经反复试验，合格后，才手工加盖“经理之章”“副理之章”等小方章，正式发行。

冀南银行钞票的印制是在血与火的战斗中完成的。因为敌人对华北地区各抗日根据地进行疯狂“扫荡”，为保护资产，冀南银行和印钞厂的干部、工人就用骡马将纸币、机器、印版和纸张分开驮着，在太行区的河北邢台、沙河、涉县、武安，山西的黎城、辽县、和顺一带与敌人周旋。

图十五

图十六

作为边区的本位币，“冀钞”流通于晋冀鲁豫边区。初因边区内各地区不相统一，为便于管理，故在冀钞上加盖“太行”“太岳”“平原”【图十七、图十八】及“滏西”等字样，分区流通使用。

为推行和巩固“冀钞”，边区政府想尽了一切办法。1940 年 8 月 4 日，冀南、太行、太岳联合办事处召开冀太区军政民各界金融座谈会，

图十七

图十八

共同商讨推行“冀钞”，收回上党银号票、山西第五专区合作社票，以及太行、太岳区各县的杂钞等问题。

在随后颁布的《冀南太行太岳行政联合办事处施政纲领》中对货币金融作了明确规定：“厉行通货一元化，保护法币，确定冀南银行钞票为本区本位币，打击伪币，绝对禁止敌伪票币通行，禁止白银出口资敌。”施政纲领的颁布加快了“冀钞”作为晋冀鲁豫根据地本位币的进程，并为扶植根据地生产、发展贸易、繁荣市场发挥了积极作用。为使得“冀钞”可以顺畅流通，冀南银行在各县广泛设立兑换所与辨认所。

抗日根据地政府以物资保证“冀钞”作为本币的信用，保证群众能用“冀钞”以适当的价格购入所需要商品，努力扩大“冀钞”的流通范围。冀南银行根据敌我区域的物价水平，合理利用比价变化，保持“冀钞”的信用，保证根据地不受敌区物价波动的影响，实现有利交换，维持贸易平衡。

1940 年，中共中央北方局在山西黎城召开了高级干部会议，提出“建党、建政、建军”，确立了“自力更生”的财经工作方针，制定了“减轻人民负担，爱惜民力，加强农业、工业和副业生产”的原则。自此，冀南银行在保障军队供给的同时，把支持农业生产作为银行的重点工作之一，提出“举办农村低利贷款以利发展农村经济”的方针，制定了《各项业务营业办法》，办法中对于农业贷款，无论是公农还是私农，其贷款利率均低于同期的公、私商业及工业贷款利息。通过发放各种贷款促进“冀钞”的发行和流通，初步建立起“冀钞”的信用基础，对边区经济发展起到了一定的作用。

在全面抗日战争期间，冀南银行通过大量发放贷款，有力地促进了生产的发展，保证了军事的供给，为抗日根据地的巩固和发展作出了重大贡献。1944 年，由第 129 师和边区政府领导修建、冀南银行贷款支持的河北涉县漳南大渠建设完成，全长约 27 华里，可灌溉耕地 3000 多亩。

全面抗战期间，敌我之间不仅在军事、政治方面的斗争异常残酷，在经济金融方面的斗争也同样尖锐复杂。日寇为破坏根据地货币金融，有计划、有步骤、有组织地伪造根据地钞票，用假钞套购根据地物资，扰乱根据地市场。为此，根据地民主政府把反假钞作为一项重要任务，发动教育群众，宣传“冀钞”真假票的鉴别方法，组织稽查，堵截假钞。

1941 年，晋冀鲁豫边区生产贸易管理总局局长王兴让讲道，“货币在今天成了重要斗争武器，是经济斗争主要标志之一。币值巩固，才能发展生产、贸易”。经过努力，在晋冀鲁豫抗日根据地建立了独立统一的本位币市场，“冀钞”的声誉也与日俱增，逐渐得到广大群众的信任与认同，其币值也不断上涨。

1943 年 7 月，邓小平在《太行区的经济建设》一文中，就冀南银行发行的抗日货币“冀南票”作出了这样的论述：

> “我们的货币政策，也是发展生产与对敌斗争的重要武器。货币政策的原则，是打击伪钞保护法币。我们鉴于敌人大发伪钞，掌握法币，大量掠夺人民物资的危险，所以发行了冀南钞票，作为本战略区的地方本币。实行的结果，打击了敌人利用法币的阴谋，缩小了伪钞的市场，强化了对敌经济斗争的阵容，给了根据地经济建设以有力的保障。为了保障本币的信用，我们限制了发行额，大批地贷给人民和投入生产事业，取得了人民的热烈拥护，本币的信用是很巩固的。我们不断地对敌占区进行政治攻势以及适时地利用物资，给了伪钞以相当的打击。”

可以说，为保护人民利益，保证抗日根据地生产建设，冀南银行运用货币这一武器，积极灵活地开展斗争，打赢了一场没有硝烟的战争。

解放战争时期，根据地的货币斗争发生根本性变化，变成与法币的斗争。1946 年 8 月，在第二届扩大的区行经理会议上，确定了“扩大本币市场，缩小法币市场，对法币采取坚决打击的方针”。据此，冀南银行对法币展开猛烈攻势，有计划地驱除法币，扩大推行“冀钞”。

因为中小城市陆续解放，冀南银行开始注重城市的金融建设，积极扶持城市手工业、工厂、作坊及合作运输社的发展；着重短期小本贷款，照顾城市贫民生产活动；积极改造银号，扶助群众性的信用合作社银号的发展。

随着华北解放区连成一片，统一各解放货币区迫在眉睫。1947 年 11 月，经过中共中央和华北财经办事处批准，冀南银行与晋察冀边区银行合并成立华北银行，“冀钞”继续使用流通，成为华北地区的本位货币。由此，拉开了中国人民银行成立的序幕。

滔滔漳河水，巍巍太行山。在那段艰苦的岁月中，晋冀鲁豫抗日根据地军民以武装斗争为中心，全面开展对敌斗争，同时实行减租减息，发展生产，精兵简政，减轻人民负担，为抗日战争的最后胜利作出了巨大贡献。冀南银行，作为经济领域的拓荒者，为创建新中国的金融事业做了丰厚的铺垫；冀南银行钞票不仅保障了军需，而且支持了边区经济建设。

那些历经战火洗礼，保存至今的一张张泛黄的“冀钞”，见证了在民族危亡的关键时刻，中国共产党领导的八路军将士深入敌后，奋勇杀敌的丰功伟绩。同时，它也生动地再现了数以万计的太行儿女前仆后继、驰骋沙场的家国情怀。

赤币档案

高捷成（1909—1943），福建省龙溪海澄县（今漳州龙海区）人。1926 年赴广东参加国民革命军，同年 11 月随北伐军回到漳州，组织开展农民运动。大革命失败后，愤然离开国民党军队。1928 年考入厦门大学攻读经济学。1932 年 4 月在漳州参加中国工农红军，同年 5 月加入中国共产党，在中央苏区从事财经管理。1934 年 10 月参加长征，随中央红军到达陕北。随后进入红军大学第一期学习，并首创红军会计工作制度。全面抗日战争爆发后，随八路军第 129 师赴冀南敌后抗日根据地。1938 年任冀南税务总局局长、晋冀鲁豫边区政府财经处处长。1939 年秋任冀南银行行长，主持了冀南货币的发行和流通，成为当时各根据地中流通区域最广的一种货币。1943 年 5 月，日寇疯狂“扫荡”太行山抗日根据地。5 月 14 日在河北内邱县（今内丘县）白鹿角村与敌人遭遇，高捷成在战斗中不幸身负重伤，随后英勇牺牲在敌人的刺刀之下，时年 34 岁。

铁军烽火映苏南：
江南商业货币券

江南商业货币券，是新四军在苏南地区最早发行的“抗币”之一，有壹角、贰角、伍角、壹圆四种面值，作为法币的补充，与法币 1∶1 等值流通。该券发行于 1941 年，流通于苏南抗日根据地东路地区。

壹角、贰角、伍角、壹圆四种面值江南商业货币券的设计风格和版式特征描述如下：

壹角券。票面尺寸为 95×55 毫米。票券正面【图一】色调为粉红色，四周有传统的花纹装饰边框，边框四角均印有表示面值的空心体“壹角”二字。框内票面上端自右至左，印有“江南商业货币券”字样，楷书、蓝色，标明票券的性质。票面左侧为货币券的主图案——楼阁、宝塔。右侧层层花纹组成的花框内印有“壹角”二字。两侧加盖篆书蓝色“基金保管委员会之印”“主任之印”小方印章。面值下面是蓝色阿拉伯数字的印制编码。编码下面印有“中华民国廿九年印”，表示票券的印制时间。

票券背面【图二】色调为蓝色，四周有传统的花纹装饰边框，框

图一

图二

内主要印有花卉图案、英文面值“TEN CENTS”，以及“1940”字样。

贰角券。票面尺寸为 100 × 55 毫米。票券正面【图三】色调为蓝色，四周有传统花纹装饰边框，边框左侧上下二角均印有表示面值的空心体“贰角”二字。框内票面上端偏左侧位置，自右至左，印有“江南商业货币券”字样，楷书、红色。下面是主体图案——古刹树木，两侧加盖篆书红色“基金保管委员会之印”“主任之印”小方印，下端印有红色印制编码。票面右侧上端，层层花框内印有“贰角”，下端花框内印有“积成拾角兑付国币壹圆”字样。再下端是印制时间，“中华民国廿九年印”。

票券背面【图四】色调为赭色，四周有传统的花纹装饰边框，框

图三

图四

内主要印有花卉图案、英文面值“TWENTY CENTS”，以及“1940”字样。

伍角券。票面尺寸为 128×63 毫米。票券正面【图五】色调为红黄色，四周有传统花纹装饰边框，边框四角均印有表示面值的空心体“伍角”二字。框内票面上端自右至左印有“江南商业货币券”字样，楷书、红色。两侧印有红色印制编码。券面中间繁缛花纹装饰框内印有“伍角”二字，两侧再各印“伍”字，突出面值。券面下端两侧加盖红色篆书“基金保管委员会之印”“主任之印”小方印。券面中间最下端印有“每拾角兑付国币壹圆”。其下印有“中华民国二十九年”。

票券背面【图六】色调为黄绿色，四周有传统的花纹装饰边框，框内主要印有花卉图案、英文面值“FIFTY CENTS”，以及“50”字样。

壹圆券。票面尺寸为 157×75 毫米。票券正面色调为黄绿色，主体图案是一艘在湖中行驶的帆船。背面色调为棕色，票券右上端印有孙中山像。这四种面值的票券，纸质、印刷水平以壹圆券为最好。

江南商业货币券制版和印刷精良。全面抗日战争时期，党领导的苏南抗日民主政府和新四军独立自主发展经济，在根据地印制了多种“抗币”，这些“抗币”设计风格不同，但发挥的作用是一样的。在众多的“抗币”中，江南商业货币券的印制和发行可谓独树一帜。货币券在上海印制，为防止运输过程中丢失，运回根据地再加盖票券名称，由商业货币券基金保管委员会具体负责对社会发行。

货币券上加盖的“基金保管委员会”，是苏南抗日根据苏南第二行政区经济委员会设立的，全称是苏南二区商业货币券基金保管委员会，主要的工作任务是进行整理与取缔无基金代币券，协助苏南二区经济委员会发行商业货币券。

结合历史资料和苏南抗日根据地当时的经济条件，我们发现发行商业货币券的原因主要有以下三点：

江南商業貨幣券
060029
060029
伍角
每拾角兌付國幣壹圓
中華民國二十九年

图五

50
FIFTY CENTS
50

图六

一是保护法币、战胜伪币。当时汪伪政府强制推行伪中央储备银行中储券，故意压低比价收兑原有法币，以此不断打击法币的原有地位。此时，抗日民主政府已经充分认识到，这是汪伪政府发动的货币进攻。1941年1月6日，《新华日报》发表的《如何战胜汪逆伪币》【图七】一文中指出："汪逆伪银行的成立和发行伪币，这具体地说明了敌伪目前的货币进攻，已从过去以法币套我'外汇'打击法币的战略进而以用伪币打击法币、排斥法币、套取'外汇'的战略，这是敌伪更进一步的阴谋毒计。"所以，为保护法币、战胜伪币，抗日民主政府号召人民拒绝使用伪币，以政治力量保证敌后根据地的社会经济的正常发展。

二是清理与取缔各种地方流通券。苏南东路地区，货币流通情况比较繁杂、混乱，因为没有基金保证，不需要办理法定的发行手续，造成任何人都可以发行各种代币券、流通券、兑换券等，毫无限制。这些票券，既有各地方政府、各银行发行的兑换券，还有各商会发行的兑换券、私营厂商发行的兑换券。这些兑换券只可兑换法币，不可兑换现银，与其他票券混合流通。因整个市场流通较大，随着法币的贬值，以及有的发券人破产，使广大人民群众蒙受损失，这种局面严重地影响了当地社会经济发展和人民正常生活。

当时货币流通领域混乱到什么地步呢？我们可从苏南第二行政区经济委员会发布的《整理与取缔代币券并组织基金保管委员会暂行办法》知晓。

办法中写道："苏南二区辅币紊乱，任何人均可发行，漫无限制，券面金额分、角外一元、五元亦有，种类复杂，甲地的券，不能通用于乙地，使用者颇多困难……如去年张泾桥等处的茧行，所发行的代币券，因发行人逃避他乡，无从兑现，成为废纸。"从《办法》中还可得知，代币券有竹筹、铅币、纸券等种类。

新華日報
中華民國三十一年一月六日
星期一
第二版
綏渡河敵被擊東竄
魯南我軍一度攻入日照
晉西擾興縣寇死傷甚重
印度援華救護隊
歷在華北各地做救傷工作
滬敵揚言
佔美防區
中美平準貸款
本週可簽字
時評
如何戰勝汪逆偽幣
敵機
昨又襲昆
桂南復地
馬步芳
捐產興學
延安文化零訊
中國藝展開幕一年
參觀人數逾十萬
紐記者團明去蓉
簡訊
〔7〕30

图七

由此可知，当时社会货币市场极度混乱，已经严重危害到人民群众的利益，影响到社会经济的发展，如果不及时治理，将会影响到根据地巩固和发展。

三是补充市场流通筹码不足。因为广大人民群众拒用伪币，地主、奸商便囤积粮食、货物，加上日军掠夺军用物资，将民间镍、铜币几乎搜刮一空，致使市场上辅币短缺，严重影响商品交易，金融市场极为混乱。

在此情况下，苏南二区经济委员会决定发行江南商业货币券，以整顿流通的混乱局面。1941 年 4 月 18 日，《大众报》第 176 期刊发《苏南第二区经济委员会整理与取缔代币券并组织基金保管委员会暂行办法》，成立商业货币券基金保管委员会，委员会由各县、各商会、苏南二区、江南行政委员会，以及新四军江南指挥部等派人组成。规定苏南二区及其以下各级商业货币券基金委员会的任务是：整理与取缔无基金代币券、保管币券资金，协助苏南二区发行商业货币券、决定兑现办法等。江南商业货币券的发行，统一了苏南抗日根据地东路地区混乱的货币市场，使当时货币秩序紊乱和物价飞涨的势头得到遏制。

为维护和保证江南商业货币券的信用和统制经济地位，使货币券有充足的发行准备金，各公团、行商在依法申请领取货币券之前，需将旧券一律收回后申请，经申请核准后，基金的 80% 缴纳法币，其余 20% 以不动产契书或单据缴送基金保管委员会保管。

江南商业货币券正面下端印有“中华民国廿九年”，即 1940 年，表明货币券印制于此时。因为苏南地区印制技术条件落后，这些货币券是委托上海地下党组织在上海印制完成。货币券在“华东照相平版印刷公司”制版，为了保密，也为了防止在运输过程中遇到不测，先印制成半成品后，再运回根据地，最后在根据地再完成加印券名、印章等程序。

江南商业货币券首先在澄、锡、虞地区发行流通，其后流通范围扩大，除苏南二区外，还在第一区即苏州、常熟、太仓地区流通，成为当年苏南东路抗日游击根据地主要使用的一种“抗币”。

江南商业货币券面世之后，信誉很高，受到群众的欢迎，在根据地流通无阻，成为根据地的主要辅币，渐渐将原有不良劣币驱逐出流通领域，根据地内各地区货币渐趋统一。

江南商业货币券在苏南第一和第二行政区流通时间长短不一。从1941年7月开始，日伪集中重兵开始对苏、常、太和澄、锡、虞地区进行残酷“清乡”，新四军北撤时，为保护群众利益不受损失，用物资回收了大部分货币券。在苏北黄桥决战后，苏南新四军驰援苏北时，曾携带一批江南商业货币券到苏北，并用黑色油墨加盖“苏北流通券”“抗币伍角”字样【图八、图九】，在苏北市场流通。

岁月流逝，保留至今的江南商业货币券，向我们讲述了新四军战士在艰苦卓绝的环境下，依然坚持战斗，与日寇和汪伪政权作斗争的可歌可泣的画面。铁军战士不低头，革命何惧怕断头！这些江南商业货币券，早已成为新四军留给我们的精神财富，它们的样子已时时刻刻印在我们的脑海之中。

赤币档案

在国民党顽固派投降反共，倒退分裂空前危险的严重时刻，党中央号召全党坚决反对顽固派，集中一切力量发展抗日武装，建立和扩大抗日根据地。1940年4月，谭震林率新四军来到苏南东路地区，成立东路军政委员会，成立“新江抗”东路指挥部。1941年1月，为实行抗日民主政治，

伍角
伍角
060407
060407
抗幣伍角
每拾角兌付國幣壹圓
伍角
伍角

图八

50
CENTS
50
FIFTY CENTS
50

图九

加强领导民众抗战，江南抗日救国军对地方行政制度进行改组，建立抗日民主政府。1月22日，“新江抗”政治部发布通令，将东路地区划分为三个行政区。2月2日，苏南第二区行政督察专员公署在江阴祝塘南山头成立，管辖区域为江阴、无锡、沙洲3县及锡北、虞西2个特区。

延安的“民主之宫”：陕甘宁边区银行纸币上的“参议会大礼堂”

1937年10月，中华苏维埃人民共和国国家银行西北分行改组成为陕甘宁边区银行，边区财政厅厅长曹菊如兼任行长。陕甘宁边区银行是全面抗日战争时期抗日根据地建立的第一家银行，也是非常重要的一家银行。

自1937年10月至1947年11月，在党中央的领导下，陕甘宁边区银行坚定不移地贯彻执行“发展经济、保障供给”的总方针，有力地促进了边区农、工、商业的发展，有力地支援了抗日战争和解放战争，为根据地的巩固和发展，为中国革命在全国夺取胜利发挥了重要作用。

陕甘宁边区银行发行纸币始于1941年2月。皖南事变后，边区政府遭遇财政困难。为了打破敌人的封锁，促进边区经济的发展，巩固金融，坚持抗战，1941年2月18日，边区政府发布“坚”字第61号《布告》，决定由边区银行发行“边币”，并在2月22日发布的《陕甘宁边区政府训令》“特”字第403号指出，发行“边币”是“为了建立正规的边区金融制度，逐渐换回光华代价券，使边钞成为惟一的边区通货本位”。“边钞发行是有限制的，它以盐税、货物税作保证……是使人民免受法币狂跌的损失。”

陕甘宁边区银行纸币的面值有壹角、贰角、伍圆、拾圆、伍拾圆、壹百圆、贰百圆、伍百圆、壹仟圆、伍仟圆等。其发行完全独立于国民政府的法币，具有和法币对抗的一面（禁止法币在边区流通）。纸币的设计、刻版、印刷、技术较好，大部分图案反映了当时边区的社会经济、名胜古迹、农林牧业生产、建筑风貌、自然风光，图景生动、栩栩如生，很有欣赏价值，给人一种美的享受。

反映边区建筑风貌的主要有陕甘宁边区银行大楼、边区参议会大礼堂、杨家岭中共中央办公厅大楼。这些建筑都是边区人民自己设计、动手修建，不同程度地反映了当时边区的科学技术水平和生产力发展水平，堪称陕北近现代建筑发展的典型代表。

著名的陕甘宁边区参议会大礼堂曾出现在壹百元、伍百圆和壹仟圆纸币上。这三种面值的券别皆为横式，设计风格和版式特征如下：

1942 年版壹百元券。票面尺寸为 165×75 毫米，票正面【图一】色调为棕色，上端印有“陕甘宁边区银行”字样，行名两侧为红色的印制编码。中间主体图案为陕甘宁边区参议会大礼堂，背后是凤凰山。下面两侧加盖有红色篆书“经理之章”“副经理章”小方印。票面上方两角斜印面值“壹百元”，下方两角竖印面值“壹百元”，下端正中有“中华民国卅一年”字样。

背面【图二】色调亦为棕色，上端印有“SHAAN GAN NING BIANKY INXAN”，是拉丁化新文字拼写的行名，中间印有延安宝塔山图景，下面左右两侧有林伯渠和朱理治的英文手写体签名。两侧与四角有“100”数值，下方“I BAI YAN”为拉丁化新文字拼写的面值，其下有年份“1942”。

1943 年版伍百圆券。票面尺寸为 135×70 毫米，票正面【图三】

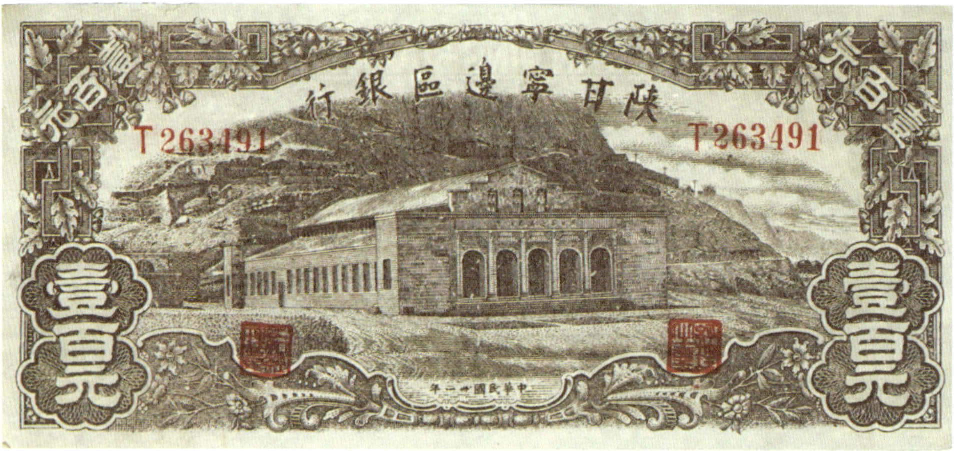
陝甘寧邊區銀行
T263491
T263491
壹百元
中華民國卅一年

图一

SHAAN GAN NING BIANKY INXAN
100
100
100
100
100
100
I BAI YAN
1942

图二

色调为红色。上端印有行名，行名两侧为黑色的印制编码。中间主体图案为陕甘宁边区参议会大礼堂，下面两侧加盖有黑色篆书“经理之章”“副经理章”小方印。票面上方两角横印有面值“伍百圆”，下方两角横印面值“伍百”，下端有“中华民国三十二年”字样。

背面【图四】色调也为红色，上端是拉丁化新文字拼写的行名，中间印有陕甘宁边区银行大楼图景，两侧与四角有“500”数值，下端左右两侧有林伯渠和黄亚光的英文手写体签名。下方为拉丁化新文字拼写的面值，其下有年份“1943”。

1943 年版壹仟圆券。票面尺寸为 161×72 毫米，票正面【图五】色调为灰蓝色，上端为行名，行名两侧为红色的印制编码。中间主体图案为陕甘宁边区参议会大礼堂，下面两侧加盖有红色篆书“经理之章”“副经理章”小方印。四角横式印有面值“壹仟圆”，下端印有“中华民国三十二年”字样。

背面【图六】色调亦为灰蓝色，由左右两部分组成，形成主副票的版式。左侧主票上端是拉丁化新文字拼写的行名，中间及四角有“1000”数值，下端左右两侧有林伯渠和黄亚光的英文手写体签名，下方为拉丁化新文字拼写的面值，其下有年份“1943”。右侧副票有宝塔山图景，其上有“1000”数值。

陕甘宁边区参议会大礼堂旧址位于现延安市宝塔区南关大街大礼堂巷内，在边区政府的北侧，现为延安大礼堂。礼堂面朝东南，背靠凤凰山，左后方是巍峨高耸的宝塔山，视野开阔。礼堂于 1941 年初开始修建，同年 10 月完工。

礼堂为砖木石混合结构，南向正面门庭为现代长方形几何体，墙体采用磨制石块砌筑，面阔 24.7 米，进深 35.5 米。礼堂大门由五扇石砌的拱券门组成，与陕北窑洞的拱顶门遥相呼应，拱券门两侧雕刻西式立柱元素，彰显礼堂的古朴与典雅。观众厅和舞台位于一个长方形纵向空间内，屋顶为木排架，采用灰色板瓦覆盖。礼堂完全是自然采

陝甘寧邊區銀行
伍百圓
伍百圓
159248
159248
B
B
伍百
伍百
中華民國三十二年

图三

SHAANGANNING BIANKY INXANG
500
500
500
500
500
500
U BAI YAN
1943

图四

陝甘寧邊區銀行
A267660
A267660
壹仟圓
壹仟圓
壹仟圓
壹仟圓
中華民國三十二年

图五

SHAANGANNINGBIANKYINXANG
1000
1000
I CIAN YAN
1943

图六

光，东西墙面各开十几扇玻璃窗，屋顶设计为重檐式，两层檐间也加玻璃窗，以便增加光照。屋顶硬山砖墙设计成三叠简化马头墙，与西式门庭衔接，独具匠心。观众厅内可容纳1200余人。门额上方原有陕甘宁边区参议会副议长谢觉哉题写的“陕甘宁边区参议会”8个大字，后被国民党军队破坏，现刊刻的“延安大礼堂”5个大字，是谢觉哉1956年重新题写的。

为贯彻党的抗日民族统一战线，党中央提出抗日根据地政府实行“三三制”为原则的参议会制度，陕甘宁边区参议会是陕甘宁边区最高权力机关。参议会礼堂建成前，边区参议会没有自己的办公场所，第一届参议会是借用陕北公学大礼堂召开的。1941年在第二届参议会召开前，为开好这次参议会，使参议会能有自己的常驻办公地点，边区政府筹措200万“边币”，修建了常驻办公人员的办公室和边区参议会礼堂。礼堂主要功能是开大会，还要兼顾演出、表彰、文化娱乐等用途。

礼堂由毛之江设计，杨作材负责修正设计，丁仲文和李付缙指导施工，钟敬之承担礼堂内部装饰设计。毛之江，浙江奉化人，15岁到上海从事建筑工作，积累了丰富的实践经验。1938年到延安，他在中国人民抗日军政大学第四期学习，毕业之后到陕甘宁边区政府建设厅工程科工作。因为有从事建筑工程工作经验，毛之江被委以重任。

杨作材，出身建筑世家，1938年到延安，陆续参与了枣园后沟大礼堂、杨家岭中央大礼堂、中共中央办公厅大楼等一批公共建筑的设计。

当时的延安，工程技术条件落后，原材料极度短缺。广大技术人员因地制宜，把握简洁实用、安全经济的设计原则，采用西北地区传统的民居形式，并适当融合西方一些建筑手法。施工队伍由两部分组成，八路军战士和陕北农村手工艺匠人。1941年10月，参议会礼堂竣工完成。参议会礼堂建成后，发挥了重要作用，除召开边区第二届参议会及以后历届各次参议会会议外，还在此举行过边区劳动英雄代表大会以及保卫边区、保卫延安干部动员大会等重要会议。参议会礼堂，也被当时的延安人民称为“民主之宫”。新中国成立后，当地政府曾对礼堂内部进行了改建，但外观上仍保持着当年的建筑风格。1961 年 3 月，由国务院公布为第一批全国重点文物保护单位。

参议会大礼堂是延安著名的标志性建筑，凝聚着广大人民的心血，见证了共产党实行的抗日民族统一战线，所以陕甘宁边区银行发行的纸币 1942 年版壹百元券、1943 年版伍百圆券、1943 年版壹仟圆券，正面均采用参议会大礼堂作为主体图案，传递着抗战、团结、进步的方针政策。

上述纸币与边区银行发行的其他券别纸币一道，构成了陕甘宁边区的金融防线，是边区的重要经济支柱，也是边区开展经济斗争的利器，有力地支持了抗日战争，支持了边区的经济建设。

赤币档案

谢觉哉（1884—1971），字焕南，别号觉哉，亦作觉斋。中国共产党的优秀党员、“延安五老”之一、著名的法学家和教育家、杰出的社会活动家、法学界的先导、人民司法制度的奠基者。1884 年出生于湖南宁乡。1925 年加入中国共产党。1933 年，在中央苏区任内务部部长时，主持和参加起草了中国红色革命政权最早的《劳动法》《土地法》等法令和条例。1934 年参加长征。1939 年后，任中共中央党校副校长、西北局副书记、陕甘宁边区政府秘书长、边区参议会副议长。解放战争时期，任法律研究委员会主任委员、华北人民政府司法部部长。新中国成立后，曾任内务部部长、最高人民法院院长、政协全国委员会副主席等职。

大别山的红色堡垒：
豫鄂边区建设银行及其发行的壹仟圆券

豫鄂边区建设银行是全面抗日战争时期豫鄂边区行政公署在豫鄂边区抗日根据地设立的地方性银行。其所发行的“边币”券别包括1941年伍角辅币券；1942年壹圆、贰圆、叁圆、伍圆、拾圆主币券；1943年壹圆主币券；1944年伍拾圆、壹百圆、贰百圆、伍百圆和壹仟圆的大面值主币券，共计11种面值。

豫鄂边区是党在全面抗日战争时期一块非常重要的敌后根据地，为中国人民取得抗日战争的胜利作出了巨大的贡献。而取得胜利的基础是有广大军民的参与和支持，有党领导下的正确的经济金融工作来保证党、政、军、民所需。其中，豫鄂边区建设银行起到了支柱作用，它所发行的钞票是党开展政治、军事、经济斗争的重要工具。

1939年初，李先念率新四军独立游击大队进入豫鄂边区，深入敌后，联合当地抗日武装力量开展游击战争。至11月，根据中共中央中原局的指示，将豫南、鄂东、鄂中的游击力量进行了整编，最终组建了新四军豫鄂挺进支队。12月，由郑位三（未到职）、陈少敏、李先念、陶铸等组成的新豫鄂边区党委成立。1940 年 1 月，根据中原局的指示精神，部队正式称为新四军豫鄂挺进纵队。9 月，豫鄂边区第一次军政代表大会选举产生了边区最高行政机关——豫鄂边区军政联合办事处。10 月边区党委召开财经会议，决定成立边区财政经济委员会，陈少敏兼任财委书记。至 1940 年底，豫鄂边区扩大到 19 个县，建立了 9 个抗日民主县政权，根据地的财经、生产、文化等各方面也有了很大发展，豫鄂抗日根据地初步形成。1941 年皖南事变后，新四军豫鄂挺进纵队改编为新四军第五师。4 月，豫鄂边区第二次军政代表大会召开，按“三三制”原则成立了边区行政公署，许子威为行政公署主席，下设民政处、财政处、建设处等部门。为了抵制敌伪钞、发展边区各项事业、巩固边区金融、救济灾区人民，在这次会议中通过了许子威等人关于《创办边区建设银行俾资发展边区各种生产事业》的提案。随后在京山小花岭（后迁至大悟山）成立了豫鄂边区建设银行总行，行长为左仲修，下设会计、出纳、秘书等科，受行政公署财政处领导。不久，银行在鄂中、信阳等地设立分支机构，陆续建立了三个印钞厂。豫鄂边区建设银行发行的钞票（又称“边币”），设计新，纸质好，深受边区军民欢迎。

豫鄂边区建设银行壹仟圆纸币券为豫鄂边区建设银行“边币”之最大面值票券，流通时间也最为短暂，现留存极少，是“抗币”中最难寻找的精品之一。

该券横式，票面尺寸为 155 × 70 毫米。券正面【图一】色调为蓝灰色，四周有装饰边框，边框四角均斜式印有“壹仟”两字。上端正中印制行名，自右向左两排“豫鄂边区”“建设银行”，隶书，下排“建设银行”四字较大。中间是主体图案湖面泛舟图，背景有亭台楼阁、花墙等古代建筑群图景，中心是一艘小船在湖面，船上有三人，一人站立撑船，二人端坐、对视，仿佛在边聊边欣赏美景。主图两侧花框内各印有面值“壹仟圆”，上方两侧印有红色印制编码。票面下端正中有“中华民国三十三年印”字样，表示该券的印制时间。其两侧各加盖一枚红色篆书小方章，分别是“理事长印”“行长之印”。

券背【图二】面色调为褐紫色，四周有装饰边框，边框四角均印有“1000”。上端正中为英文行名“THE CONSTRUCTIVE BANK OF YU-O PROVINCE”，中间有农耕图，两侧花框各印有“1000”，其下方左右两侧各有一英文手写体签名。券面下端印有英文面值“ONE

图一

图二

THOUSAND YUAN”，以及“1944”字样。

壹仟圆券的图案设计有较高的艺术性，还有地域特点，主题突出。正面表现的是南方民居山水景色，背面是稻田耕作，生活气息浓烈。纹饰全部采用富有民族特点的图案，线条细腻，色彩柔和。正面衬托面值的纹饰更为生动，是人们喜闻乐见的、象征吉祥喜庆的民间艺术造型。票面上的纹饰与正背面主景表现的主题思想融为一体，表现出鲜明而独特的民族风格。

该券由豫鄂边区建设银行第二印钞厂印制完成。豫鄂边区建设银行第二印钞厂，也叫黄陂印钞厂，位于黄陂和孝感两县交界处羊毛岭大山深处的一座破庙内，于1942年3月开始筹建，9月建成，王正道任厂长。

由于鄂东地区处于敌人的四面包围之中，印钞厂筹建过程中面临着很多意想不到的困难，既没有机器设备，也没有技术工人。王正道等人先后到黄陂梅店、孝感周家巷等地，与爱国商人座谈，动员他们从大局出发，为抗日出力献策，有钱出钱，有力出力，恳请这些商人采购印钞厂所需的各种材料，而且保证维护商人的合法收益。通过两三个月的努力经营，印钞厂终于购买到1台圆盘机、6台石印机等印刷设备，以及大量纸张、油墨、桃胶等印刷原材料。

在采购印刷设备和材料的同时，王正道积极组织人员，到处物色专业技术人员。王正道找来原武汉印刷厂工人王惠卿，经他介绍，又找来几名经验丰富的印刷工人。为了充实历练，豫鄂边区建设银行总行还从第一印钞厂调来几名技术骨干。这样，第二印钞厂的技术人员增多，9月，印钞厂建成后，立即开始生产壹圆、伍圆和拾圆的纸币。

由于经常遭到敌人袭击，全厂职工都配备有作战武器，一有敌情就迅速转移。印钞厂曾先后转到范家冲、犁辕寺、秧家田、孙家冲、道士冲等多处地点。由于转移及时，敌人始终未能找到印钞厂的踪影。第二印钞厂是在战斗中生产，在生产中战斗。工人们既是印刷技工，也是武装战士。

1943 年初，豫鄂边区行政公署从洪山公学调配 10 多名学生给印钞厂，印钞厂又在当地招收了多名进步青年，印钞厂的力量进一步扩大。为保证钞票质量，设有工务股，专门负责产品设计到完成全部工序的生产技术和管理。1944 年 6 月，新四军第五师绘图所与印钞厂合并，开始大量设计和印制银行纸币。

1945 年元旦过后，延安第 359 旅南下，在豫鄂边区与新四军第五师会合。南下部队同时带来了陕甘宁边区银行印钞厂的技术骨干和票版花纹。这些技术骨干业务经验丰富，他们的到来不仅充实了豫鄂边区建设银行的技术队伍，而且也整个提升了建设银行票版的制作水平。在这种技术背景下，建设银行逐步制作出包括伍拾圆、壹百圆、贰百圆、伍百圆和壹仟圆面值票券的票版，开始印制大面值的纸币伍拾圆到壹仟圆纸币，票面上虽然印有“中华民国三十三年印”“1944”字样，实际上却是在 1945 年印制完成的。

1946 年 6 月，国民党军队发动内战，包围豫鄂边区，战争局势紧张。第二印钞厂随军西撤，在河南信阳四望山龚家湾恢复生产，继续印制伍百圆和壹仟圆大面值纸币。而后，局势进一步恶化，印钞厂被迫停产，设备一部分交给七七报社，一部分就地掩埋，工人们随军突围北上。至此，第二印钞厂结束历史使命。

豫鄂边区由于地理原因，军事斗争和经济斗争非常残酷、复杂。这一地区流通的货币除豫鄂边区建设银行纸币外，还有国民党当局发行的法币，汪伪政府发行的中储券以及铜币、银币，货币种类繁杂。为了维护边区金融秩序的稳定，确保物价不大幅度波动，抗日民主政府规定，严禁敌伪钞在边区流通，建立边币本位，对法币“在基本区维护”“在游击区抵制内流、鼓励外流”，对于铜、银币则禁止出口。对“边币”实行实物投放和兑换，逐步确立“边币”在群众中的信用，提高“边币”的威信。

根据地货币是对敌斗争无声的武器。豫鄂边区建设银行成立之际，正是根据地抗战进入最艰苦的斗争岁月之际，根据地军民在斗争中战胜了巨大的经济困难，这与豫鄂边区建设银行的重大作用是分不开的。边区银行积极总结土地革命战争时期苏维埃银行工作的经验教训，卓有成效地开展货币斗争，为豫鄂边区发展和壮大作出了不可磨灭的贡献。

由于采取了切实可行的金融措施，豫鄂边区建设银行纸币的印发，解决了新四军第五师的军需给养，改善了抗日根据地人民的生活、生产，稳定了边区的物价，抵制了日伪币的入侵，发展了边区的社会经济，为抗日战争取得最后胜利起到了重要作用。

赤币档案

许子威（1908—1989），湖北应城人。1925 年考入湖北省立医科大学，1926 年冬考入黄埔军校武汉分校。1927 年加入中国共产党。同年参加广州起义。曾任中国工农红军第四师连指导员、师党委书记。1931 年至 1933 年，在金陵大学农业专修科学习。抗日战争期间，参与应城汤池训练班的工作，训练抗日青年，后历任中共应城县委军事部部长、豫鄂边区行政公署主席。解放战争时期，任（前）中原行署主席、桐柏行政分署主任、中原临时人民政府交通部部长。新中国成立后，历任郑州铁路局党委书记、军代表兼政治委员，中南军政委员会农林部党组书记、副部长，荆江分洪工程副总指挥，湖北省科协副主席，华中农学院院长，政协湖北省第四届委员会副主席，湖北省顾问委员会常委。

名副其实：茅山抗日根据地惠农银行纸币

惠农银行是全面抗日战争战略相持阶段，在茅山抗日根据地创办的一家银行，发行的纸币称之为“惠农币”，面值有壹角、贰角、伍角的辅币券，以及伍圆和拾圆两种主币券。惠农银行存在时间短暂，故“惠农币”弥足珍贵，迄今为止只见有伍圆券和拾圆券，它的印制和流通与茅山抗日根据地的创建密不可分。

茅山抗日根据地是指茅山山脉所在的句容、丹徒（今镇江）、丹阳、金坛及其相邻的溧水、溧阳、江宁、宜兴、高淳等县（市）的部分地区。这一地区因山区地势险要，西邻南京，北濒长江，东至淞沪，南下浙西，历来是兵家必争之地。1938 年夏季，陈毅、粟裕率领新四军进入茅山地区，开展游击战，建立了以茅山为中心的抗日游击根据地。茅山抗日根据地是党在华中敌后最早创建的根据地之一，犹如插入敌人心脏的一把尖刀，大大牵制了敌人的兵力，为中国人民的抗战胜利作出了重要贡献。

在那段艰难困苦的岁月里，为了巩固根据地，军民上下万众一心，用气壮山河的誓言守卫着茅山。这些人，有普通的当地百姓，有爱国情怀的乡绅，更有持枪的新四军战士，以及根据地金融战线上的工作者。让我们在一张张“惠农币”面前，去追忆当年老一辈金融工作者的革命壮举。

为打破敌人经济封锁、保障军政供给，1942 年春，惠农银行筹备处在丹阳县（今丹阳市）的延陵镇成立，主要从人员招募、募集资金、印制票币、草拟文件等几个方面着手进行建行前的准备工作。银行取名“惠农”二字，是指抗日民主政府成立银行的首要目的是支持当地农业的发展、提高农民的经济收入和生活水平，对农民实行优惠，给农民以实惠。

惠农银行的具体筹建工作由李建模、孔朗、苏民负责，其中，李建模任行长，孔朗任副行长，沈世钧任会计科科长，另安排魏青担任出纳一职。为积极筹备开办资金，保证充足的资本金，筹备处一方面以根据地公粮作抵押；另一方面临时开展招募，对当地开明士绅进行劝募，每股 10 元。工作人员在延陵、九里一带广泛开展集股劝募活动[①]，深入动员，争取士绅的大力支持。

对银行筹备处来讲，筹集印刷设备和技术人才，建立印钞厂，是非常重要的事务。1942 年 6 月，茅山印刷厂开始承担“惠农币”的印制任务，印刷厂设在延陵镇东建昌圩内。为圆满完成票币印制任务，力争票券图案设计美观，印刷厂特意通过地下党组织从上海请来一位名叫李青云的设计师进行票面图案的设计和绘图。根据地纸币的票面设计非常重要，一方面是除了要美观大方，另一方面还要突出抗日民主的精神，所以，钞票图案以抗日民主根据地军民战斗和生产为主题。李青云完成票面设计稿后，李建模安排专人将设计稿带到上海，在地

① 胡世平主编:《惠农银行币研究》，北京：中国文史出版社，2004 年，第 17 页。

下党的协助下进行缩微和制版，然后再派人将铜版（一说是锌版）安全运送回根据地。纸币采用正背两套色技术印刷。钞票上戳印印制编码所用的打码机，是金融管理科委托可靠人士自上海采购。此外，印制钞票所用的道林纸和油墨等必需品，也是专人自上海购得。为防止日伪政权伪造"惠农币"，冲击根据地金融市场，银行工作人员想尽办法，如一律采用号码机在印好的钞票上戳印印制编码。据当时的工作人员回忆，为防止假冒，还从"大众报社"选取三个单字印在钞票纸的右上角。为保证银行的成功开办和纸币的顺利面世，李建模指示苏民专门研究、制定对法币和伪币的管理办法及对策，草拟管理杂钞、打击伪币等若干办法。

1942 年 7 月，苏皖区党委在溧水县里佳山村召集会议，主要讨论 8 月、9 月、10 月三个月的工作，会议认为应该抓好五个方面工作，其中第三项工作就是成立惠农银行，发行"惠农币"，与汪伪政府的中储券作斗争。

1942 年秋，惠农银行筹备处在西旸（今金坛境内）东岗村一个祠堂内召开股东大会，由李建模介绍银行的筹建过程及根据地的货币政策，苏民作银行章程的说明。大会通过了银行章程，成立了董事会。同年 12 月，惠农银行在丹阳延陵镇的一家盐栈内诞生，正式对外营业。同时，银行召开工商大会，邀请当地一些士绅出席，在现场展出一定数量的金锭、金条、银锭、银元和珠宝，向世人宣告惠农银行资本金雄厚，借以提高"惠农币"的信用，真正做到取信于民。

此外，惠农银行还在西旸设办事处，主任为民主人士赵吉庚；另在椏溪港（今高淳境内）设立钞票兑换处，由贾南均任会计兼出纳。

惠农银行成立后，先发行伍角、壹圆两种流通券（系在惠农银号流通券上加盖"惠农银行"四字），准与法币 1∶1 等值流通。而后印制发行面值伍圆、拾圆两种钞票。另有贰角、壹角券，但迄今为止尚未发现实物。下面将伍圆券和拾圆券的设计风格和版式特征介绍如下：

伍圆券，道林纸，横式，票面尺寸为132×76毫米。正背面色调均为红色。票正面【图一】上方印有行名“惠农银行”四字，右读，楷书书写。行名两侧是蓝色阿拉伯数字印制编码。中间右侧为农村典型的日常景象，有远山、稻田、房屋、人物、鸡鸭等。一人扛锄行走，一人坐在板凳上抽烟。下面是行长英文签名，蓝色；左侧为中文币值“伍圆”两字，下面是印制日期，“中华民国三十一年印”字样。票面四角有“伍”字，下方花边框内满印“惠农银行”“伍圆”字样。

背面【图二】印有花纹图案，上方有英文行名“THE BANK OF FARMER FACILIATING”字样，左读。四角及正中印有阿拉伯币值“5”，其中下面左右两角“5”字上加盖“FIVE YUAN”。下方有英文“FIVE YUAN”及“1942”字样。

拾圆券，道林纸，横式，蓝色，票面尺寸为142×80毫米。正背面色调均为蓝色。正面【图三】上方印有行名“惠农银行”四字，右读，楷书书写。行名两侧是红色阿拉伯数字印制编码。中间是典型的农村劳作场景，有背粮、扬稻等，旁边有房屋和树木。两侧均有中文币值“拾圆”两字，下方有印制年份“中华民国三十一年印”，两侧花边框内满印英文行名“THE BANK OF FARMER FACILIATING”及币值“10”，左右下方均有行长英文签名，红色。

背面【图四】印有花纹图案，上方有英文行名“THE BANK OF FARMER FACILIATING ”字样，左读，图案两侧均有阿拉伯币值“10”，下方有英文“TEN YUAN”及“1942”字样。

“惠农币”主要流通在茅山东部地区和金坛、溧阳、溧水、江宁、丹阳、丹徒、武进等地区，与法币同时流通，比价为1∶5，共计发行15万元。惠农银行纸币主要是通过新四军的党、政、军机关的费用开支和同群众贸易往来，以及向贫苦农民发放无息贷款等方式推向社会

惠農銀行
209423
209423
伍圓
伍
伍
伍
伍
中華民國三十一年印

图一

THE BANK OF FARMER FACILIATIN
5
5
5
FIVE YUAN
FIVE YUAN
FIVE YUAN
1942

图二

拾
218305
惠農銀行
218305
拾
拾圓
拾圓
拾
拾

图三

THE BANK OF FARMER FACILIATING
10
10
TEN YUAN

图四

流通。回笼的渠道主要是通过税收和实物供应。为保证安全，惠农银行经常要进行转移，尤其是金库。战士们经常携带银行设备、办公用品，大批惠农纸钞在各乡村田野奔走，经营条件异常艰苦。

"惠农币"发行后，政府规定苏南根据地辖区内的各市场交易均要使用。为了扩大使用范围，江南财经处要求各区设立货物过境税收处，收税一律使用"惠农币"，即必须使用"惠农币"结算。此外，为维护"惠农币"的信用，保证币值稳定，抗日根据地还限制伪币的流通，联合法币共同抵御伪币的入侵。

1943 年在"反清乡""反顽"斗争开始时，中共苏皖边区党委于 5 月 6 日作出《关于五、六两个月财经工作的紧急决定》，规定："惠农钞（壹圆兑换法币伍圆者）由财经机关定期收回停止使用。至于壹圆、伍角的惠农流通券则仍保持流通，但不得公开宣布，以致影响政治信仰。惠农银行不取消，名义仍保留。"1943 年 10 月，由于日伪军大举进攻当时苏南党政军领导机关驻地的两溧（溧水、溧阳）区域，斗争形势异常严峻。为迅速摆脱敌人南北夹击的险恶局面，抗日民主政府迅速采取紧急的"精简"措施，经中共苏皖区党委研究，决定撤销惠农银行，但为保护人民利益，将已发行上市流通的惠农币，按照原值兑换收回。

为了维护"惠农币"的信用，保证币值，根据地政府非常重视票面设计和印制技术，这打击了敌人的金融侵略，维护了金融秩序，保证了根据地的金融安全。

虽然茅山抗日根据地生存的经济环境较差，金融制度建设相对滞后，但是仍然取得了一定成绩①。遵照党中央"发展经济、保障供给"的财经工作总方针，惠农银行制定了一系列具体的金融工作政策和措

① 王明前：《江南抗日根据地减租减息和财政体系研究》，《扬州教育学院学报》2014 年，第 32 卷第 4 期。

施。虽成立前后不到一年，但惠农银行发挥的作用较大，历史地位很重要，对巩固和建设苏南抗日根据地起到了积极作用。

首先，惠农银行的成立、“惠农币”的发行流通，给根据地人民生产生活带来极大的方便，特别是在扶持农民、发放贷款方面。发放农贷是“惠农币”的主要投放渠道，目的是帮助解决农民购买耕牛、农具等劳动生产资料之难。例如，为扶持贫苦农民发展生产，仅西旸办事处就累计发放农贷10万元。又如，1943年句容县政府贷款1万元，组织民工在青龙山麓修建引水渠，解决了当地1000多亩耕地的灌溉用水[①]，受到农民的拍手称赞。各项农贷的及时发放，给农民带来了真正的实惠。这对稳定民心、提升抗日民主政府的号召力和影响力起到了至关重要的作用。

其次，惠农币是货币斗争的重要武器。要排挤伪币，与日伪政权作货币斗争，拥有自己的货币是最重要的。当时根据地的货币政策是打击伪钞、保护法币、发行本币（即“惠农币”）。面对法币贬值、日伪币与代币券充斥市场的混乱金融形势，“惠农币”的印制和及时投放，对市场进行补充筹码，加强了根据地抗日民主政权在金融战线和日伪政权进行博弈的资本，起到了排挤、打击伪币的效果，为建立和稳定根据地的货币金融秩序发挥了一定的作用。

最后，“惠农币”的发行扩大了苏南抗日民主政府的经济来源，加强了政府的财政运转。新四军、游击队、机关等单位团体的日常办公和人头费用均从惠农银行支出，解决了政府的财政困难，繁荣了根据地商业贸易，有力地支援了对敌斗争，为苏南抗日事业发展提供了经济保障。

在波澜壮阔的全民族抗日战争中，抗日根据地发行的货币是与日

① 江苏省钱币学会编：《华中革命根据地货币史》（第一分册），北京：中国金融出版社，2005年，第118～119页。

伪反动派经济斗争的重要武器。苏南抗日根据地发行的惠农银行纸币，现已成为十分珍贵的革命历史文物。

赤币档案

李建模（1907—1945），原名鸿生，字屺椿，又名李范、李坚。常熟梅李人。久经考验的无产阶级革命家、财经专家。1936年加入中国共产党，中国共产党早期领导人。历任中华民族武装自卫委员会委员、主席，中共常熟县委书记，中共东路特委宣传部部长，东路经委会主任，新四军六师供给部部长。1942年在茅山根据地建立了最早的社会主义无产阶级工商管理制度与现代经营管理理论，被称为“财经战线红管家”“中国现代经管之父”。1945年10月15日，在随新四军江南部队渡江北撤时，不幸因沉船事故而牺牲。

小小木刻刀　对敌作用大：
木刻制版的盐阜银行票券

盐阜银行，是全面抗日战争时期苏北抗日根据地设立的地方金融机构。1942 年 4 月，盐阜银行在阜宁县陈集乡岔头庄正式宣告成立，骆耕漠任行长，受盐阜区行政公署财经处领导。1945 年 8 月，盐阜银行并入华中银行。在三年多的时间里，盐阜银行印制和发行了多种面值的纸币券，包括壹圆、伍圆、拾圆以及加盖改值的壹圆作贰圆、壹圆作伍圆的主币券，壹角、弍角、伍角的辅币券。由于根据地条件十分落后、简陋，受纸张、印钞能力和技术的限制，盐阜银行纸币券质量一般，券面图案设计大多都比较简单。当时在没有制造铜版条件的情况下，就用手工木刻制成了部分印钞版，有多种面值的纸币券就是采用木版印刷的。在保存至今的种类繁多的“抗币”中，盐阜券因部分系木版技术印制而成，可谓独具特色。

1941 年 9 月，新四军军部撤销江淮银行，原江淮银行副行长骆耕漠被任命为盐阜区行政公署财经处处长。为防止法币无限制地流入根据地引起通货膨胀，同时杜绝伪币侵入、掠夺根据地物资，也为解决根据地流通货币短缺的难题，行署领导指派骆耕漠负责筹建银行。骆耕漠早年就读浙江省立商校，是我党杰出的经济学家，在血雨腥风的战争年代，他凭着深厚的经济学识，率领银行工作者为革命胜利保驾护航。

因为成立银行的主要目的就是印制货币，以此带动对敌的经济斗争，所以在筹建银行的同时，还组建了印钞厂，由财经处油印科科长周振负责。然而，印钞厂在印制钞票的时候却遇到了困难。盐阜地区距离上海较远，交通不便，再加上日伪军队的重重军事封锁，印钞所需的各种原材料采购异常艰难。盐阜区行政公署研究，决定以“就地取材、以土代洋、防止造假”的总方针筹备印制盐阜银行纸币券。

因为印钞厂没有专业技术人员，更没有印钞经验，面临诸多的困难。中共中央华中局领导想方设法，从各单位招募人才，初步解决了造纸和印刷技术力量的困难。

下一步就是要印制钞票，可是钞票上的图案由谁来设计呢？雕刻钞版是印刷纸币的首要前提，但是当时不具备金属制版的条件，能用什么材料制造钞版呢？

骆耕漠打听到盐阜报社的沈柔坚擅于木刻版画，又在《盐阜报》上看过他创作的木版画，很有特色。骆耕漠爱才心切，就言辞恳切地写了一封信，托人捎给沈柔坚，咨询是否能用木刻图案形式刻制钞版，并请他为刚刚成立的盐阜银行设计纸币券的图案画稿。沈柔坚答应可以先试试看。

沈柔坚曾学习过中国画、西画和版画。抗日战争全面爆发后，沈柔坚参加新四军，从事美术创作，以刻刀代枪炮，用版画的形式创作了许多作品。新四军在盐城重建军部后，沈柔坚任《盐阜报》美术编辑。

沈柔坚接到这项工作之后，深感责任重大，使命光荣。他虽然没有设计钞票的经验，但深知此项任务的紧迫性和重要性。由于缺少金属版材，根据当时的条件，只能选木材制版。沈柔坚经过认真调研，反复对比各种木材质地，他觉得黄杨木最为适宜。黄杨木纹理细腻、质地坚韧，制成木版后可耐磨损，能够直接上机印刷。

沈柔坚就采用黄杨木为钞版材料，刻制出两套壹角、弍角正背两面八块钞版，报送骆耕漠。骆耕漠看到后，深深被木版画的画面和内容吸引，他说用木刻版印钞票，风格刀法不同，别人无法假冒。仔细审视之后，骆耕漠从中选了横版壹角正背两块、竖版弍角正背两块，共四块钞版。壹角钞版背面为驴群图案，弍角钞版正面是牛拉车图案。

骆耕漠认为木版线条有的粗犷，有的细腻，保持了木刻的艺术风格，具有独特的防伪功能，当即批准投入生产。

沈柔坚负责木版雕刻的盐阜银行纸币券有两种：

一是 1942 年印制的壹角券。票面尺寸为 86×53 毫米，桑树根皮纸，券正背两面均为红色油墨印刷。正面【图一】上端行名由左至右，中部有如意构成的长方扁圆花纹框，正中横书“壹角”。下端横书“中华民国三十一年印”。左侧印有“完粮纳税”，右侧印有“一律通用”。左右两侧各加盖蓝黑色篆书小方章，分别是“经理之印”“副经理印”。四角均斜书“壹角”二字。

券背面【图二】为一椭圆形草叶纹饰框，框内中间右侧印有五头驴群图案，左侧有圆形图案，内印面值“1 GYO”。上端印有拉丁化新文字行名“IAN–FU INXANG”，下端印有“1942”字样。

因为沈柔坚更长于刻画，对刻字不太熟悉，曾经把 1942 年的“9”字刻倒了。银行工作人员说，不要紧，这样更好，这样更假不了。券面上的五头驴子体质健壮，群聚一起，似乎在等待主人吆喝，马上就投入拉车、驮货、耕田等劳役。这幅画面既描述了农村的习俗，有浓厚的生活气息，又利用货币流通广泛的特点，在券面上刻印拉丁化新文字，对拉丁化新文字运动的传播，也起到了积极的推动作用。

二是弍角券，竖式，票面尺寸为 45×84 毫米，桑树根皮纸。券

图一

图二

正背两面均为蓝黑色油墨印刷。正面【图三】上端半月形框内自右至左，横书行名，中间圆形框内印有牛拉草车图案，下端印有“完粮纳税”“一律通用”字样。

背面【图四】上端半月形框内印有拉丁化新文字行名。中间图案为海边小木船和水、天空、月亮夜景。下面依次为面值“2 GYO”和时间“1942”。

提到盐阜银行纸币券，还有一位画家不能忘记，他就是鲁莽。

鲁莽负责木版雕刻的盐阜银行纸币券有三种：

一是伍角券，有两种版别。其一，竖版，票面尺寸为53×85毫米，

图三

图四

牛皮纸。券正背两面均为红色油墨印刷。正面【图五】四角斜印有“伍角”字样，上部有麦穗图，图内展现的是“工农商学兵”群像。中间为横排印制的行名。下有“伍角”面值，再下面印有“完粮纳税”“一律通用”字样。两侧各有一蓝黑色篆书小方章，分别是“经理之印”“副经理印”。底部有“民国三十一年印”字样。工、农、商、学、兵群像，寓意党倡导的抗日民族统一战线，广泛发动和组织领导工农商学兵各族各界人民开展抗日游击战争，使侵华日军陷于人民战争的汪洋大海之中。反映了中国军民同仇敌忾，团结一致抗日的决心和精神。

背面【图六】椭圆形图内，上端为拉丁化新文字行名，中间上部为牛拉草车图案，下部印有“5 MAO CIAN”。再下面为蓝黑色套印的印制编码，底端印有“1942”。

图五

图六

其二，横式，票面尺寸为 122 × 64 毫米，桑树根皮纸。券正背两面均为绿色油墨印刷。正面【图七】上端自右向左横印行名，中间主图为一农民右向，农民左手扶犁、右手执鞭，身躯微微后仰，正在吆牛耕田。稻田中，牛头前伸，牛身用力微微前倾。主图右侧分为上下两部分，上方花框内竖印“伍角”，下方竖印两列为“民国三十四年”，主图左侧亦有一花框，内竖印“伍角”。

背面【图八】弧形横印拉丁化新文字行名，中部三个横排的圆形

图七

图八

花框，均印有“5”字，中间花框内的“5”字较大，两边的“5”字较小。右侧的花框下有红色印制编码，左侧的花框下有红色手写体英文签名，票面下端印有“1945”。

二是壹圆作贰圆券，票面尺寸为125×64毫米，道林纸。券正背两面皆为棕色油墨印刷。正面【图九】上端自右向左横排“盐阜银行”四字行名。中间主图为新四军盐阜区抗日阵亡将士纪念塔，主图之下有一椭圆框，框内有“抗票”字样。主图两侧花框内各竖书“壹圆”二字，其下各有一红色篆书小方章，分别是“经理之印”“副经理印”。下方正中印有“中华民国三十年印”字样。券面两侧各加盖红色“作贰圆”字样。

背面【图十】上端横排为拉丁化新文字行名，中间有一花框，框内印有“1 KUA CIAN”。两旁亦有花框，内印有“1”字。下端印有纸币券的红色印制编码。底端印有“1941”。

该票券正面以新四军盐阜区抗日阵亡将士纪念塔为主图，彰显了广大新四军干部战士英勇杀敌、顽强战斗、沉重打击日寇的牺牲奉献精神。该塔全称为“国民革命军陆军新编第四军盐阜区抗日阵亡将士纪念塔”。塔顶有一尊铁铸新四军战士雕像，威武肃穆，右手高擎钢枪，凝视远方，这尊雕像就是出自鲁莽之手。该塔具有重大的历史、艺术和科学价值，以烈士纪念塔为票券图案，缅怀英烈，鼓舞了广大军民英勇抗敌的斗志，树立了抗战必胜的信念。

纪念塔于1943年9月竣工，而该券显示的年代却为1941年。根据盐阜银行成立的时间来判断，此券只能印制于1943年9月之后，至于出现1941年的情况，可能是当时制版的问题。仔细观察该票面，会发现票券正面的行名、主图以及“抗票”等，均与其他纹饰、字体及颜色有别，票券后面的行名及中间面值均为后期加印，结合江淮银行1941年壹圆券【图十一、图十二】的设计风格和版式特征来看，笔者认为该种盐阜银行券可能借用了江淮银行 1941 年壹圆券的纹饰版或半成品票券，加上自己所制的主图版等来印制了此券。

三是伍圆券，有两种版别。其一，票面尺寸为 122×64 毫米，桑树根皮纸。券正背两面皆为蓝绿色油墨印刷。正面【图十三】有装饰边框，边框四角印有“伍”字，框内左侧主图为一农民右向，农民左手扶犁、右手执鞭，身躯微微后仰，正在吆牛耕田。稻田中，牛头前伸，

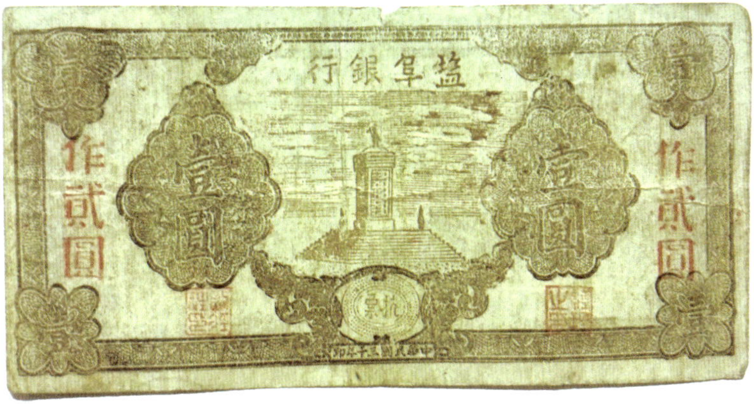

图九

图十

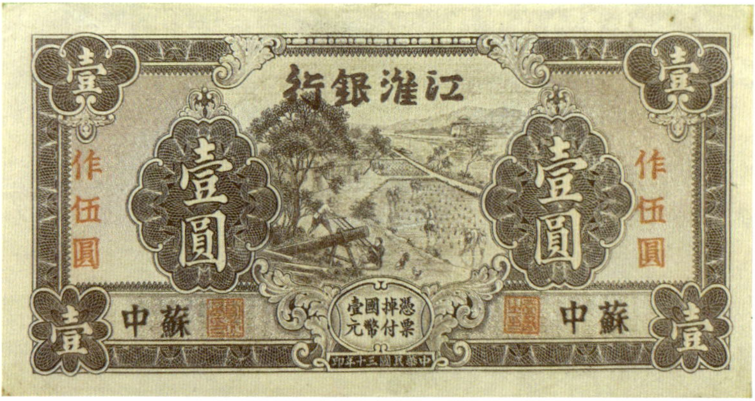

图十一

图十二

牛身用力微微前倾。上端自右向左横印行名，主图下方两侧各有一红色篆书小方章，分别是“经理之印”“副经理印”，主图右侧花框内竖印“伍圆”二字。票面下方印有“民国三十三年”字样。

背面【图十四】弧形横印拉丁化新文字行名，中部三个横排的圆形花框，均印有“5”字，中间花框内有一光芒四射的五角星，五星内的“5”字较大，两边的“5”字较小。右侧的花框下有红色印制编码，左侧的花框下有红色手写体英文签名，票面下端印有“1944”。

其二，票幅尺寸为 122×64 毫米，桑树根皮纸。券正背两面皆为湖蓝色油墨印刷。正面【图十五】有装饰边框，边框四角内印有“伍”字。框内主图和券一类似，只不过在右侧，农民左向。主图上端各有一红色篆书小方章，分别是“经理之印”“副经理印”。票面上端中部印有行名。主图左侧花框内横印“伍圆”二字，其下印有“民国三十三年”字样。

图十三

图十四

背面【图十六】有装饰性边框，边框四角印有“5”字，框内横印拉丁化新文字行名。中间有一五角星，内印有“5”，五星两侧为两支麦穗。其左右各有一圆形花框，内印有“5”字。左侧花框上方加盖红色印制编码，边框内下方正中为手写体英文签名。其下印有“1944”。

伍圆券主图案整幅画面线条简洁明朗，耕牛膘肥体壮，犄角上扬，可以说是中国传统纹样中象征勤勉、忠厚的牛纹典范。这幅画面不仅

图十五

图十六

形象生动地呈现出抗日民主根据地的农民生产场景，而且也体现了盐阜银行以扶助农民为主的办行方针。

由于耕牛图案贴近生活，票券面世之后，受到盐阜地区广大百姓的欢迎，人们亲切地称它为“小牛票子”“绿牛票子”。说起牛耕田图案的设计，还有一段趣闻。有一天，盐阜区行政公署主任宋乃德外出公干，在地下交通员王其田家中吃饭。王其田随手用筷子蘸着菜汤，在桌子上大致勾勒出一小牛耕田的图案，线条很简单，却很生动。宋乃德看到后，觉得非常有意思，立即取出随身携带的笔记本，让王其田画在上面。宋乃德返回驻地后，拿出笔记本给画家王德威看，让他提提意见。王德威随即做了一些调整和补充。宋乃德随后又拿给陈毅看。陈毅看后非常满意，认为画得很好。最后，宋乃德交由鲁莽按照此画稿设计成钞版。鲁莽生动地创作出苏北平原最常见的动物——耕牛形象，这种场面直接取材于当地农村，特别具有苏北平原的乡土味道，风格自然、朴素、亲切，将苏北农村广阔田野里农民耕地劳作的场景描绘得栩栩如生。

盐阜银行印钞厂造纸的原料主要是桑树根皮，去除表皮后，放在大缸里加碱煮烂，然后再打成纸浆。纸浆中会添加颜料，不同面值票券采用不同的颜料，这样便于识别。另外，为增加纸币独特的防伪功能，印钞工人将羊毛剪碎，将其染成红绿色后，再投入纸浆中，这样制造出来的纸张表面会有各种红绿丝。

盐阜银行纸币券流通于盐城、盐东、阜宁、射阳、涟水、淮安等地区。由于盐阜银行有充足的发行基金，又有粮、棉、盐等物资作保障，币值一直都很稳定，信誉和口碑非常高，促进了苏北抗日根据地的经济发展。

盐阜银行纸币券的设计、印制与木刻艺术紧密地结合起来，诞生并成长于炮火硝烟的抗日战争环境中，文化气息浓厚。纸币券上的图案抗战版画效果明显，抗战版画又是中国抗战文化的先锋，代表了中国抗战美术的最高水平。这一时期的版画是珍贵的文物，具有不可再生性。同样，这一时期的红色货币亦是如此。

盐阜银行纸币券的图案设计和创作，借鉴版画艺术形式，内涵政治思想，融根据地经济建设、文化建设于一体，在红色货币史上和中国现代美术史、版画史上都占有一定的地位。

盐阜银行纸币券，既是对敌斗争的金融利器，也是一件件艺术作品；钞版设计者既是新四军战士，也是艺术家。相信，这些为民族生存、为民族解放、为民族胜利而印制的纸币将永远彪炳史册。

赤币档案

鲁莽（后改名芦芒），早年求学于上海美术专科学校西画系，1939 年参加新四军，曾在盐阜区政治部宣传处任职，创作了大量表现抗战主题的木刻版画，刀法刚柔兼并，线条细密，饱含着战斗激情。由于他出色的美术功底，骆耕漠就找到他，希望帮忙雕刻盐阜银行钞版，式样美观大方就行，但一定要有暗记，还要注意做到保密。鲁莽很高兴地接受了工作安排，潜心绘画、设计、雕刻。过了几天，木刻版成功地雕刻完成，通过了银行的验收并在印钞中使用。

骆耕漠（1908—2008），浙江省于潜县（今杭州市临安区）人，1938 年加入中国共产党，历任中共浙江省文化工作委员会书记、中共东南局文化工作委员会委员等职务，后至安徽屯溪参加国际友人路易·艾黎发起的“工合”运动，同时兼任安徽省地方银行总行研究员和信托部主任。1940 年，根据上级指示，前往江苏盐城新四军军部接受新的工作任务。1941 年，到达新四军军部，被任命为新四军军部财政经济部副部长兼江淮银行行长。1941 年 8 月，到新四军三师任盐阜行政公署财经处处长兼盐阜银行行长、中共苏北区党委财经委员会副书记。1945 年初，离开盐阜地区，任苏浙军区供给部部长。1947 年，任华东局供给部副部长。新中国成立后，历任华东财经委员会副主任、国家计划委员会副主任等职。

裕国便民　繁荣农村：

淮海地方银行票券

淮海地方银行券是全面抗日战争时期，苏北抗日根据地淮海区行政公署发行的地方流通券，面值有壹圆的主币券，以及贰角和伍角的辅币券。因流通时间只有短短的半年，所以保存至今的淮海地方银行纸币非常珍贵。

下面较为详细地介绍一下淮海地方银行主币壹圆券的设计风格和版式特征：

该券票面尺寸为 128×67 毫米。正面【图一】色调为蓝色，四周有纹饰组成的边框，边框四角分别印有表示面值的实心体“壹”字。框内票面上端正中，自右至左，印有“淮海地方银行”字样，标明票券发行机构。两侧加盖红色印制号码，由英语字母和阿拉伯数字构成。券面中间为主图案——亭台楼阁，四周树木环绕。图案两侧各有一个竖式花框，框内印有“壹圆”二字，空心体。面值下面各加盖一枚红色篆书小方印，分别是“理事长章”“总经理章”。两章之间位置加盖时间“民国三十一年印”，红色字体。

券背面【图二】色调为褐色，四周有纹饰组成的边框，边框四角分别印有阿拉伯数字“1”。框内上端中间印有英文行名“BANK OF HWAI HAI DISTRICT”，中间印有由宝塔、亭子、树木等组成的图案，图案两侧花框内印有阿拉伯数字“1”。

淮海地方银行券上加盖“理事长章”和“总经理章”，理事长指顾准，

图一

图二

总经理指卢钝根。顾准在当时还担任淮海区行政公署财经处副处长，在抗战时期崭露出高超的经济理财才能，取得了不凡的成绩，是我国当代著名的经济学家。

1938 年 12 月至 1939 年 3 月，日寇入侵淮海地区，广大淮海人民在党的领导下奋起抵抗。为加强领导，1940 年 9 月，中共苏皖区党委成立淮海区专员公署。1942 年 3 月，中共中央华中局决定撤销淮海区专员公署，建立淮海区行政公署。

淮海抗日民主政权建立之后，一直把金融建设放在重要位置。早在 1941 年 6 月，公署就决定成立银行，发行“抗币”。由淮海区专员公署拨付银行券发行基金 100 万元，基金含金库公债票、粮食、棉纱等，并通过各种关系，从敌占区购买印刷设备，包括圆盘印刷机、石印机和其他印刷物资。同时，公署想尽一切办法，聘请到 10 余名专业的印刷技术工人，着手开始印制淮海区地方货币。

太平洋战争爆发后，国民政府印制的法币失去外汇价值，信誉下降，货币购买力一泻千里，根据地广大人民财产损失严重，成立银行、发行“抗币”已势在必行。

1942 年 6 月，淮海区行署为执行淮海区第二届参议会成立淮海地方银行的决议，在行署主任李一氓提议下，任命顾准、卢钝根为银行筹备处正副主任，积极开展银行和印钞厂的各种准备工作。因为印钞是大事，关系到根据地的经济稳定，所以印钞厂的安全至关重要。为加强对印钞厂的管理，保证安全，行署专门派出一个连的战士加强警卫工作。印钞厂印出整版淮海券后，由银行发行科取回，切成单张后，先交给会计科记账，再交回发行科打印钞券编码，经检验合格后包扎登记，最后放入金库保管。

经过认真筹备，1942 年 8 月 9 日下午，淮海区召开了淮海地方银行第一次理事会。顾准、李干成、萧志贤、朱一苇、张平、汪禹平、陈以谦、许云鹏 8 名理事出席，黄以干、卢钝根列席会议，理事会选举顾准为淮海地方银行理事长，黄以干为监事，卢钝根为总经理。行署陈月斋副主任代表淮海区行政公署致辞，顾准代表银行筹备处汇报了筹备经过及今后发展方针。会议主要讨论了淮海券的印制情况和发行办法，发放商业贷款、手工业贷款的原则，并通过了手工业贷款章程。

第二天，即 8 月 10 日，淮海地方银行在行署驻地正式对外营业。开幕当天，钱集、高沟、汤沟、古寨及本镇商人、群众纷纷前来观看开幕仪式，现场热闹非凡，人头攒动，锣鼓喧天，鞭炮声声震天响。

1942 年 8 月 13 日发行的《淮海报》【图三】详细地介绍了淮海银行开业的盛景。在银行大厅、会议室摆放了许多祝贺的锦旗，上面的题词有“裕国便民”“繁荣农村”等，可见社会各界对抗日民主政府成立淮海地方银行的认可和要求。开业当天，塘沟、古寨、高沟三地就前来订立兑换淮海券契约，汤沟、钱集等处亦约定代兑淮海券，一时间，来兑换的人络绎不绝，开业当天即兑出淮海券 2000 元，折合法币 1 万余元。

淮海報

裕國便民繁榮農村
淮海地方銀行開幕誌盛
錦旗滿壁琳瑯賀客紛至沓來
各界紛兌淮海券接洽兌換處
理事會通過手工業貸款章程

图三

淮海地方银行成立后，即发行壹圆淮海券，严禁伪币在根据地内流通。抗日民主政府规定自 8 月 11 日、12 日起，除潼阳、宿迁因为距离较远尚未与淮海地方银行接洽外，其余各县全部使用淮海券。

随着业务的开展，淮海地方银行在各主要集镇均设立了代理处，计有塘沟、高沟、吴集、汤沟、麻垛、老张集、里仁集、大兴集、阴平等多处，代理处的主要业务是兑换淮海券。同时，银行还在塘沟自办公营百货商店，借以巩固淮海券的物质基础。

考虑到本区的实际情况，银行主要采用两种办法做好淮海券的发行工作。一是以购买根据地物资的方式将淮海券投放市场；二是以发放贷款的方式，主要是耕地、种子等农业贷款以及商业贷款。这两种办法使用得当，使得淮海券顺利进入市场。抗日民主政府规定，完粮纳税，淮海券一律通用。人民群众只要手中持有淮海券，就可以到当地银行附近设立的公营商店购买所需的商品。

此外，在对敌伪区的贸易中，政府采取有限制的供给“外汇”的方针，经过批准的“进口”物资，可以用淮海券到当地银行或其代理处兑换法币去购买。

淮海地方银行壹圆券面世后，各地代理处大力推行，负责兑现。淮海券最初与法币的比价是1∶5，后来变更为1∶9。据资料记载，壹圆淮海券可购买到4斤大米，伍圆淮海券可兑换到壹圆银币。由于淮海券随时随地可以足值兑换，信用很高，全区民众极乐于使用。淮海券发行以后，逐渐代替了法币，成为淮海地区抗日根据地的主要货币。

每年九月、十月是商业繁盛之际，当地人称为“金九银十”。淮海地方银行抓住机会，完成农业贷款之后，立即转入大批商业贷款，商业贷款领域主要围绕纺织业与榨油业。纺织工厂为了开工织布，用银行贷款购买本区闲置不用的纺织机。榨油作坊用银行贷款加大产量，为防止油粮出口，还增加收集豆饼，准备冬季耕地时肥料。商业贷款一方面保证了市场得以周转，另一方面也使淮海券得以大量推行。

据统计，截至1942年9月，淮海券一个月的发行额占到印制总量的 70% 之多。存总行及代理处准备金，占发行额的 25% 左右。

随着淮海地方银行的成立，以及淮海券的顺利投放，淮海区市面金融日趋巩固。1942 年 10 月中旬左右，市场辅币缺乏，找零困难，为解决这一困难，又发行了淮海地方银行贰角辅币券，发行额 20 万元。

1942 年冬季，日伪军对淮海区进行大“扫荡”，印钞厂需要进行转移。由于时间紧急，来不及销毁库存的淮海券，所以银行工作人员就携带钞券进行战略转移，在转移途中损失了相当一部分印制编码为 W 的淮海券。因淮海券印制编码只有 W 和 H 两种，为防止敌伪利用丢失的钞票套购根据地物资，保护根据地的财产，于是抗日民主政府立即宣布印制编码为 W 的淮海券停止流通，H 号码则可以继续使用。同时，因战事频繁，政府决定淮海地方银行及印钞厂也停业。随着局势的发展，1943 年 3 月，为维护人民群众经济利益不受损失，经淮海区行政公署决定，以销售物资和税收的方式，将淮海券一律收回，不再使用。

1944 年，中共苏北区委决定以盐阜银行为苏北地区的金融机构，淮海地方银行的使命正式结束。淮海券的流通虽然只有半年多时间，但在与日伪政权进行的残酷经济金融斗争中成绩斐然，为加强苏北抗日根据地建设作出了一定的贡献。正如《淮海报》所描述，发挥了“裕国便民　繁荣农村”的社会作用。

赤币档案

顾准（1915—1974），字哲云，江苏苏州人。中国当代学者，思想家、经济学家、会计学家、历史学家。提出中国社会主义市场经济理论的第一人。1935 年加入中国共产党。自学银行会计课程，治学严谨，曾任沪江大学、圣约翰大学、之江大学等校教授。上海沦陷后，担任中共江苏省委文化委员会副书记，开展群众性抗日救亡文化运动。1940 年 8 月，前往苏南抗日根据地，从事财经工作。1943 年 3 月，赴延安参加理论学习。抗战胜利后，回到华东解放区，曾任山东省财政厅厅长。中华人民共和国成立后，先后担任上海市财政局局长兼税务局局长、上海市财经委员会副主任，华东军政委员会财政部副部长，中国科学院资源综合考察委员会副主任等职。著作有《中华银行会计制度》《社会主义会计的几个理论问题》等，译作有《资本主义、社会主义和民主主义》等。

富七师　甲全军：
大江银行钞票的印制和流通

大江银行是皖江抗日根据地成立的一家银行，其印制和发行的纸币，在根据地内广泛流通。皖江抗日根据地位于安徽省中南部，东起江浦及南京近郊，西抵大别山脉，南倚黄山，北濒滁河，包括无为、巢县、庐江、和县、桐城、芜湖、宣城、南陵、繁昌、泾县等沿长江两岸的20多个县（市）的大部分或一部分地区，总面积3万多平方公里，人口300余万。皖江抗日根据地是曾希圣率领的新四军第七师所建，根据地建立初期，称为“皖中”，后随着第七师在皖南地区活动范围的逐步扩大，最后发展到横跨长江两岸地区，改称为“皖江”。中心活动区域主要在巢（县）南山区和无（为）东地区的结合部。

皖江抗日根据地地理位置非常重要，掌控大江南北经济命脉，是敌我双方必争的战略要地。毛泽东曾指出：“现时我在无为、桐城已有根据地，虽只一二县，其战略意义却胜过敌后大块根据地，应极端重视之。”1941年4月，刘少奇、陈毅致电第七师：“我党我军必须坚持皖南、无为及庐（江）、桐（城）阵地，创立根据地，绝不轻易放弃。”

因此，根据地政府除加强军事斗争外，为巩固扩大根据地，非常重视经济建设。皖江抗日根据地主要流通大江银行币，简称“大江币”，也叫“大江抗币”。“大江币”的印制和流通，为支持抗日战争，促进皖江抗日根据地的经济建设发挥了重要作用。

皖江抗日根据地建立初期，面临极端困难的经济形势。为粉碎敌人的经济封锁，皖江抗日根据地民主政府组织军民开展大生产运动，开荒造田。军队和地方各级抗日民主政府联合创办了一些军需民用工厂，如造纸厂、榨油厂、军服厂等，既保障了军民需求，又增加了财政收入。

全民族抗战初期，皖江地区货币流通情况十分混乱，敌占区使用伪币，国统区使用法币，民间又自行使用银元和铜元等。皖中行政公署成立初期，为了活跃地方金融，允许公营商店和合作社发行小面值的代价券，有壹角、贰角、伍角等。虽然根据地内部禁止使用伪币，但是由于商贸往来，一些伪币还是进入了根据地市场。这样，在根据地就形成了代价券、法币、伪币、银元、铜元混合流通的纷乱局面。

1941 年 1 月，汪伪政权在南京成立伪中央联合储备银行，发行中储券。中储券无限制发行，排挤法币，造成国统区物价上涨，通货膨胀，日军、伪政权、国民党顽固派三方势力都在用纸币掠夺根据地的物资。根据中共中央华中局第一次扩大会议精神，根据地党委决定建立自己的银行、发行根据地自己的货币。

1942 年 7 月，皖中行政公署成立，下设财经处，负责根据地的财政金融建设。1942 年 8 月 30 日出版的《大江报》刊出消息，正在积极筹备我们自己的银行，定名为“大江银行”。于是，为整顿根据地金融秩序，打破敌人的经济封锁，大江银行在无为县西乡团山李大榆树村成立，不久迁至无为县东乡汤家沟镇，皖中行政公署副主任唐晓光兼任行长，银行内部设发行科、会计科和业务科。在汤家沟、和（县）

含（山）设立两家分行，在严桥、石涧埠、黄洛河三地设立钞票兑换点。1943 年，行长改由行政公署财经处处长叶进明兼任。大江银行主要承担印制和发行货币，代理金库，与货检、税务、外贸等部门共同调剂根据地金融市场。

皖江区党委非常重视大江银行货币的发行，曾希圣对于“大江币”的发行就曾指出，要遵守“三防一基金”的方针。“三防”是防止滥发钞票和粗制滥印，每印一批都要经过区党委批准；防止与法币、伪币混杂流通，在中心区禁止使用伪币和法币，各地设立兑换所；防止敌、伪、顽假造“抗币”。“一基金”是指有物资储备作基金。物资就是散存在百姓家里的粮食和集中在公家手里的食盐等。

由于抗日根据地技术条件落后，印钞厂不能自制金属钞版，所以大江银行发行的纸币开始是用木刻制版印刷，由《大江报》美术工作者、青年木刻家吴耘具体设计并执刀刻制版面。吴耘为大江银行纸币版面设计尽心尽力，利刀劲笔，设计出很多深受根据地军民喜爱的精美图案，比如田园风光、生产生活场景、农田水利设施、新四军战士形象等。这些图案既是全面抗战时期根据地军民的生活写照，也是战争场景的真实记录；既是唤醒广大民众的抗日号角，也是讴歌根据地建设的诗篇。

印钞纸是根据地自制的土纸。因为条件落后，印刷量非常小，不能满足根据地经济建设的需要，无法起到将法币排挤出根据地的作用。为此，上海地下党为解决大江银行印钞困难的问题，从上海运来机器、设备、几十种零配件和化工材料。例如，1943 年底，根据地通过贸易总局从上海秘密购置柴油机带动的胶印机，又经上海地下党反复动员，原上海中华书局印刷厂印制版技工过雪川等人连同他们的家属共 65 人来到根据地，印制出不同面值的大江币，约 100 多万元。

大江银行纸币的型制有横式、竖式二种，面值有一角、伍角、一元、二元、伍圆、拾圆、贰拾圆共 7 种。每种“大江币”正面上端均印有“大江银行”，除 1942 年版伍角券和 1944 年版壹角券、拾圆券外，其他券别背面上端均印有“DAGIANG INXANG”。

下面按照票券上面的印制时间，介绍一些券别的主要设计风格和版式特征：

1942 年伍角券【图一、图二】，票面尺寸为 120×63 毫米。正面为蓝黑色油墨印刷，主体图案是在江中航行的船舶。背面为绿色油墨印刷，印有英文行名“THE DAH KIANG BANK”，右侧有行长唐晓光竖版手写体签名。

1944 年一角券【图三、图四】，票面尺寸为 93×57 毫米。木刻版。正背面均为砖红色油墨印刷。正面主体图案为水闸，“大江银行”蓝色四字为加盖。背面图案为秋收景象。

1944 年五角券，有两种版式，均为木刻版。票面尺寸均为 105×68 毫米。正面图案均为“工农兵学商”，左下或右下加盖“行长之印”，为红色篆书小方印。背面为锤子、镐头、步枪、书籍、算盘组成的图案。其一【图五、图六】，正背均为棕色油墨印刷，正面左下侧竖式加盖“和含”二字。其二【图七、图八】，券正背均为蓝绿色油墨印刷。

1944 年二元券，有两种版式，均为木刻版。正面图案为“工农兵学商”，背面为锤子、镰刀、步枪、书籍、算盘组成的图案。其一【图九、图十】，票面尺寸为 111×69 毫米，正背面均为红色油墨印刷，正面左下侧加盖“抗”字，下端偏右加盖“行长之印”，为蓝色篆书小方印。其二【图十一、图十二】，票面尺寸为 104×60 毫米，正背均为棕色油墨印刷，正面加盖“川”字，背面左下侧加盖“副行长印”，为蓝色篆书小方印；右下侧加盖“行长之印”，为蓝色篆书小方印。

1944 年伍圆券，有两种版式，均为胶印。票面尺寸均为 177×84

大江銀行
157067
157067
伍角
中華民國三十二年

图一

THE DAHKIANG BANK
157067
157067
FIFTY CENTS
50 CENTS

图二

图三

图四

大江銀行
28879
28879
五
五
五
五角
民國卅三年印

图五

DAGIANG INXANG
5
5
5
5
5GYO
1944

图六

大江銀行
五
五
43274
43274
五角
五
民國卅三年印

图七

DAGIANG INXANG
5
5
43274
5GYO
5
5
1944

图八

大江銀行
040975
040975
二元
抗
中華民國卅三年印

图九

DAGIANG INXANG
2 YAN
1944
2
2

图十

图十一

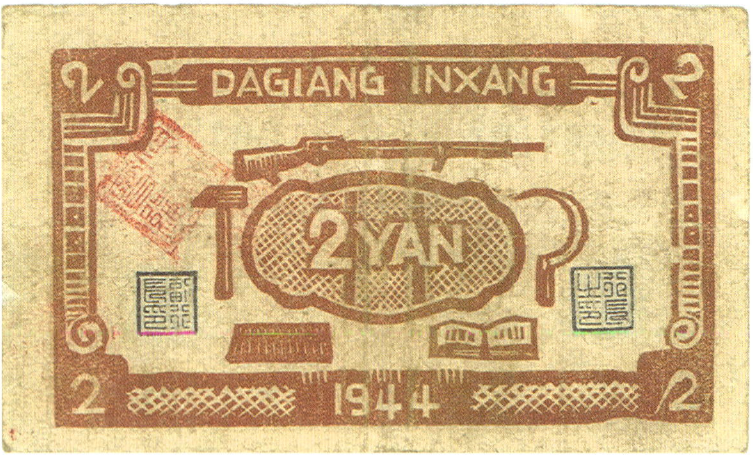

图十二

毫米。正面图案为陈家闸，右侧下端加盖“西”字。左侧依次加盖“行长之印”和“副行长印”，为红色篆书小方印，底部有红色“江淮印刷所印”字样。背面图案为农民收获稻谷。其一【图十三、图十四】，正背面均为绿色油墨印刷。其二【图十五、图十六】，正背面均为暗紫色油墨印刷。陈家闸在陈闸行政村季村自然村，是新四军著名的水利工程“三闸”之一，水闸的修建扩大了农田的耕种面积，受益农田面积达30万亩。

1944年拾圆券，有三种版式，均为胶印。票面尺寸均为174×87毫米。正面图案为“工农兵学商”，背面为锤子、耙子、算盘、书籍、步枪组成的图案。其一【图十七、图十八】，正背面均为红色油墨印刷，正面右下侧加盖“行长之印”，为蓝色篆书小方印。其二【图十九、图二十】，正面为黑色油墨印刷，右下侧加盖“行长之印”，为红色篆书小方印；背面为蓝色油墨印刷。其三【图二十一、图二十二】，正面为黑绿色油墨印刷，右侧加盖“和含”二字，左下端加盖“东”字，“行长之印”为红色；背面为浅褐色油墨印刷。

1945年五角券【图二十三、图二十四】，木刻版。票面尺寸为107×60毫米。正背面均为红褐色油墨印刷。正面图案为山峦、大树风景。背面自下端右、左两侧各加盖“行长之印”和“副行长印”，为紫色篆书小方印。另有券正面下方左右两侧各加盖“皖南”二字的版别【图二十五、图二十六】。

1945年壹圆券，有五种版式。其一【图二十七、图二十八】，木刻版。票面尺寸为117×69毫米，正背面均为红色油墨印刷。正面图案为山峦、军人站岗。加盖“和含”二字，下端偏左加盖“行长之印”，为蓝色篆书小方印。背面左下侧加盖“副行长印”，为蓝色篆书小方印。

其二【图二十九、图三十】，木刻版，票面尺寸为104×60毫米。正背面均为蓝绿色油墨印刷。正面图案为山景。行名下端印有“皖南”

大江銀行
297076
297076
伍圓
伍

图十三

DAGIANGINXANG
5
1944

图十四

大江銀行
053837
053837
伍圓
伍

图十五

DAGIANG INXANG
5
1944

图十六

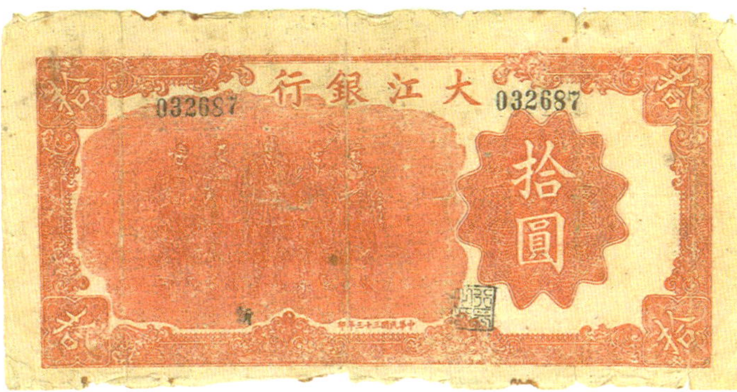
大江銀行
032687
032687
拾圓

图十七

032687
032687
10
10

图十八

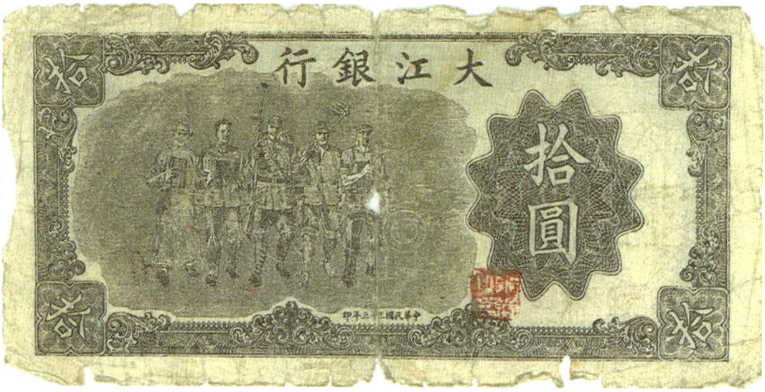

图十九

图二十

图二十一

图二十二

图二十三

图二十四

图二十五

图二十六

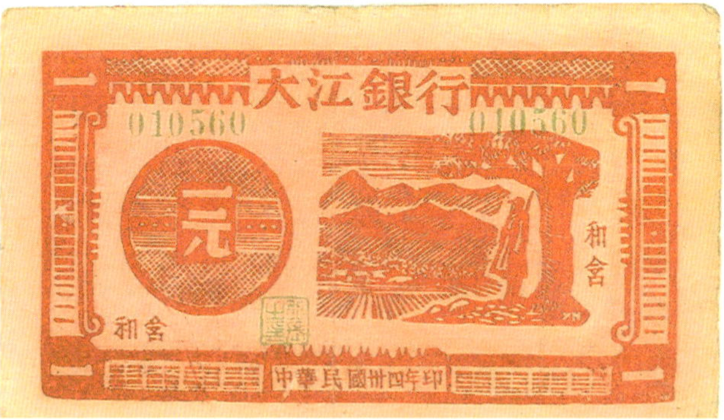

图二十七

图二十八

图二十九

图三十

二字。背面左侧加盖“副行长印”、右侧加盖“行长之印”，均为红色篆书小方印。

其三【图三十一、图三十二】，木刻版。票面尺寸为108×65毫米。正背面均为蓝色油墨印刷。正面图案为“工农兵学商”，下端偏右加盖“行长之印”，为红色篆书小方印。背面为锤子、镰刀、步枪、书籍、算盘组成的图案。

其四【图三十三、图三十四】，竖式，木刻版。票面尺寸为61×109毫米。正背面均为浅绿色油墨印刷。正面图案为新四军战士行军。背面印有拼音“WANNAN”（皖南），右下侧、左下侧各加盖“行长之印”“副行长印”，为红色篆书小方印。

其五【图三十五、图三十六】，胶印，票面尺寸为103×56毫米。正面为蓝紫色油墨印刷，正面主体图案为陈家闸，下端偏右加盖“行长之印”“副行长印”，为红色篆书小方印。背面为砖红色油墨印刷。

1945年贰元券，有七种版式。其一【图三十七、图三十八】，木刻版。票面尺寸为102×60毫米。正背面均为棕色油墨印刷。正面图案为季家闸，右下端加盖“川”字。背面下端右、左两侧各加盖“行长之印”“副行长印”，为蓝色篆书小方印。季家闸在无为无仓路仓头段，也是新四军参与重新修建的著名的水利工程“三闸”之一。

其二【图三十九、图四十】，木刻版。票面尺寸为108×66毫米。正背面均为绿色油墨印刷。正面图案为埋雷场景，左右两侧加盖“和含”二字，下端右、左两侧各加盖“行长之印”“副行长印”，为红色篆书小方印。背面加盖“值国币壹百圆”字样。

其三【图四十一、图四十二】，木刻版。票面尺寸为108×64毫米。正背面均为墨绿色油墨印刷。图案设计与绿色券相同。唯背面加盖“暂值国币壹百圆”字样。

大江銀行
一元
中華民國卅四年印
1
1
1
1

图三十一

DAGIANG INXANG
032714
032714
IYAN
1945
1
1

图三十二

大江銀行
壹圓

图三十三

DAGIANGINXAN
WANNAN
003794
IYAN
IYAN
中華民國卅四年印
1945

图三十四

图三十五

图三十六

图三十七

图三十八

图三十九

图四十

图四十一

图四十二

其四【图四十三、图四十四】，竖式，木刻版。票面尺寸为 68×105 毫米。正背面均为黄绿色油墨印刷。正面图案为秋收图，一农民手捧稻谷。背面印有拼音“WANNAN”（皖南），下端右、左两侧各加盖“行长之印”“副行长印”，为黑色篆书小方印。

其五【图四十五、图四十六】，竖式，木刻版。票面尺寸为 68×105 毫米。正背面均为黄绿色油墨印刷。正面图案为新四军战士升旗。背面印有拼音“WANNAN”（皖南），下端右、左两侧各加盖“行长之印”“副行长印”，为黑色篆书小方印。

其六【图四十七、图四十八】，竖式，木刻版。票面尺寸为 67×108 毫米。正背面均为浅咖色油墨印刷。正面图案为新四军战士列队进城门，近景为一名战士扛枪，身姿魁梧。背面印有拼音“WANNAN”（皖南），下端右、左两侧各加盖“行长之印”“副行长印”，为蓝色篆书小方印。

其七【图四十九、图五十】，竖式，木刻版。票面尺寸为 66×107 毫米。正背面均为浅咖色油墨印刷。正面图案为山村风景。背面下端右、左两侧各加盖“行长之印”“副行长印”，为蓝色篆书小方印章。

1945 年伍圆券，有五种版式，均为木刻版。其一【图五十一、图五十二】，票面尺寸为 137×84 毫米。正背面均为蓝绿色油墨印刷。正面图案为农耕，一人一牛在田间劳作。左下端加盖“皖南”二字。背面下端右、左两侧各加盖“行长之印”“副行长印”，为红色篆书小方印。

其二【图五十三、图五十四】，票面尺寸为 137×84 毫米。正背面均为蓝绿色油墨印刷。正面图案为山村生活场景，高低不同的茅舍，一挑夫在路上行进。左上端加盖“皖南”二字。背面下端右、左两侧各加盖“行长之印”“副行长印”，为红色篆书小方印。

图四十三

图四十四

图四十五

图四十六

图四十七

图四十八

图四十九

图五十

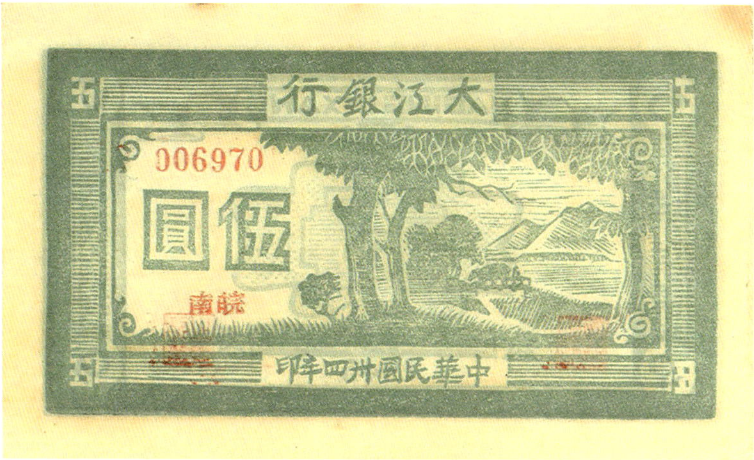

图五十一

图五十二

图五十三

图五十四

其三【图五十五、图五十六】，票面尺寸为 128×70 毫米。正面为蓝红油墨印刷。图案为灯塔、帆船，右下侧加盖“干”字。背面为蓝色油墨印刷，下端右、左两侧各加盖“行长之印”“副行长印”，为红色篆书小方印。

其四【图五十七、图五十八】，票面尺寸为 130×66 毫米。正面为褐绿色油墨印刷，背面为褐色油墨印刷。图案与前者相同。唯正面下端偏右加印“和含”二字，右下侧加盖“攻”字。

其五【图五十九、图六十】，票面尺寸为 128×68 毫米。正面为红绿色油墨印刷，背面为绿色油墨印刷。图案与前者相同。唯正面右下侧加盖“利”字。

1945 年拾圆券，有两种版式。其一【图六十一、图六十二】，木刻版。票面尺寸为 148×81 毫米。正背面均为蓝绿色油墨印刷。正面图案为耕地，一人一牛在稻田劳作。背面图为冲锋的新四军战士，下端右、左两侧各加盖“行长之印”“副行长印”，为红色篆书小方印。另有正面加盖“芜”字版别【图六十三、图六十四】。

其二【图六十五、图六十六】，胶印，票面尺寸为 114×69 毫米。正面为蓝色油墨印刷，背面为褐绿色油墨印刷。正面图案为陈家闸，下端右、左两侧各加盖“行长之印”“副行长印”，为红色篆书小方印。

1945 年贰拾圆券，竖式，有两种版式，均为木刻版。其一【图六十七、图六十八】，票面尺寸为 85×173 毫米。正背面均为蓝绿色油墨印刷。正面图案为黄金塔，下端右、左两侧各加盖“行长之印”“副行长印”，为红色篆书小方印。中间下端加盖“埠”字。背面图案为保卫春耕，一新四军战士手持长枪站在耕地旁边，一农民在田间牵牛耕种。

其二，票面尺寸为 84×174 毫米。正背面均为蓝黑色油墨印刷。图案与前者相同。正面中间下端加盖“京”字。

图五十五

图五十六

图五十七

图五十八

图五十九

图六十

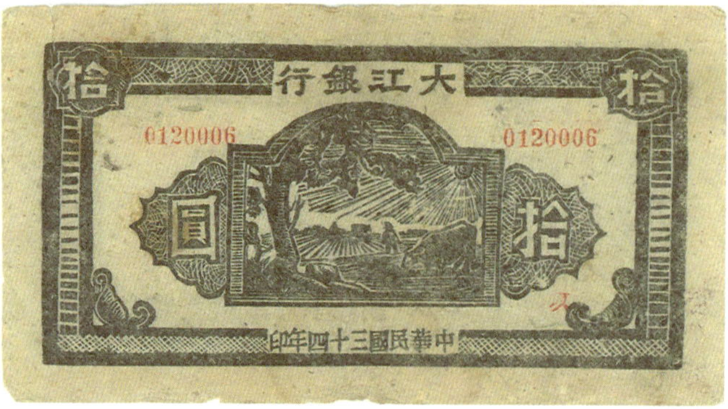

图六十一

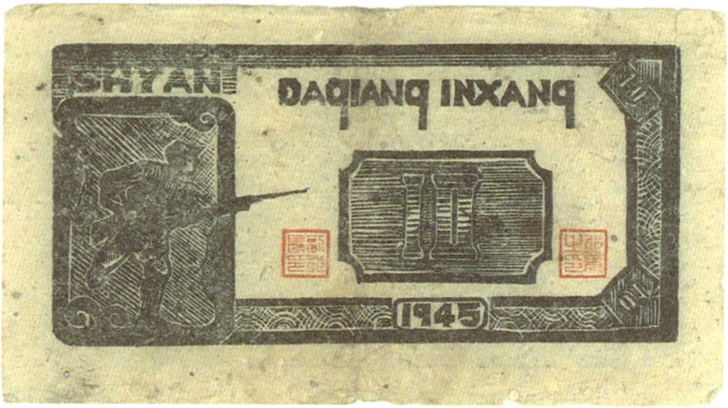

图六十二

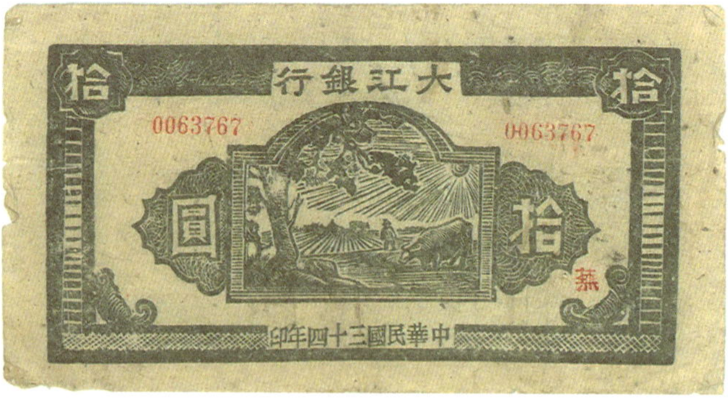

图六十三

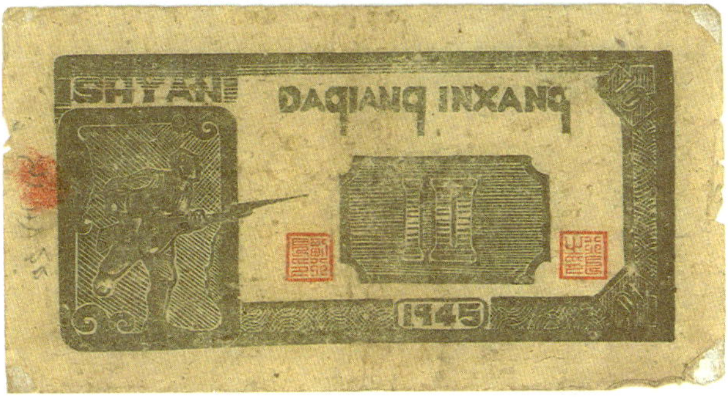

图六十四

图六十五

图六十六

图六十七

图六十八

通过梳理大江银行纸币版式和特征，我们不难看出，其票面设计得很有特点，构图自然、设计朴质，既有人物也有风景，有的图案表现了根据地的生产建设情况，有的图案描绘了根据地人民生产生活情景，有的图案展示了根据地的军事斗争。例如，纸币上的陈家闸和季家闸图案，就充分表现了根据地的生产建设。皖江抗日民主政府非常重视水利工程设施建设，把水利设备健全起来，才能做到年年丰收。于是，政府在根据地范围内修建涵闸斗门，制定了合理的“蓄洪分举，分流疏导”的建堤方案。这两座水闸和皖江抗日根据地的其他水利工程一道，是党领导人民在敌后兴修水利的一个壮举，是党“利为民所谋”的具体体现。

由于日伪军的军事进攻和经济封锁，皖江抗日根据地广大军民的生产生活面临着严重困难。为了解决基本生活问题，新四军第七师积极开展大生产运动，自己动手，开荒种地。而且，第七师还大力帮助根据地人民发展农业生产。所以，在大江银行纸币图案上出现了多种农耕的场面。

大江银行除印制和发行纸币外，还深入开展货币斗争。日伪政权为破坏抗日根据地的经济，扰乱根据地的金融市场，伪造了一些“大江抗币”，由不法商人、敌特分子带入根据地，套购根据地物资。为此，1942 年 2 月公布的《华中抗日根据地财政经济政策草案》对发行“抗币”应注意的事项提出了要求：

“甲、用自造的土纸印钞票。在自造土纸时，我们尽可能弄些小玩意（如加点颜色的纤维乃至土水印等），使敌伪假冒时，非先花时间来仿造我们的土纸不可。

乙、在印好的钞票上，我们多加些手工，如盖印盖号码等，使敌伪仿造时非常麻烦，要费更多的时间。

丙、土纸钞票不能经久使用（大概只能半年），这本是一个缺点，但在防止假冒这一任务上，它有很妙的作用。因为票子一破旧，老百姓都会自动要求兑换新的。所以半年以后，旧票子都会自动地流回来，新票子又接着兑换出去，这样，只要在准备印制新票子的时候，我们将油墨颜色（版可变可不变）变换一下，到半年之后市面上所行使的抗币就会变成另一种了。可是敌伪假冒我抗币，既然如前所述，要花时间仿造我们的土纸。又要费许多时间加盖图章和号码等，等到偷偷输入我根据地内来，恐怕已经半年了，它在半年前当然不会晓得我们半年后的新票子用什么颜色及何种式样，因此它所伪造的抗币一进我根据地，人民都会晓得是伪造。因为当时旧的抗币已经收回，新的真抗币则已是另外一种了。

丁、要保证前述防止假冒的工作能胜利达到，我们必须有合作社网和农救会网，使广大人民都能及时明白这一套，协同我们对假冒抗币的罪行斗争。

（这土生土长的发行办法，各根据地在开始时应采取试验的态度，先作小额发行，然后再慢慢扩大）。”

大江银行正是根据这一要求来印制“大江币”，加强防伪，并且加印暗记，如在大江银行拾圆券陈家闸图案中加印CK暗记，大树的枝叶里，左侧为C，右侧为K。同时，政府开展宣传让群众了解钞票的基本样式，如通过《大江报》刊登“大江银行货币通知”等方式，以此达到防范伪钞的目的。

抗日根据地发行“大江币”后，抗日民主政权终于在货币管理上取得了主动权。为了提高“大江币”的信用，稳定“大江币”的币值，政府规定“大江币”为根据地唯一合法流通的货币，根据地内严禁使用伪币，各机关团体及行政单位会计决算，一律改用“大江币”为计算单位；货物检查、贸易机构及各地合作社，一律以“大江币”计算货物价格。

为便于在不同地区进行货币的有效管理，大江银行采取“定点发行、定点流通”的举措，即在钞票上加盖地名，如在和含地区流通的“大江币”就加盖“和含”二字，在皖南地区流通的“大江币”就加盖“皖南”二字。这种措施既有利于安全管理，也扩大了“大江币”的发行范围，确保了“大江币”的信誉。

“大江币”和法币最初的比价是1∶1，后来演变成1∶30，1944年变成1∶50。1944年12月9日，《大江报》上发布了一则消息《大江银行新发行抗币及辅币券兑换率提高一比五十》：

> 皖中大江银行因目前物价飞涨，特将新发行之抗币及辅币券对法币之兑换率，提高为一对五十，以前所发之十元老抗币，则在未收回前仍作一元兑法币三十元计算。又该行现续发只限巢无或和含地区通用之十元抗币及五角辅币券，票面颜色不同，其中和含通用者并印有“和含”字样以资区别。
>
> 无为、湖东两地区联营社及和含地区之南义合作社，为谋各该地区之合作社支付便利起见，发行仅限各该地区使用之一角代价券，对法币比值亦为一对五十。

“大江币”在根据地群众心中币值稳定，信誉很高。群众纷纷把手中的法币和伪币兑换成“大江币”。大江银行将收兑的法币和伪币统一交到财经委员会。财委会则充分利用这些法币和伪币，用其中一部分到国统区和敌占区购买紧缺物资，运回根据地；另一部分上交新四军军部，用于支付开展地下交通活动费用。

随着广大军民的共同努力，抗日根据地肃清了法币、伪币，取得了货币斗争的最终胜利，“大江币”终于独占皖江抗日根据地流通市场。

1945年9月，国共开始重庆谈判后，中共中央指示：第七师部队率领皖江地区党政军机关干部，迅速北移苏北淮安地区。中共皖江区委下令停发“大江币”，把粮食、木材、家具和各种日用品标价拍卖，大量回收“大江币”，将其分头集中烧毁。大江银行北撤后并入华中银行，“大江币”以华中银行币兑收，大江银行和“大江币”光荣地完成了它们的历史使命。新中国成立后，为保证群众的经济利益不受损失，直到1954年，中国人民银行还在发通知要求继续收兑人民群众手中保留的“大江币”。

“大江币”在发行流通的四年时间里，皖江抗日根据地经济呈现一片繁荣景象。“大江币”不仅满足了新四军第七师和皖江抗日根据地各级党政机关的需要，而且还有力地支援了新四军军部和兄弟地区，创造了“富七师　甲全军”的经济奇迹。

赤币档案

叶进明（1910—2001），浙江省余姚县（今余姚市）人。1926年7月参加革命，1927年5月加入中国共产党。土地革命战争时期，在上海从事党的地下工作，曾任中共上海沪中区委委员、沪中区煤炭业工会书记。1937年8月，任上海红十字会煤炭业救护队支部书记。同年底，赴南昌参加新四军的筹建工作。1938年1月，任新四军南昌办事处支部书记。1939年9月起，任新四军总兵站站长。皖南事变以后在苏北盐城重建新四军军部时，担任新四军供给部副部长。1942年起，兼任新四军第七师供给部部长。解放战争时期，历任山东野战军后勤部部长、山东军区后勤部副部长、华东野战军兵站部部长。新中国成立后，历任上海市人民政府公用局局长、上海市交通办公室主任。1982年4月起，任上海市人民政府顾问。

无声的武器：
襄河贸易管理分总局伍佰元流通券

在全面抗日战争爆发时期，为了弥补“边币”或“抗币”的发行不足，保证军需供给，活跃地方金融，一些抗日民主机构也发行了部分地方流通券，襄河贸易管理分总局伍佰元流通券就是其中一个品种。该券流通于抗日战争时期豫鄂边区的襄河抗日民主根据地，因为发行时间短暂、印制数量少，所以非常珍贵。

襄河抗日民主根据地是豫鄂边区的重要组成部分。在全面抗日战争时期，为粉碎敌伪势力的进攻和“围剿”，改善百姓生活，补充抗日军队的给养，襄河抗日民主根据地各级政府想尽一切办法，扩大生产，开源节流，这张流通券正是那段艰苦卓绝岁月的实物例证。

流通券主色调为墨绿，型制为竖式，票面尺寸为 66 × 135 毫米。正面【图一】四周为花纹图案组成的装饰框。上端自右至左印有三排文字，分别为“襄河”“贸易管理分总局”“流通券”字样。票面中间主景图案为一列向右行进中的火车，呼啸而过，浓烟直冲上空。其下面为红色印制编码。其下自右至左横印“凭券即付”，再下竖印“边币伍佰元”字样，表示流通券的面值。面值右侧盖有“局长之印”红色篆书小方印，左侧盖有“副局长印”红色篆书小方印。正面最下面的边框印有“中华民国三十四年印”字样。

流通券背面【图二】四周为花纹图案组成的民族传统装饰框。框内印有“发行流通券条例”，自上而下竖式排列，共8列。条例具体内容如下：

（一）本局为调剂市面金融，特发行五百元流通券一种；

（二）凭券在本局及襄河建设银行分行及合作社官营商店即照票面兑换边币；

（三）本券在襄河区各市镇流通，并呈准三五专署缴纳田赋公粮关税公债一律通用；

（四）本券由本局定期通告收回之。

流通券背面最下端为局长、副局长的英文签名。

流通券发行条例共计4条，向我们折射出以下相关信息。流通券的发行主体即发行机构是襄河贸易管理分总局，面额为伍佰元，目的是调剂金融市场。流通券可以兑换地区边币，其持有者可以在襄河贸易管理分总局、豫鄂边区建设银行襄河分行，以及襄河地区内开设的合作社、官营商店，兑换等值的豫鄂边区建设银行发行的伍佰圆边币券。

流通券只在襄河区各市镇流通使用，百姓在向第三和第五专署缴纳田赋、公粮、关税时，都可以使用流通券。另外，此流通券可以经由襄河贸易管理分总局发布通告，定期收回。通过解读发行条例，我们可以详细了解到此流通券发行的性质和使用范围。

这张流通券是襄河贸易管理分总局于1945年发行，贸易局的设置与襄河抗日根据地、豫鄂边区行政区划沿革、辖区的管理和调整关

襄河
貿易管理分總局
流通券
P010293
憑券即付
邊幣伍佰元
中華民國三十四年印

图一

图二

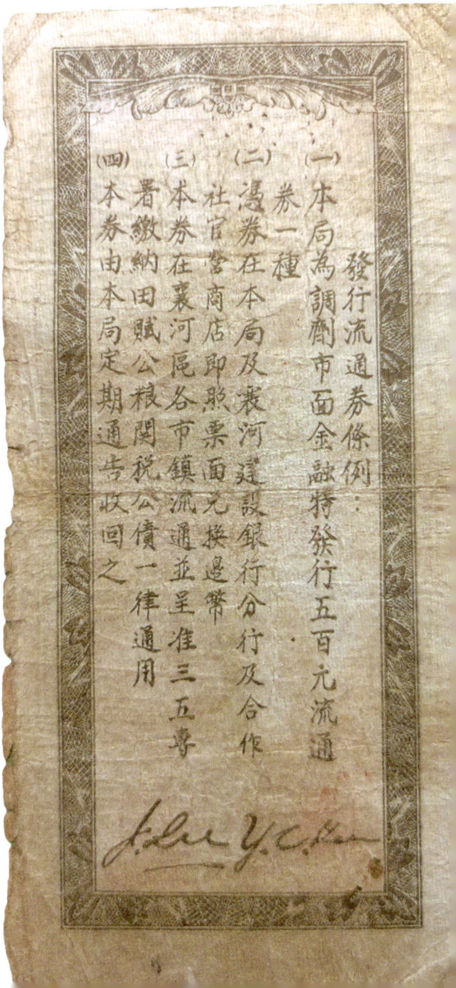
發行流通券條例：
(一)本局為調劑市面金融特發行五百元流通券一種
(二)邊券在本局及襄河建設銀行分行及合作社官營商店即照票面兑換邊幣
(三)本券在襄河區各市鎮流通並呈准三五專署繳納田賦公糧關稅公債一律通用
(四)本券由本局定期通告收回之

系紧密。

襄河是汉江的区域性别称，汉江流经襄阳境内，被当地百姓称为襄河。襄河抗日根据地以江汉平原为中心，范围包括现在湖北省的洪湖、监利、江陵、天门、仙桃、潜江、公安、石首等县市的全部或部分地区，以及湖南华容、安乡等县市部分地区，面积4万多平方公里，人口500多万，是豫鄂边区的重要组成部分。

1941年皖南事变后，新四军豫鄂挺进纵队改编为新四军第五师。同年4月，豫鄂边区第二次军政代表大会召开，豫鄂边区行政公署成立。至1943年12月底，豫鄂边区辖鄂东、长江、鄂中、襄河4个行政专员公署。1944年秋，抗日战争进入战略反攻阶段。为进一步加强襄河及长江沿岸各抗日根据地的领导，新四军第五师和豫鄂边区委决定撤销襄河行政专署，以襄河为界，建立襄南、襄北两个行政专署。其中，襄南专署，下辖江陵、汉沔、当阳、监利等10个县；襄北专署，下辖京北、京钟、天京潜、天汉等6个县。在全面抗战时期，襄河抗日民主根据地在党的建设、政权建设、地方武装建设、经济和文化建设方面，取得了卓有成效的历史功绩。

豫鄂边区地处武汉外围，是华中抗日的前沿地区。边区地域辽阔，物产丰富，但是它孤悬敌后，处于敌伪政权的夹缝之中，战事频繁，而且当时四周的主要重镇、交通线路、工矿企业等都被日伪政权所占领，故抗日民主政府的财力非常薄弱。但是，边区的土特产品很多，除了边区内部消费之外还有剩余，政府想方设法把多余的土特产品输出到敌占区，换回边区紧缺的纸张、药品、文具、民生用品等。[①] 因此，为发展经济，边区政府积极发展公营企业，实行对外贸易统制，禁止棉花、食盐、粮食流入敌占区，号召农民不要贪图便宜，一切贸易要

① 鄂豫边区财经史编委会、湖北省档案馆等编：《华中抗日根据地财经史料选编》（鄂豫边区、新四军五师部分），武汉：湖北人民出版社，1989年，第276页。

通过贸易局来完成。统制贸易，是豫鄂边区政府与敌人进行经济战争的一个强有力的武器。[①]

襄河地区交通便利，物产丰富，“鱼米之乡”，是豫鄂边区的粮食和财税基地。1943 年，襄南开辟后，豫鄂边区在襄南设立了襄河贸易管理分总局，开展贸易，以当地的产品换回边区所需的用品；同敌人展开货币斗争，通过税收等方式肃清伪币，保持“边币”币值。襄河贸易管理分总局在稳定物价，打破敌人的经济封锁，活跃市场，保障根据地生产生活物资的供给等方面发挥了重要作用。

因为当地棉花、粮食、土特产品交易量较大，豫鄂边区建设银行发行的“边币”券无法满足需要，为保证贸易有序进行，建立合理的货币兑换制度，襄河抗日根据地民主政府以襄河贸易管理分总局的名义发行了面值为伍佰元的流通券，在襄南和襄北地区流通。

流通券由豫鄂边区建设银行第一印钞厂印制。印钞厂最初建在刁汉湖的新陈湾，后转移到潜江。印钞厂有 50 多名工人，十几台石印机，2 台圆盘机，印刷质量较高。[②]

笔者查阅了大量史料，很可惜，关于流通券的发行数额、起止时间记载匮乏。但我们可以肯定，襄河贸易管理分总局流通券的发行和流通时间并不长，可是其发挥的作用却非常大，它为襄河抗日根据地政府改善民生、活跃商贸、发展经济提供了坚实的财政保障，同时更是对敌货币斗争的无声武器。

---

① 鄂豫边区财经史编委会、湖北省档案馆等编：《华中抗日根据地财经史料选编》（鄂豫边区、新四军五师部分），武汉：湖北人民出版社，1989 年，第 295 页。

② 孙正国：《试论襄河抗日民主根据地的经济建设》，载《中原伟业——鄂豫边区抗日民族根据地建设学术讨论会、湖北省纪念毛泽东诞辰 100 周年及周恩来、刘少奇、李先念和新四军研讨会论文集》，1993 年。

赤币档案

豫鄂边区建设银行，总行最先设在湖北省京山县上花岭（今小焕岭）一个山洞里，离豫鄂边区行政公署不远，先后数次动荡迁徙，历尽磨难。工作人员约 20 人，均是党组织精心挑选的“政治上最可靠、最有工作能力”的同志。随着抗日根据地扩大和银行工作加强，为适应根据地发展和敌后抗日游击战争的需要，边区建设银行在河南省境内相继成立了信阳、襄南等数个分行机构。

边区建设银行主要开办以下金融业务：一是发行边币（主要以财政性发行为主）。确定以实物为基础的边币价格，规定合作社只收边币，稳定币值和物价，抵制日本军用（手）票侵入；维持法币使用，以减少边区人民群众损失；通过税收渠道，将汇集的法币和日本军用（手）票用于敌占区购买物资，打破日伪经济封锁。二是发放农业、水利贷款。三是大力支持手工业者，通过拨款和贷款的形式，扶持开办造纸厂、锅厂、窑厂、墨厂等。四是代理发行边区救国公债，用于支援前线和敌后根据地经济建设。发行的货币种类主要是壹圆、贰圆、叁圆、伍圆、拾圆面值的主币，也有伍角面值的辅币，还有伍拾圆、壹佰圆、贰佰圆、伍佰圆、壹仟圆大额票面的货币。边区币的发行，不仅保障了部队的给养和边区各级党政机关必要的费用，而且对打击日伪币，稳定人民群众生活，支持边区经济建设起到了很大的推动作用。

因时制宜：
两张 1944 年版华中银行纸币券

华中银行是华中根据地设立的区域性银行，印制和发行有多种面值的纸币券，在今江苏大部、安徽、湖北、河南、浙江部分地区广泛流通。1945 年 8 月，江淮银行、淮南银行、淮北地方银号、盐阜银行、淮海地方银行等银行合并组成华中银行，银行设董事会，董事长为苏皖边区政府副主席方毅，陈穆任行长。1949 年，华中银行改组为中国人民银行华东区行，故我们今天所见的华中银行纸币券以 1945—1948 年的居多。

可是从现有的实物资料所见，在华中银行成立之前，就已印制有 1944 年版的华中银行纸币券，有两种：一种是华中银行拾圆券，另一种是江淮银行改华中银行伍拾圆券，均为横版。

华中银行拾圆券，票面尺寸为 130×66 毫米。正面【图一】主色调是红色，四周有传统的花纹装饰边框，边框四角分别印有表示面值的空心体“拾”。框内券面上端正中，自右至左，印有“华中银行”字样，标明票券发行机构。行名两侧有蓝色的纸币券的印制编码。券面右侧为主图案——犁地、锯木、纺线与农舍场景，远处有树木，块块稻田。画面生动，属于典型的江南农村风光。主图案下面印有“中华民国三十三年”字样，两侧分别加盖蓝色篆书小方章，分别是“董事长章”“行长之章”。券面左侧层层花框内印有“拾圆”二字。面值下面印有行长陈穆的英文书写体签名，“M.Cheng”。券面最下端框外印有“华中钞厂印”五字。

背面【图二】色调为蓝黑/黄色，四周有传统的花纹装饰边框，边框四角各印有阿拉伯数字“10”，券面上端印有英文行名“THE BANK OF CENTRAL CHINA”，右侧印有英文币值“TEN YUAN”。左侧层层花框内印有阿拉伯数字“10”，下面印有“1944”字样，表示印制时间。

江淮银行改华中银行伍拾圆券，票面尺寸为 128×67 毫米。正面【图三】主色调是红色。四周有传统的花纹装饰边框，边框四角分别印有表示面值的空心体“伍拾”。框内券面上端正中，自右至左，原印有“江淮银行”字样，后在“江淮银行”上加盖七道黑粗线，在下面加印“华中银行”四字，黑色、楷书、粗体，标明票券发行机构已发生变化。行名两侧有蓝色的纸币券印制编码。券面左侧为主图案——毛泽东头像。券面右侧层层花框内印有“伍拾圆”三字。票面下方两侧加盖蓝色篆书小方章，分别为“江淮银行行长之印”“江淮银行副行长印”。券面下端中间有印制时间“中华民国三十三年”。券面最下端框外印有“江淮印钞厂”五字。

背面【图四】主色调是深褐色，四周有传统的花纹装饰边框，边框四角各印有阿拉伯数字“50”，框内券面上端印有江淮银行英文行名“KIANG HWAI BANK OF CHINA”，券面中间横排三组花框内分别印有币值阿拉伯数字“50”。下端印有英文币值“FIFTY YUAN”，币值两侧各印有“$”符号。下面印有“1944”字样，表示印制时间。

拾
拾
拾
拾
N585653
華中銀行
N585653
拾圓
中華民國三十三年

图一

10
THE BANK OF CENTRAL CHINA
10
TEN YUAN
10
10
10
1944
10
10

图二

伍拾
A681001
華中銀行
伍拾圓
中華民國三十三年

图三

KIANGHWAI BANK OF CHINA
50
$ FIFTY YUAN $
1944

图四

这两种纸币券的题材创意设计以政权需要和农业生产建设为背景，代表根据地的民主政权，图案以点带线，精巧而复杂。采用铜凹版印刷，纸张均为道林纸，制作精致。在战争环境下能印制出这么精美绝伦的钞券，实属不易。

华中银行成立于1945年，为什么这两种纸币的年份是1944年？为什么这两种纸币明明标有“华中银行”的行名，可印制时间却要比华中银行的成立时间还要早一年呢？

要回答这些问题，我们首先要了解一下华中银行成立的历史背景，然后再探究一下这两种纸币券的印制情况。

1944年，全面抗日战争进入战略反攻阶段，华中各抗日根据地军民对日寇发起进攻，苏北、苏中、淮北、淮南四大战略区逐渐打破了之前被分割的局面，统一趋势日益明显。但当时，各抗日根据地设有不同的银行，发行不同区域性质的“抗币”，这就给新四军大规模作战、物资交流和人员往来造成诸多不便。而且，当时在新解放的一些乡村城镇，甚至还在流通原伪中央储备银行纸币券，为了消除日伪政权的影响，亟须铲除他们的货币。随着抗日根据地范围的不断扩大，市场交易的筹码需要量骤然加大，原有各根据地发行的地方“抗币”已远远不能满足市场的需要，一些地方市场筹码严重短缺不足。在这种背景下，印制、使用一种通用货币的需求就变成了非常迫切的任务。

1944年底，中共中央华中局财经委员会研究决定，拟组建统一的银行，发行一种通用的新货币，这样新四军各部队无论打到哪里都可以顺畅使用。不久，成立了以华中局政策研究组组员陈穆为首的华中银行筹备小组，成员包括李人俊、骆耕漠等人。华中建设大学财贸系还为华中银行培养学生，陈穆当时担任华中建设大学财贸系主任、校委委员。筹备组成立后，立即展开工作。

随着形势的变化，建立统一的货币金融体系的条件成熟，中共中央华中局决定在银行成立之前就印制一批“华中币”投放市场。1945年2月，华中局就统一华中地区的货币，向中央提请《关于华中部署的报告》，“为了解决经费困难，华中局决定于半年内从一、二、三、四师抽出法币十万万元作发展经费，拟于五月以前完成发行华中统一币，合法币三十万万元。决定十元以上抗币，改为华中统一发行，五元以下则仍归各地方发行”。所以，通过这个报告，我们知道，早在华中银行正式成立之前，中共中央华中局就有印制“华中币”的计划。

在酝酿成立华中银行的同时，将新四军第一师位于苏中根据地的江淮银行印钞厂——江淮印钞厂，改组为华中印钞厂，委派原江淮印钞厂厂长、老红军胡金魁担任厂长。1945年春季，迁至宝应县新厂址后，华中印钞厂干部职工迅速投入“华中币”的设计和制版工作中。

华中银行纸币券从图案设计，再到雕版印制等环节需要一定的时间，这个过程十分烦琐、任务繁重。但是，各根据地又急需统一的货币。于是商讨决定将江淮银行已经刻制完成的拾圆券铜凹版加以改版，将“江淮银行”四字改为“华中银行”，正面左侧花框币值下的花框内加刻华中银行行长陈穆的英文签名，下端边框外加刻“华中钞厂印”字样。但是，制版年份已经无法改动，仍为“中华民国三十三年”。背面因为是用胶印版印刷，制版方便，所以重新制作了有华中银行英文行名的背面钞版。这样，就出现了我们今天看到的1944年版的华中银行拾圆券。这种纸币券印制时间虽是1945年，但它原有的铜版制作时间为1944年。

那么，江淮银行伍拾圆券，又是在什么背景下加盖改作成华中银行的呢？

伍拾圆是当时江淮银行最大面值的票券（在此之前，江淮银行纸币券最大面值是贰拾圆）。但伍拾圆券印制完成后，因为即将要成立华中银行，同时形势的发展，急需大量的华中银行纸币券投放市场，所以，已经印好的江淮银行伍拾圆券并没有公开发行。为了节约材料，更是为了加大投放量，以解急需，故将库存的1944年版的江淮银行伍拾圆新票进行再加工，在正面原“江淮银行”上画黑线，在下面加盖“华中银行”四字。背面未做改动。这样，既可以有效地利用库存票券，减少因发行新票券造成的损失，又可以及时供应市场，适应战争形势发展的需要。

于是，这两种印有“1944年”字样的华中银行纸币券就在华中抗日根据地顺利流通起来。但这两种纸币券实际发行时间并非在1944年，而是1945年五六月间。

1945年8月，华中银行在江苏省盱眙县张公铺乡正式成立。同时，发布《华中银行成立通告》，内引新四军政治部发布的命令：

“……着即成立华中银行，并授权发行华中券，适应各地金融斗争及经济建设之需要。该项货币，以实物为基金，准备充实，通行华中各解放区，与盐阜、江淮、淮南、淮北、苏南等地方券等价使用。凡一切买卖交易、公私款项收付及完粮纳税等一律通用。”

随后，又以行长陈穆的名义，发出了“关于发行华中币十元券”的《华中银行通告》：

“本行为供应新克服城市流通货币之需要，特发行十元券一种，正面红色花纹，风景为耕纺锯木图；反面为虎黄波浪底纹，黑色花纹及花边。此券在我新四军所到之华中解放区内一律通用。”

通告中提及的华中银行拾圆券，就是上面提到的用江淮银行拾圆版改刻而成的。

为维护“华中币”的信用，统一货币市场，1945年11月，华中财经委员会发出《华中财经委员会致各行署关于处理华中各新解放大小城市工商业与货币金融之指示》，命令“华中银行统一之华中币与各地方抗币等价使用，各地方抗币为适应目前的新形势，自华中统一币公布发行之日起，凡新四军到达之地区，应不分军区界域到处一律等价通用”。

华中银行是华中解放区的统一银行，肩负着发行“华中币”的重任；“华中币”作为华中解放区的统一货币，担负着统一华中解放区货币的重任。这两种印有“1944 年”字样的华中银行纸币券，和其他“华中币”一道，发挥着它们自身的作用，为华中解放区的巩固、扩大作出了贡献，后来亦有力地支援了淮海战役和渡江战役。

赤币档案

陈穆（1910—1996），曾用名陈明俊，江苏南京人。1938 年春在安徽参加革命，1939 年 10 月加入中国共产党。1945 年日本帝国主义投降以后，新四军在敌后建立的各边区逐渐连成一片，原来新四军第一至第七师和浙东纵队所创建的银行、银号及印钞机构已不适应这种新形势的要求，因此中共中央华中局决定建立统一的华中银行，发行统一的华中银行钞票以代之，并任命陈穆为行长。1946 年底，率华中银行及其印钞厂北撤山东。在中共中央华东局的统一领导下，华中银行与北海银行合并。1947 年 8 月 16 日，陈穆接替艾楚南继任北海银行行长。新中国成立后，任中国人民银行华东区行行长。

一道抗日铁流：江南银行纸币券

江南银行是全面抗日战争时期党在苏南抗日根据地设立的一家银行，印制和发行有壹圆和伍圆两种面值的纸币券。它的成立时间非常短，不足四个月，故其发行的纸币券存世量很少。

现将壹圆券和伍圆券的设计风格和版式特征描述如下：

壹圆券。票面尺寸为 110×58 毫米。正面【图一】色调为浅蓝色，四周是由传统的花草图案组成的边框，边框四角各印有空心体“壹”字。框内券面上端中间，自右至左印有“江南银行”四字，标明发行机构名称。行名下面两侧分别有红色的印制编码，排列组合方式是英文字母与阿拉伯数字。

券面中间，左侧为该券的主体图案，选择了抗日根据地农业生产的图景——稻田插秧，描绘了一幅农忙时节、农家总动员、抢插秧苗的景象。展现在眼前的是一片片整齐的稻田、横竖交织的田埂，一人手捧秧苗穿梭于稻田中，另一人正在弯腰插秧。远处有低矮的农舍，还有一座座起伏的小山峰。它向世人描绘出一幅江南农村的繁忙场景，只此瞬间，一束束秧苗，被整整齐齐地插在水田里，像是等待检阅的仪仗队，转眼间穿成线、连成片，为大地披上了纱衣。

券面右侧，层层花草构成一个繁缛花框，框内横书“壹圆”二字，标明该券面值。面值下端印有“中华民国三十四年印”字样。两侧各加盖一红色篆书方形小印章，分别是“总经理印”“副经理印”。

背面【图二】色调为红色，印有装饰花草图案、英文行名“BANK OF KIANG NAU”、英文和阿拉伯数字面值，以及印制时间“1945”。

伍圆券。票面尺寸为 117×57 毫米。正面【图三】色调为红色，四周是由传统的花草图案组成的边框，框上方两角各印有空心体“伍”字。框内券面上端中间，自右至左印有“江南银行”四字，标明发行机构名称。

券面中间，左侧为该券的主体图案，选择了江南水乡常见的图景——农舍石桥。展现在眼前的是一座拱形石桥，横跨在小河之上。石桥旁有几座高低不同的农舍，远处有树木、稻田、山峦，天空有朵朵云彩飘过。它向我们展示出了一幅美丽如画、宁静和谐的江南水乡场景。主图案下面有蓝色印制编码，排列组合方式是英文字母与阿拉伯数字。

券面右侧，层层花草构成一个多边形花框，框内横书“伍圆”二字，标明该券面值。面值下端印有“中华民国三十四年印”字样。两侧各加盖一蓝色篆书方形小印章，分别是“行长之印”“副行长印”。

背面【图四】色调为褐色，设计风格与壹圆券背面大体一致。因为伍圆券面值较大，购买力较强，为提高该券的信誉，同时也是防伪需要，于是在中间面值两侧加印有“范醒之”和“管寒涛”手写体签名，竖式排列。

江南银行纸币券的设计风格有着浓厚的地域特色，采用铜版印制，线条排列疏密均匀，工艺较为精湛，显示出稳定的静态美感。

江南銀行
N068914
N068914
壹圓
壹
壹
壹
壹
中華民國三十四年印

图一

BANK OF KIANG NAU
ONE DOLLAR
1
1
1945

图二

江南銀行
伍
伍
伍圓
中華民國三十四年印
S0692250

图三

BANK OF KIANG NAU
5
5
5
FIVE YUAN
1945

图四

江南银行纸币券的印制和发行与粟裕领导的新四军渡江南下作战、开辟苏浙皖抗日根据地有着紧密关系。1944 年底，新四军在对敌军事斗争中不断取得胜利，为贯彻中共中央的指示，华中局和新四军军部派粟裕率新四军第一师之一部及 300 多名地方党政军干部从江北渡江南下，开辟苏浙皖根据地，成立苏浙军区。

粟裕率领新四军于 1945 年 1 月由苏中渡江南进，与原在江南敌后抗战的新四军第 16 旅会合，成立苏浙军区。在粟裕等部渡江时，为保障军需供给，从苏中的江淮银行拨付来一批面值拾圆的江淮“抗币”【图五、图六】。

但这批江淮“抗币”渡江后却无法流通。因当时新四军分散作战，各部相对独立，为维护地区经济和物价稳定，中共中央华中局曾规定：各根据地的抗币，以分别发行为原则，不可相互流通。苏南行政公署财政处为解决江淮“抗币”在江南地区流通问题，遂在江淮“抗币”背后英文行名下面加印“苏浙”二字，以区别在苏北地区流通的江淮“抗币”。

因江淮银行“抗币”在江北印刷，运至江南要经过长江天险和敌占区，运输过程中存在极大的风险，因此在江南地区发行本地区的货币已然迫在眉睫。

其实早在 1944 年，为恢复生产，支援抗日战争，苏南区行政公署就决定筹建印钞厂，发行“抗币”。

苏南区行政公署委托上海地下党协助筹备印钞厂，行署副主任吴仲超找到吴天平，委托他负责购买印钞器材，协助筹建印钞厂。吴天平一直负责根据地到上海的地下交通运输工作，对敌斗争经验丰富。很快，吴天平就在上海物色到一名懂印刷的地下党员赵金度，安排他到苏南抗日根据地来考察，一方面了解根据地建立印钞厂所需具体的器材；另一方面选择一条既可靠又安全的交通线路，以便将来运输物

江淮銀行
A105060
A105060
拾圓
拾
大中華民國三十三年印

图五

KIANG HWAI BANK OF CHINA
蘇浙
10
TEN YUAN
1944

图六

资材料和运送技术人员。

赵金度领取任务后，以春节放假到宜兴探亲访友的身份作掩护，乔装打扮，经过无锡、宜兴丁山，最后进入苏南抗日根据地。见到吴仲超后，二人详细地研究了采购印钞机的具体型号，所需的物资和技术人员。吴仲超代表行署将 15 两黄金交给赵金度，让他带回上海购买器材。赵金度带着 15 两黄金回到上海后，找到吴天平，二人商量后决定购买下一个小型印刷厂，这个印刷厂有 2 台平台机、4 台圆盘机和 1 台切纸机。他们又安排人分批在上海购买到油墨、纸张等印刷材料。因为上海对印刷机的出口管控特别严格，他二人想方设法，组织人员将机器拆装，化整为零，走水路和陆路，从太湖和常州，冒着生命危险分别将器材物资安全运往根据地，一路费尽周折，耗时达半年之久。而后，他俩又陆续运送一批印刷技术工人抵达根据地。

为了加快速度，苏南行署指派支琼英、白桦和李文灏一起负责筹建印钞厂。在筹建过程中，原上海地下党印联负责人顾玉华被捕入狱，后经党组织设法营救出狱，被秘密地送往苏南抗日根据地。因顾玉华熟练掌握印刷技术，党组织便安排他和支琼英等四人一道参与印钞厂的筹备工作。

印钞厂最初设在广德杨风岙，因位于长江以南，遂定名为江南印钞厂，由原惠农银行副行长孔朗任厂长，支琼英任党支部书记兼整券科科长，顾玉华为工务科科长，李文灏为总务科科长。职工约 40 人。

随之，江南银行于 1945 年 5 月正式成立，行长由苏南区行政公署财经处处长范醒之兼任，副行长由财经处货管局局长管寒涛兼任，行址设在苏浙军区司令部所在地长兴县槐花坎，隶属苏南行署财政经济处领导。因战争环境复杂多变，江南银行的主要工作是印钞票，所以内部仅设金库员，专事货币保管、发行工作，银行会计则由行署财经处会计兼办。

这时，虽然印刷机和材料已准备就绪，但因为在上海雕刻的钞版尚未运过来，所以印钞厂没有正式开工。面对国民党顽固派军队的疯狂进攻，印钞厂随苏浙军区前线指挥部南迁，在孝丰县上墅村建厂。旋即又遭遇国民党顽固派军队的强烈进攻，印钞厂再次返回广德。因印钞厂一路随军转移，故一直没有印制和发行钞票。

再次回到广德后，印钞厂选在四面环山的杜家坟重新建厂。这时，雕刻好的钞版也运抵广德，又从《苏南报》调来一批技术工人，再从当地选拔少数年轻人，工人达到了40余名，开始投入印钞工作。工人们分成日、夜两班，加班加点，鼓足干劲，开足马力，赶印钞券。

江南印钞厂首先印制出壹圆江南银行纸币券，为了安全，就选择在夜间运输，用两匹骡子先驮到江南银行，再通过贸易、发放贷款、支付军政人员津贴、兑换伪币等渠道，对外发行。同时还印制了江南银行伍圆券以及拾圆券，但后者未及发行。

江南银行券纸质较好，印刷精细，流通范围包括苏南溧水、溧阳、高淳、江宁、句容、镇江、丹阳、金坛、宜兴、武进、无锡、吴县；皖南当涂、宣城、郎溪、广德；浙西长兴等县境内。它们对粉碎日伪“清乡”、挫败国民党顽固派的“清剿”，牢牢地坚守苏南抗战阵地作出了巨大贡献。

此外，江南银行还在江宁设立办事处，曾发行油印的江南银行办事处辅币券，有贰角和伍角两种面值，券面设计简单，印制粗糙，为木刻版印制。

贰角券【图七、图八】，票面尺寸为92×57毫米，黑色油墨印刷。伍角券【图九、图十】，票面尺寸为89×54毫米，为红色油墨印刷。两券正面均加盖“湖熟”二字，表明流通地区。券背面均印有发行条例：一、此券俟本行正式辅币发行后收回。二、此券流通范围，以票面所示地区为限。由此可见，这种辅币券只在湖熟一地流通和使用。

图七

图八

图九

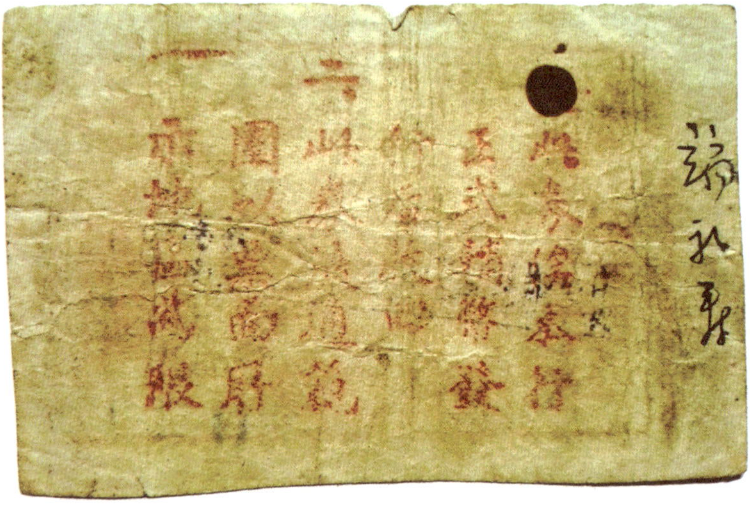

图十

1945 年 8 月，苏浙军区主力部队及地方武装开展大反攻，根据地范围进一步扩大，江南银行“抗币”的流通范围也随之扩大。为维护“抗币”的有序流通和信用，8 月 11 日，苏浙军区司令部、政治部发出布告【图十一】规定：“本军为收复城镇、解放人民，进军所至地区，所携带苏浙区抗日民主政府所发行之抗币计有江南银行一元、五元、十元抗币，江淮银行一元、五元、十元抗币，一律通用，凡交易买卖不得拒绝使用及抬高物价压低币值情事。如有故违，以破坏金融论罪。”

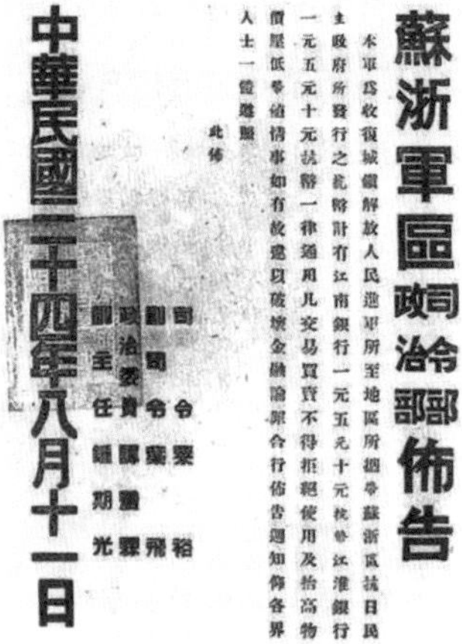
蘇浙軍區司令部政治部佈告

本軍為收復城鎮解放人民進軍所至地區所攜帶蘇浙區抗日民主政府所發行之抗幣計有江南銀行一元五元十元抗幣江淮銀行一元五元十元抗幣一律通用凡交易買賣不得拒絕使用及抬高物價壓低幣值情事如有故違以破壞金融論罪合行佈告週知仰各界人士一體遵照

此佈

司令 粟裕
副司令 葉飛
政治委員 譚震林
副主任 鍾期光

中華民國三十四年八月十一日

图十一

1945 年 9 月，新四军苏浙军区接到中央和华中局发出的北撤指示，部队和地方党政干部随即北撤苏中地区，江南银行纸币券遂停止发行。为避免百姓经济利益受到损失，江南纸币券全部由有关部门用物资等折价收兑。华中银行成立后，用“华中币”继续进行收兑。据统计，到 1946 年下半年为止，华中银行共回收江南银行纸币券 370 多万元。

“抗币”是根据地人民自己的货币。苏南抗日根据地在“抗币”发行中坚持经济发行，不搞财政性发行；坚持独立自主，不与任何货币挂钩；坚持充实物资准备，不失信于民。例如，1945 年春，苏南区行政公署召开财经会议，要求在金融工作中，充分认识“要排挤伪币与敌伪作货币斗争，抗币发行是主要的斗争武器，是财政经济的灵魂，否则会成为人家的金融附庸”。

苏南行政公署的货币政策，由于坚持了从实际出发，正确解决了战争与建设、生产与消费、政府与人民等一系列关系，使“抗币”发挥出最大的威力，在对敌战争中，成为维护群众利益、打击敌人的有力武器，堪称一道抗日铁流，保障了根据地的经济供给，为抗日战争的最后胜利提供了财政经济保障。

赤币档案

吴仲超（1902—1984），上海人。1928年暑期加入中国共产党，后即回家乡从事地下党的工作，先后担任过新场区委书记和县委书记。1931年初调上海，任中共沪东区委委员。1932年5月调无锡，先后任中共无锡县委组织委员、县委书记、中心县委书记等职。抗日战争时期，先后担任新四军战地服务团副团长、中共苏南特委书记、中共苏皖区党委书记、江南抗日救国军政治部副主任、中共苏南东路特委书记、江南抗日救国军西路司令部政委、中共苏皖边区党委委员兼茅山地委书记、中共苏南区党委书记、苏南行署主任、中共苏浙区党委委员及组织部部长等职。为创建茅山抗日根据地，建立江南东路游击根据地，为开辟、发展和巩固苏南解放区作出了重大贡献。解放战争时期，任中共华中分局秘书长、山东省文物管理委员会主任。新中国成立后，任中共华东局副秘书长、华东人民革命大学副校长、中共华东局党校副校长等职。1954年以后，任中央人民政府文化部部长助理、故宫博物院院长。1984年10月7日病逝。

貌不惊人的临时“抗币”：浙东根据地镇海县政府临时流通兑换券

镇海县政府临时流通兑换券，是全面抗日战争时期浙东抗日根据地镇海县民主政府发行的地方临时货币，有壹角和伍角的辅币券，壹圆和伍圆的主币券。目前仅见有后三种实物存世。这三种券别设计风格和版式特征如下：

伍角券。横式，票面尺寸为97×66毫米。正面【图一】色调为绿色，票面上下左三处各有一条较粗的边线，形成了一个像“匚”字的边框，上左两条边线交会处有两层圆圈，圈内印有“5”字，表示面值。票面分三行、自右至左印有“镇海县政府”“临时流通兑换券”“抗币伍角”字样，分别表示发行机构、票券性质和面值，其中“抗币伍角”4个字字体较大，醒目突出。

背面【图二】色调为黑色。票面上端正中位置，加盖的青蓝色号码，为7位阿拉伯数字，表示印制编码。两侧分别印有“本县境内”“一律通用”字样，表明该券的流通范围。票面正中印有花框，框内印有表示面值的空心体“50”字。两侧偏下处各加盖一枚方形红章，右侧

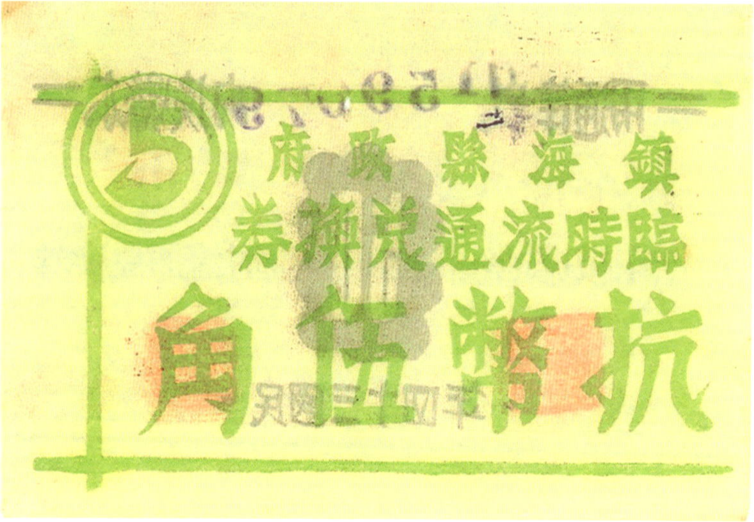

图一

图二

为“镇海县县长印”，左侧为“镇海县政府财经科长”，两枚印章书体均为篆书。下端正中间印有印制时间“民国三十四年”。

壹圆券。横式，票面尺寸为 112×64 毫米。正面【图三】色调为深褐色，四周装饰有几何形边框，边框四角均印有表示面值的“壹”字。票面上端自右至左，印有“镇海县政府”字样，标明发行机构。中部为该券的主图案——牛耕图，一农民头戴草帽，在赶着老牛耕地，远处有两座低矮的小山。右侧印有“临时流通兑换券”，分两行竖式排列。左侧印有表示面值的“抗币壹圆”字样，亦为两行竖式排列。下端正中间印有印制时间“中华民国三十四年”。

背面【图四】色调为黄褐色，四周装饰有直线形边框，上端两角均写有表示面值的空心体“1”字。票面上端正中位置，加盖的青蓝色号码，为 5 位阿拉伯数字，表示印制编码。两侧分别印有“本县境内”“一律通用”字样，表明该券的流通范围。票面正中印有一花框，花框内印有表示面值的空心体花体“1”字。两侧偏下处各加盖一枚方形红章，右侧为“镇海县县长印”，左侧为“镇海县政府财经科长”，两枚印章书体均为篆书。

伍圆券。横式，票面尺寸为 129×76 毫米。正面【图五】色调为蓝色，四周装饰有简单的几何形边框，边框四角均印有表示面值的空心体“伍”字。票面上端分两行自右至左，印有“镇海县政府”“临时流通兑换券”字样，标明发行机构和票券性质。中部偏右侧为该券的主图案——秋收图，一农民头戴草帽，在弯腰割稻；另一农民在将稻穗装车，近处有农舍，远处有低矮山峦。左侧的位置印有面值，分两行竖式排列“抗币伍圆”字样，其下底图为红色，展现的是战士在瞄准射击的场景。下端正中间印有印制时间“中华民国三十四年”。

背面【图六】色调为褐色，四周装饰有直线形边框，边框四角均写有表示面值的“5”字。票面上端正中位置，加盖的青蓝色号码，

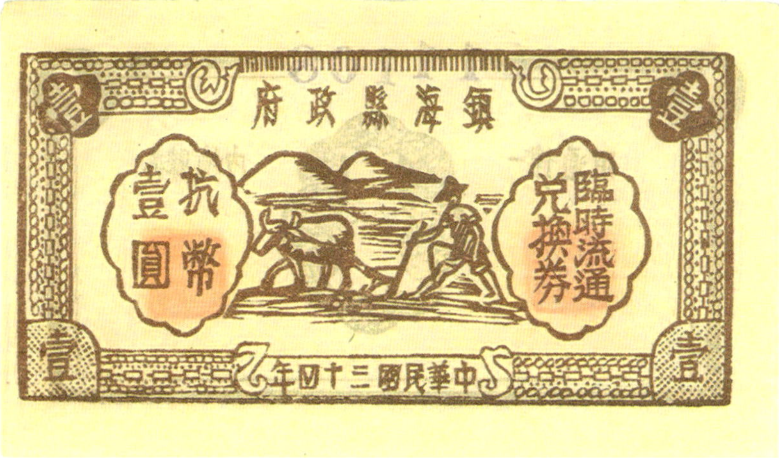

图三

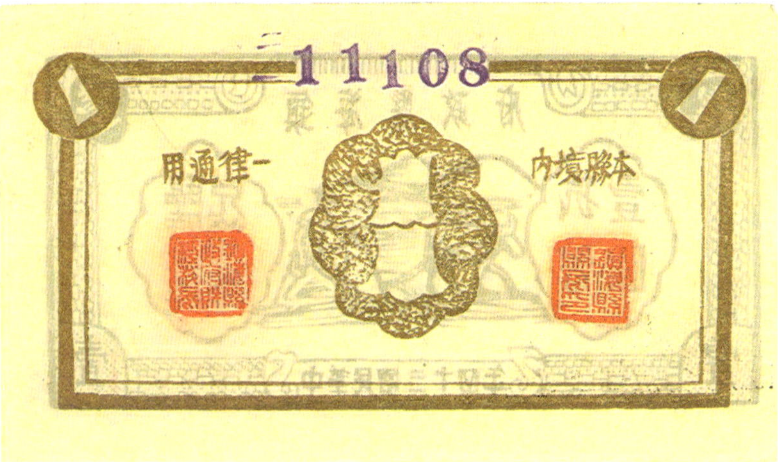

图四

图五

图六

为6位阿拉伯数字，表示印制编码。两侧分别印有“本县境内”“一律通用”字样，表明该券的流通范围。票面正中印有一朵四瓣花，花内印有表示面值的空心体花体“5”字。两侧偏下处各加盖一枚方形红章，右侧为“镇海县县长印”，左侧为“镇海县政府财经科长”，两枚印章书体均为篆书。

上述三种面值的流通兑换券材质均为道林纸，采用木版印制技术，图案设计简单，线条古朴，展现出木刻版画的风格。这些兑换券虽然因为受到条件限制，印刷得较为粗糙，但券面上蕴含的巧妙的构思，细腻高超的雕工，令人肃然起敬。

镇海位于宁波东北部，地理位置独特，自古就有“浙东门户”之称。全面抗战期间，镇海的战略支点作用尤为突出。镇海军民在党的领导下，积极开展抗日救亡运动，配合新四军浙东纵队英勇抗敌，广泛开展敌后武装斗争，沉重打击了日伪军的嚣张气焰。

为推动浙东抗日根据地的发展，1945年4月1日，浙东行署在梁弄镇成立浙东银行，任命吴山民为总经理、陆慕云为副经理、王海丰为襄理兼总金库主任，发行“抗币”。浙东银行发行“抗币”之后，因受到材料、技术条件和机器设备的限制，印刷数量有限，一时难以满足需要。特别是日本帝国主义投降后，原日伪政权发行的中央储备银行券急剧贬值，根据地又在逐步扩大，越发显现“抗币”印刷数量不足带来的不便。早在1945年1月，浙东各界临时代表会议召开期间，浙东敌后临时行政委员会提出《1945年浙东地区施政方向草案》，在草案中就曾明确发出“抗币发行数量未足时，在各分区应有计划发行各地区辅币，但应确定发行方法”的精神。为了稳定市场，补充货币流通中的不足筹码，各地抗日民主政府大都采取了不同的临时性、切实可行的措施。

镇海县抗日民主政府因地制宜，结合本县实际情况，在1945年8

月下旬发行了壹角、伍角、壹圆和伍圆四种面值的临时流通兑换券。为做好发行宣传工作，使广大群众了解临时兑换券的性质，迅速接受临时兑换券，镇海县政府先后发布了函令和布告。

此外，在《新浙东报》1945年9月8日、9日第212、213期第一版，还刊登有《镇海县政府为印发临时流通兑换券启事》，启事中明确：

> “兹因解放区逐渐扩大，原有抗币不敷流通，买卖殊感不便。本府鉴此。特印制临时流通兑换券伍圆、壹圆、伍角、壹角四种，正面印有‘镇海县政府临时流通兑换券’字样，背面印明‘本县境内，一律通用’，并盖有县长及财经科长小官章，均用白色道林纸印成。该券规定临时在本县境内流通，一俟浙东银行发出相当抗币时，该券即行收回。除分别函令并布告外，特再登报公启。”

通过这则启事，我们可以看出镇海县临时流通兑换券发行的原因，兑换券的面值和具体式样，而且特别指出，等到浙东银行发行相当数量“抗币”之时，兑换券立即停发收回。

兑换券的印制地点在今慈溪市龙山镇山下村，使用两台脚踏印刷机，一台印正面，另一台印背面。印刷机和印刷工人都是由一家已停办的香烟厂提供的，印钞所用的道林纸也由该厂转让。因为没有钞票打码机，工人们就因陋就简，用橡皮号码一个个拼起来手工加盖。兑换券背面的两方印章，是用青田石雕刻而成，然后用红色印泥一个个盖上去。最初印制的兑换券是小面值的壹角券和伍角券，后来开始印制壹圆、伍圆券。但是，迄今为止，壹角券尚未发现。

镇海县政府临时流通兑换券流通的时间很短，1945年9月底至10月初，从实现和平、民主、团结出发，遵照党中央的命令，浙东纵队北撤山东。浙东银行“抗币”和其他地方流通券停止使用，由政府出面组织有序收兑。

镇海是浙东抗日根据地的重要组成部分，镇海人民为浙东的抗战胜利作出了贡献。镇海县政府临时流通兑换券，虽然是作为临时性地方货币代用券来发行的，貌不惊人，但作用巨大。它打击了伪币，控制了金融市场，保护了人民群众的利益，对于稳定经济、发展生产、满足军政经费都起到了重要作用。兑换券是著名的浙东“抗币”的一个重要组成部分，它的印制和发行实现了镇海县经济的独立自主，使其少受敌占区经济波动的影响。它是镇海县抗日民主政府在财政经济方面展现对敌斗争的重大举措，也是研究镇海县抗日政权在抗日战争时期开展经济建设极其宝贵的实物资料。

赤币档案

吴山民（1902—1977），男，原名琅椿、椿，字念萱，义乌上溪镇里美山村人。1929 年 5 月任定海县县长，1938 年 10 月任义乌县县长。他积极响应中共抗日民族统一战线的政策和主张，实行抗日救亡和民主进步措施，掀起整个义乌的抗日高潮，影响和威望也得到大大提高，被广大人民群众称为“红色县长”。1942 年 7 月与共产党合作创建抗日第八大队武装，创建金义浦兰抗日根据地。1952 年 2 月任浙江省高等人民法院院长。1953 年后，历任浙江省人民政府办公厅副主任、省参事室主任、省文管会副主任。先后当选浙江省人大代表、省第三届政协副主席，民革中央委员、浙江省副主任委员兼杭州市主任委员等，是第四届全国政协委员。

孤悬敌后 自力更生：
淮上地方银号流通券

1945 年秋，苏皖边区第八行政专员公署为了统一本区金融、筹措军费，发行淮上地方银号流通券，流通于淮上根据地，后由华中银行发行的货币进行收兑。淮上地方银号流通券有伍圆、拾圆和贰拾圆三种面值，贰拾圆券迄今未见实物。伍圆和拾圆两种券别的设计风格和版式特征如下：

伍圆券。横式，票面尺寸为 115 × 58 毫米。券正面【图一】主色调为蓝色。四周装饰有传统的花纹边框，边框左右上角分别印有表示面值的空心体“伍”字。票面上端正中，自右至左，分两行，印有“淮上地方银号”和“流通券”字样，标明票券发行机构和票券性质。券面中间，左侧圆弧拱形内为主图案——乡村风景，有石拱桥、河流、房屋建筑、稻田、树木和山峦等，构图清雅，典型的水乡风格。尤其是房屋建筑造型，表现了南方民居建筑的式样，与山川景色融为一体，给人一种淡雅明快的美感。这种水墨画般的隽永意境，渲染出传统民居极具地域特色的基本风貌。图案下方加盖的红色印制号码，由英文字母和阿拉伯数字构成。券面右侧有一个不规则竖式花框，框内印有表示面值“伍圆”字样，空心体。面值下面左右侧各加盖一枚红色篆书小方印章，分别是“经理之印”“副经理印”。两章之间印有时间“中华民国三十四年印”。

淮上地方银号伍圆券背面【图二】主色调为橘黄色。四周装饰有传统的花纹边框，边框四角和左侧边框内分别印有表示面值的阿拉伯

图一

图二

数字“5”。票面中间层层花纹中间印有“5”。下端是英文面值“FIVE YUAN”，其下有“1945”字样。右侧边框处一不规则竖形花框内，展示的是长城图案，有烽火台和城墙，蜿蜒起伏。

淮上地方银号伍圆券正面版面设计和图案，完全来自苏南抗日根据地江南银行伍圆券【图三】，二者只不过油墨颜色不同而已。

拾圆券。横式，票面尺寸为 112×58 毫米。该券是由豫皖苏边地方银号纸币改印而成。正面【图四】主色调为褐色。四周装饰有传统的花纹边框，边框四角分别印有表示面值的空心体“拾”字。票面上端正中，在原“豫皖苏边地方银号”位置处加印三条黑横线，下面再加印“淮上地方银号”字样。券面左侧为主图案——芦雁图。画面有大雁、芦苇、湖泊，湖边的芦苇随风摇曳，湖上有五只大雁，岸上有两只，天空有一只形体较大的大雁正在向下飞翔。券面右侧有一不规则横式花框，框内印有面值“拾圆”字样。面值下面左右两侧各印有一枚篆书小方印章，分别是“董事长章”“总经理章”。票面右下端印有时间“中华民国三十五年印”。

券背面【图五】主色调为绿色。四周装饰有传统的花纹边框，边

图三

图四

图五

框四角分别印有表示面值的阿拉伯数字“10”。上端印有拉丁化新文字拼写的“豫皖苏边地方银号”字样。票面中间左端层层花纹中间印有面值阿拉伯数字“10”。下端印有“1946”字样，右端上部加盖红色号码，表示印制编码。中间印有“TEN YUAN”。下部印有手写体“抗币”二字。

原豫皖苏边地方银号拾圆券正面主图案——芦雁图，完全来自淮北抗日根据地淮北地方银号壹圆券【图六】，二者只是油墨颜色不同而已。芦雁图为中国画的传统题材，古代中国文人在诗和画里都喜欢用芦雁这个形象。芦苇朴实无华，寓意为朴实、韧性，大雁象征祥瑞。这幅画构图造型极为准确，形象生动，形神兼备。图中鸿雁，有的抬头鸣叫，有的展翅飞翔，它们和周边芦苇一起营造了一种幽雅静谧的意境。

淮上，特指淮河流经凤台至怀远段以北的左岸，包括涡河下游该段的怀远至蒙城段以北的左岸，古代左为上，故称淮上。全面抗日战争时期，彭雪枫率领八路军第四纵队（1941 年 3 月改编为新四军第四师），两次进军淮上，开辟了淮上抗日根据地，成立了淮上行署。

图六

1944年秋天，新四军主力进军津浦路西，重新解放了豫皖苏边区，为减轻人民群众负担，安定社会、稳定民心，部队自筹资金，收兑过去发行的萧县、永城、夏邑流通券和豫皖苏边地方银号币，并决定重新印制后期豫皖苏边地方银号币。同时，还需印制大量军政布告，以便向根据地内的广大人民群众宣传党的抗日政策和政治主张。为此，淮北印钞厂在津浦路西永城地区建立一个小型石印印钞厂，印制后期的豫皖苏边地方银号流通券。

全面抗战后期，新四军英勇作战，转战江淮，扫荡敌伪，收复城镇，使华中的苏中、苏北、淮南、淮北四个根据地连成一片，为达到政区、政令、政制进一步的统一，以及增强民主、和平建设的力量，1945年11月，苏皖边区政府成立，决定建立8个行政区，其中第八行政专员公署辖萧县、雪枫（原永城县）、宿西、雪涡、宿怀、夏邑、雪商亳、宿蒙8个县政府。

根据地的经济和建设离不开财政的支持，需要大量的货币投放。此时华中根据地华中银行已成立，但印制和发行的“华中币”数量有限，由于第八行政专员公署深入敌后，“华中币”一时无法满足市场流通和财政开支的需求。此外，国民政府发行的法币恶性通货膨胀，国统区物价疯狂上涨，从而刺激解放区物资大量出口，伴随而来的是法币倒灌解放区，银元复活①，最终导致解放区物价上涨。

为了发展本区经济，巩固金融，加强对敌经济斗争，苏皖边区第八行政专员公署决定发行自己的本位币，禁止杜绝伪币，管理法币，实行严格对外管制、对内自由贸易的政策，辅助与保护本区内的工商业发展，奖励私人营业，保护私人财产。但这一地区的原淮北地方银号已于1945年8月与其他几家银行合并组成华中银行，因此不宜再以

① 安徽省财政厅、安徽省档案馆编：《安徽革命根据地财经史料选（三）》，合肥：安徽人民出版社，1983年，第59页。

淮北地方银号的名义印制纸币。所以，第八行政专员公署决定组建淮上地方银号，在印制豫皖苏边地方银号流通券的基础上印制淮上地方银号流通券。淮上地方银号券属于地方币，主要使用范围在第八行政专员公署管辖范围内，是这一地区的本位币。

1946 年底，豫皖苏边区第三行政专员公署建立，苏皖边区第八行政专员公署撤销。1947 年 10 月 4 日，豫皖苏边区第三行政专员公署对社会发布《训令（财编字第 105 号）》，指出，“冀南银行、北海银行、鲁西银行、华中银行、淮上地方银号各种票额之钞票，自即日起在本区合法流通，完粮纳税一律通用。以上五银行所发行钞票之行使范围：凡我各解放区均一律通用”。这份训令明确指出五家银行的基金由边区的公粮、公产及各种税收担保，还规定了以上五种币对法币均为 1 : 25。

1948 年，中国人民银行成立后，人民币逐渐替代了原各解放区所发的地方性货币。1949 年以后，为保证广大人民群众利益不受到任何损失，中国人民银行继续收兑不同历史期发行的红色货币。据《安徽金融志》记载，1953—1955 年，安徽省人民银行系统按人民币 0.4 元兑淮上地方银号流通券 1 元的比例，共收回淮上地方银号流通券 53235 元。

淮上抗日根据地地理位置特殊，孤悬敌后，是党及其领导的新四军与蚌埠人民在蚌埠、淮河以北地区持久开展游击战争的一部分。淮上地方银号流通券凝聚了新四军和蚌埠人民的不朽功绩，是新四军领导人民建立人民民主政权的历史见证。

赤币档案

彭雪枫（1907—1944），出生于河南省南阳市镇平县七里庄一个贫苦农民的家庭，乳名隆兴，学名修道。中国工农红军、八路军、新四军的著名将领，是我党我军德才兼备、智勇双全的无产阶级革命家、军事家。1925 年 6 月下旬，参加共产主义青年团。1929 年 6 月，被派到烟台刘珍年部 21 师做兵运工作。1932 年春夏之交，指挥二师参加宜（黄）乐（安）战役，歼敌 52 师。8 月，粉碎了二师师长郭炳生的叛变阴谋，荣获“红星奖章”。1933 年 5 月，调任红三军团四师政委，率部东征，连战皆捷，进逼福州。1934 年 10 月，参加长征。1935 年 2 月，部队缩编，五师编为十三团，任团长。同月 25 日晚八时，率军攻占娄山关。1938 年 9 月 29 日，《拂晓报》创刊，他写《拂晓报——我们的良友》发刊词并为刊头题字。1939 年 11 月，任新四军六支队司令员兼政委，豫皖苏边区党政军委员会主任。1940 年 8 月，六支队与八路军三三四旅新二旅合编为八路军第四纵队，任司令员。1941 年 1 月 28 日，八路军四纵队奉命改编为新四军第四师，任师长兼政委。1943 年 3 月 17 日夜，率部参加山子头自卫反击战，大获全胜。1944 年 9 月上旬，亲临前线指挥时，不幸中流弹牺牲，时年 37 岁。2009 年 9 月，被评为“100 位为新中国成立作出突出贡献的英雄模范人物”。

和“冀钞”共同御敌：

太岳区经济局商业流通券

太岳区经济局商业流通券，是1945年晋冀鲁豫边区太岳区印制和发行的地方货币。据记载，流通券面值有壹圆、伍圆、拾圆、伍拾圆和壹百圆五种面值。但时至今日，壹圆和拾圆券尚未见到实物。太岳区经济局商业流通券的设计风格应是借鉴了1944年陕甘宁边区发行的陕甘宁边区贸易公司商业流通券，皆为竖式，每种券别的设计风格和版式特征如下：

伍圆券。票面尺寸为51×91毫米。正面【图一】为蓝油墨印刷，四周有传统的花纹装饰边框，边框四角分别印有表示面值的空心体“伍圆”二字。券面上端自右至左，分两行，印有“太岳区”“经济局商业流通券”字样，标明票券发行机构和名称。下面为流通券的印制编码。券面中间有一个花框，框内竖印面值“伍圆”二字，亦为空心体。面值下面印有“Chao. S. k.”，这是经济局负责人赵守攻的签名。券面最下端印有时间“民国三十四年印”字样。

券背面【图二】为红色油墨印刷，四周有传统的花纹装饰边框，

图一

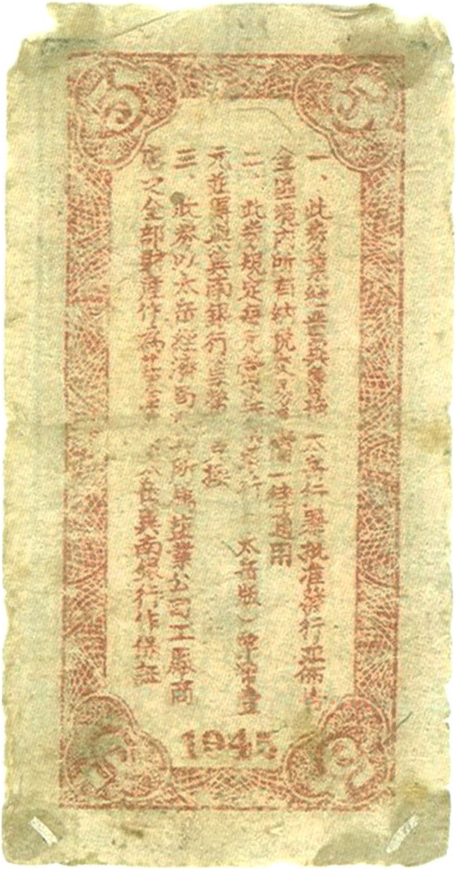

图二

边框四角分别印有表示面值的空心体“5”字。框内印有流通券的发行条例，竖式排列，共三条六列。下端印有“1945”字样。发行条例内容如下：

> 一、此券业经晋冀鲁豫太岳区行署批准发行，并布告全区境内所有纳税、交易、还债一律通用。
>
> 二、此券规定每元当冀南银行（太岳版）票币壹元，并得与冀南银行票币相兑换。
>
> 三、此券以太岳经济局及所属盐业公司、工厂、商店之全部财产作为基金，并由太岳冀南银行作保证。

伍拾圆券【图三、图四】。票面尺寸为59×119毫米。设计风格和版式特征，以及油墨颜色同伍圆券相同，唯尺寸和面值不同。

壹百圆券【图五、图六】。票面尺寸为64×128毫米。正背面均为灰褐色油墨印刷，版式特征与伍圆券相同，仅设计风格和边框花纹表现形式略有不同。

通过解读发行条例，我们知道此套商业流通券的发行基金是经济局及其下属的盐业公司、工厂、商店的全部财产，而且由冀南银行太岳区行作保。流通区域为太岳区全境，与冀南银行太岳版钞票等面值流通，并行使用。

太岳抗日根据地位于山西省中南部，因太岳山位于这一地区而得名。东望太行，西接吕梁，北鼎太岳，南滨黄河，俯瞰中原，包括今晋东南、晋中、临汾、运城地区和豫北、豫西的一些县市，是全面抗日战争时期由八路军、山西青年抗敌决死队开辟的一块根据地。在抗日战争和解放战争中，太岳军民为了中国革命事业的发展和胜利作出了重大贡献。太岳根据地的地理位置非常重要，它紧邻中共中央北方

太岳區
經濟局商業流通券
I 225409
伍拾圓
民國三十四年印

图三

一、此券業經晉冀魯豫太岳行署批准發行並佈告
全區境內所有納稅交易還債一律通用
二、此券規定每元當冀南銀行（太岳版）票幣壹元
並得與冀南銀行票幣相兌換
三、此券以太岳經濟局及其所屬商業公司工廠商店
之全部財產作為基金並由太岳冀南銀行作保証
1945

图四

太岳區
經濟局商業流通券
壹百圓
No 41/500000Z
678168
Chao S.k.
民國三十四年印
壹百

图五

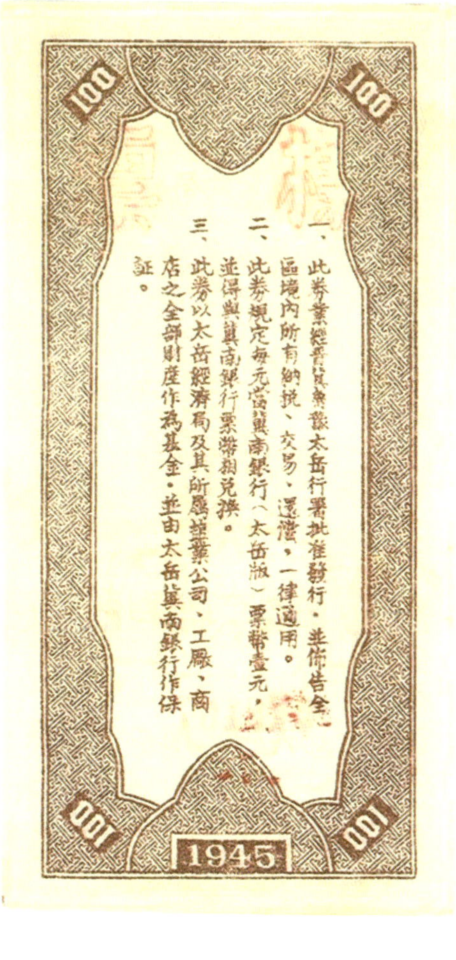

100
一、此券業經晉冀豫太岳行署批准發行，並佈告全區境內所有納稅、交易、還償，一律通用。
二、此券規定每元當冀南銀行（太岳版）票幣壹元，並得與冀南銀行票幣兌換。
三、此券以太岳經濟局及其所屬諸業公司、工廠、商店之全部財產作為基金，並由太岳冀南銀行作保証。
1945

图六

局和八路军总部所在地，同时又是联系西北、华北、中原和华中的交通要道，所以财政经济历来受到各级政府的重视。

为加强区内财政和金融管理，1941年3月，太岳区成立冀南银行太岳办事处，主要工作是稳定本区金融，统一币制，发行加盖“太岳”二字的“冀南钞”，兼办本区金库。9月，晋冀鲁豫边区政府太岳行政公署成立，办事处归行政公署领导。

1945年初，为加强对经济工作的统一领导和对敌经济斗争，太岳区将工商、税务、贸易、银行、合作社、粮食、工业等部门合并为经济局，行署设经济总局。目的是加强一元化组织领导，局长为赵守攻。经济总局下设一处三部，分别为秘书处、贸易部、产业部、金融部。各专区设经济分局，各县设县经济局，各级冀南银行作为各级经济局的金融部门，其任务是“扶助生产，发展国民经济，统一贷款，调整筹码，稳定金融，扶植市场，推行‘冀钞’打击伪钞，开展对敌货币斗争”。

1945年8月，日本帝国主义投降之后，太岳根据地范围扩大，共有5个专区，下辖43个县[①]。地域面积扩大，人口增加，使得货币需求量骤然增加。但此时冀南银行太岳版钞票印刷量小，而且太行版、冀南版等钞票不能在太岳区流通，故各县均感到冀南银行太岳版钞票筹码不足。这种情况如果不解决，一方面会影响军队供给和财政运转；另一方面会导致发生实物交换，于民不便的社会问题。而且，敌伪钞、杂钞等会趁机进入根据地市场，引发物资外流，物价上涨。

太岳经济总局指出，在金融死滞、工商业停顿、社会信用尚未建立的情况下，流通金融、活跃工商业，并普遍提倡恢复农业信贷事业，就必须在金融工作上实行独立自主的自由政策。一切存放款、汇兑业务，均由银行办事处根据当时当地的情况独立自主地适当进行，扫除

① 山西省地方志办公室编：《太岳革命根据地史》，太原：山西人民出版社，2015年，第410页。

一切工作上使金融活跃的阻碍。

为了保护根据地物资，排除伪币，发展工商业，区党委主动调剂货币，决定以太岳区经济局的名义，发行太岳区经济局商业流通券，作为货币投放流通市场。

商业流通券是在太岳区石印厂印制完成的。[①] 石印厂有 10 余台手摇石印机，4 台脚踏打号码的圆盘机，职工七八十人，归太行日报社领导，张逢奇、王克昌任正副厂长。石印厂以印报纸和小学生课本为主。后来，报纸改由铅印，专门以印书、印粮票和印画报为主。1945 年 8 月，日本投降后，石印厂承担了印制太岳区经济局商业流通券的工作任务。由于道林纸数量稀少，就采用当地的土纸——桑皮纸，作为券纸。石印厂最初设在沁水县河西村的一个大庙里，后迁到阳城县孙庄。解放战争时期，为避免战争对工厂的破坏，又相继搬迁到长子县和高平县（今高平市）。

印制钞票与印图书、画报不同，对印制技术和印刷质量都要求很高。石印厂的印刷工人都来自农村，虽然文化水平低，技术素质差，但他们政治素质高，不怕苦，肯出力，工作热情高涨。根据地的生活条件很艰苦，实行供给制，以小米饭为主，一星期能吃上一顿白米饭简直就像是过节。

虽然生活条件艰苦，工人们却任劳任怨，勤学苦练，努力提高印刷技术，加班加点，一台机器设 4 个人操作，分两班交替工作[②]，印刷机不停，保证了印制流通券任务的顺利完成。

为了便于工作的开展，1946 年 1 月，石印厂正式移交给冀南银行

---

① 武博山主编：《回忆冀南银行九年》，北京：中国金融出版社，1993 年，第 663 页。

② 张传芳主编：《晋冀鲁豫边区货币史》（上册），北京：中国金融出版社，1995 年，第 140 页。

太岳区行来领导。太岳区行为加强管理，派驻厂员，专门负责监印、审查、检定印制质量、点数、打捆、包装等，之后，成品商业流通券会送至太岳区行进行发行。为保证印钞安全，太岳区党委还派一个排的军队在印钞厂24小时值班守护。

商业流通券的发行工作具体是由经济总局金融部负责，它的投放是以通过军队军费、政府财政、生产贸易等方式而进入市场流通起来的。尽管纸张不好，印制技术简单，但是流通券在人民群众中的威望和信用却很高，与冀南银行钞票等价流通，券值稳定，由此稳定了物价，群众也不吃亏，七八元流通券可以购买到一斗小米。

1946年，冀南银行决定整理本币市场，将商业流通券收回。这项工作对太岳区来讲，量大而广，为了顺利完成任务，临时在各地设立多个兑换所。[①] 冀南银行太岳区行在1946年11月29日发出立即停止收兑太岳区商业流通券的通令，再次重申流通券应于12月1日停止流通。通过太岳区各级政府以及冀南银行太岳区行的努力，终于完成了收兑任务。

太岳区经济局商业流通券，从1945年10月开始发行到1946年底收兑结束，共发行2.8亿元，其中伍拾圆券2.02亿元，壹百圆券7800万元。[②] 尽管流通时间不长，但在当时根据地冀南银行太岳版钞票严重缺乏的情况下，在维持太岳区正常的货币流通秩序、扶持生产、发展贸易、繁荣市场、肃清敌币、支援战争等方面发挥了重要作用。

太岳区经济局商业流通券因为流通短暂，流通区域又仅限于太岳地区，而且后期收兑比较彻底，故留存于世的实物很少。

---

① 武博山主编：《回忆冀南银行九年》，北京：中国金融出版社，1993年，第285页。

② 张传芳主编：《晋冀鲁豫边区货币史》（上册），北京：中国金融出版社，1996年，第139页。

赤币档案

赵守攻（1912—1979），山西省原平市北三泉村人。早年即从事革命活动，1932 年参加左翼作家联盟等组织。1935 年加入中国共产党。在北京大学学习后赴日本留学。1937 年，抗日战争全面爆发后，到延安中央党校学习，后到华北抗日根据地，历任西南区党委离石县县委书记、乡吉地区特委书记、北方局宣传部科长、太岳区党委宣传部副部长、太岳行署经济局局长、晋绥分局兴县土改工作团组长、晋南工委新绛县土改工作团团长兼县委书记。新中国成立后，历任甘肃省委委员、宣传部部长，中共新疆分局常委、宣传部部长，国务院中国专家局副局长、局长、党组副书记，中国科学技术委员会委员，国务院副秘书长、党组副书记，第五届全国政协委员。

第四章

解放战争时期——统一

（1945—1949）

战斗在白山黑水：东北解放区嫩江省银行流通券

嫩江省银行流通券是东北解放区西满根据地使用的区域性货币，简称“嫩江券”，由嫩江省银行负责印制和发行，面值有伍圆、拾圆、伍拾圆、壹百圆 4 种。嫩江券均为横式设计，正面四周装饰有传统的花纹边框，边框四角分别印有表示面值的空心体字。票面上端正中，自右至左，印有“嫩江省银行”5 个字，标明流通券的发行机构。券面上端印有流通券的印制编码。背面上端印有英文行名，下端印有英文面值和时间“1946”。

每种券别的设计风格和版式特征如下：

伍圆券。票面尺寸为 137×70 毫米，正面【图一】为蓝黑色油墨印刷。券面右侧为纸币的主体图案——射击图，一排战士呈卧姿瞄准射击姿势，另有一战士呈站姿状，手指前方。左侧有一不规则花框，框内印有面值“伍圆”字样。其下方两侧各加盖“总经理章”“经理之章”篆书红色小方印。票面下端中间有“中华民国三十五年印”字样。背面【图二】为绿色油墨印刷，中间图案为嫩江省银行办公大楼，

嫩江省銀行
NO.A
135835
伍圓
伍
伍
伍
伍
中華民國三十五年印

图一

BANK OF NENGHIANG SHEENG
5
5
FIVE YUAN
1946
PRINTED BY TUNG PEI HIFAN

图二

两侧为阿拉伯数字面值“5”。

拾圆券有三种版式。其一，票面尺寸为137×71毫米，正面【图三】为橘黄色油墨印刷。券面右侧为纸币的主体图案——一列行驶着的火车，车头朝右前方，冒着滚滚的浓烟。左侧有一不规则花框，框内印有面值“拾圆”字样。其下方两侧各加盖“总经理章”“经理之章”篆书红色小方印。票面下端中间有“中华民国三十五年印”字样。背面【图四】为土褐色油墨印刷，有装饰框，框四角有阿拉伯数字面值“10”。中间图案为上殿下屋形式的古代圆形建筑，类似天坛祈年殿，两侧为阿拉伯数字面值“10”。此券的英文行名不同于其他券别，“TUNG PEI BANK OF CHINA”，直译为中国东北银行，就是指东北银行。

其二，票面尺寸为137×70毫米，正面【图五】为黄褐色油墨印刷。券面中间为纸币的主体图案——农村秋季打场图，两匹马各拉着一个石磙朝左前方行进，一人在旁手握马鞭正在吆喝。左右两侧各有一不规则花框，框内印有面值“拾圆”字样。其下方两侧各加盖“总经理章”“经理之章”篆书红色小方印。票面下端中间有“中华民国三十五年印”字样。背面【图六】为棕色油墨印刷，中间图案为嫩江省银行办公大楼，两侧为阿拉伯数字面值“10”。

其三，票面尺寸为137×70毫米，正面【图七】为蓝黑色油墨印刷。券面右侧为纸币的主体图案——一列行驶着的火车，车头朝左前方。左侧花框印有面值“拾圆”字样。其下方两侧各加盖“经理之章”“副理之章”篆书红色小方印。票面下端中间有“民国三十五年印”字样。背面【图八】为绿色油墨印刷，有装饰框，框内布满花卉装饰。两侧各有一大花纹饰，内印阿拉伯数字面值“10”。英文行名为“BANK OF NENCHIANG”，直译为嫩江银行。

伍拾圆券。票面尺寸为142×63毫米，正面【图九】为黄绿色油墨印刷。券面左侧为纸币的主体图案——学工农兵武装前进，右侧黄

图三

图四

图五

图六

色花框印有面值“伍拾圆”字样。其下方两侧各加盖“总经理章”“经理之章”篆书黄绿色小方印。票面下端中间有“中华民国三十五年印”字样。背面【图十】为粉红色油墨印制，中间图案为嫩江省银行办公大楼，两侧为阿拉伯数字面值“50”。

壹百圆券。有两种版式：其一，票面尺寸为 152×72 毫米，正面【图十一】为墨绿色油墨印刷。券面左侧为纸币的主体图案——战士

图七

图八

和民兵武装前进，二人双目炯炯有神，注视前方。右侧近中位置花框印有面值“壹百圆”字样。其下方两侧各加盖“总经理章”“经理之章”篆书红色小方印。票面下端中间有“中华民国三十五年印”字样。背面【图十二】为黄绿色油墨印刷，有装饰框，框四角有阿拉伯数字面值“100”。中间图案为嫩江省银行办公大楼，两侧为阿拉伯数字面值“100”。

图九

图十

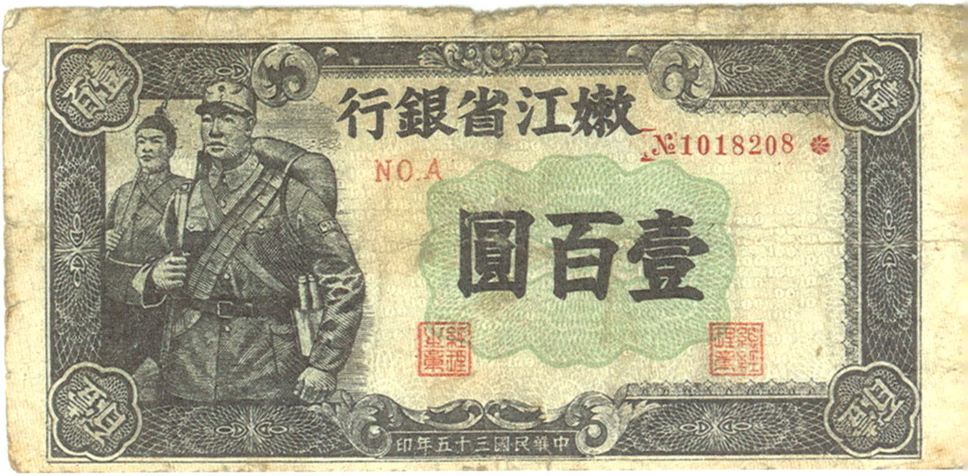

图十一

图十二

其二，票幅尺寸、版式与前者一样，只是正面为浅蓝色油墨印刷。

嫩江省银行是在原东北银行吉江分行的基础上成立发展起来的。1945 年“八一五”东北光复后，中共中央东北局成立。为了发展壮大东北革命根据地，东北局于 11 月成立东北银行，印制东北银行地方法币和地方流通券，作为东北解放区全境范围内的本位币。

随着形势的发展，1945 年 12 月 6 日，西满分局在齐齐哈尔成立，主要领导嫩江省、黑龙江省、辽吉省、兴安省等省工作。

西满分局成立之初，粮食、衣被、弹药供应十分紧张，财经十分困难。因此，为满足军需供给之需，西满分局想方设法地解决财经问题。

1946 年初，国民党当局悍然撕毁停战协定，向东北解放区发动大规模进攻，东北解放区被分割成不同区域，经济上互不联系，且因交通不便，造成东北银行不能给各地提供钞票。当时，西满根据地内流通的货币种类繁多，有伪满洲国币、苏联红军军用票、日本金票、朝鲜金票以及国民党当局发行的东北九省流通券，其中伪满洲国币占市场流通的一半以上。因为货币品种多，引起通货膨胀、物价上涨，金融秩序紊乱。

针对上述这些情况，根据地迫切需要建立自己的银行。1946 年 3 月，中共中央东北局在辽宁省抚顺市召开第一次东北财经后勤会议，决定“东北地区，由东北银行发行东北流通券，通行全境，各省可发行 10 元以下的小票，在省内流通”。根据这次会议精神，西满分局决定成立银行，发行地区流通券。

因为嫩南地区已经解放，西满军区政委李富春决定，在洮南立即进行东北银行吉江分行的筹建工作，由嫩南专员行政公署财政处管理。1946 年 4 月，长春、齐齐哈尔解放之后，嫩南、嫩北连成一片。5 月，嫩南专员行政公署正式合并于嫩江省政府。

嫩江省因嫩江流经西部而得名，是国民政府于抗战胜利后在东北成立的九省之一，省会是齐齐哈尔。1945 年 11 月 15 日，党领导的嫩江省人民政府宣布成立，于毅夫任省政府主席。1945 年末，省政府撤出齐齐哈尔，移驻甘南县，后又移驻讷河县（今讷河市）。为便于领导，将嫩江省划分为嫩南、嫩北两个行政公署。1946 年 4 月，齐齐哈尔再次解放后，嫩江省人民政府随东北民主联军重新进入齐齐哈尔。

嫩江省人民政府再次进入齐齐哈尔后，中心任务就是动员一切力量支持前线战争，动员青壮年参加东北民主联军，动员一切财力和物力保证军需供应，组织战时医疗机构，动员民兵参加后勤支援工作。

1946 年 6 月，东北银行吉江分行全部迁至齐齐哈尔，改称嫩江省银行，归嫩江省人民政府领导。行长由原吉江分行行长曹根全担任。行址在齐齐哈尔市广信胡同 1 号，为原伪满洲中央银行齐齐哈尔分行旧址，另在讷河、嫩江、肇东设有办事处。银行的首要工作任务是：发行货币，代理省内金库业务。其次是做好兑换工作，为部队兑换从关内带来的其他解放区的货币。

银行印钞厂最初设在银行院内东侧楼下，厂长鲁前，印刷设备是从长春伪满洲国印刷厂接收的，印刷工人也是自长春招募而来。后国民党军队逼近白城，对江桥、齐齐哈尔构成威胁，考虑到印钞厂的安全，决定马上北迁。时间紧、任务重，工人们在短时间内完成了机器拆卸，将设备、物资打包装箱，运上火车。印刷厂先落脚讷河，后又继续搬迁。整个运输过程，耗时近一个月，于 6 月底抵达目的地——嫩江县。一路搬迁，费尽千辛万苦。从讷河到嫩江，沉重的机器部件和重要的物资、器材用大胶皮轮车托运，油墨等物资装在花轱辘车上托运[①]，这一路人烟稀少，土匪经常出没，全体人员时刻保持高度的警惕，克服重重困难，最终确保了印刷设备的安全。

---

① 《中国革命根据地印钞造币简史》编纂委员会编：《中国革命根据地印钞造币简史》，北京：中国金融出版社，1996 年，第 329 页。

印钞厂厂址设在嫩江县南十字路口的原伪满嫩江县兴农合作社，经过整修，1946年8、9月间，开始投入生产。因为保密制度的需要，印钞厂对外称作“西方印刷厂”，下设印刷股、材料股和警卫排，厂里有胶印机、石印机、打码机、裁纸机、磨版机、照相机等设备。

印钞厂印制出嫩江券成品后，将大张裁切成单张，装入固定的周转箱，再运送到嫩江县办事处。在办事处，组织人员核查钞票张数，检查错误号码，将跳号、重号的票券拣选出来，补打上正确的号码。补完号码后，销毁废品，成品先扎成小把，再捆绑成大捆，装箱，运往齐齐哈尔嫩江省银行。

1946年6月，嫩江省银行首先公开发行伍拾圆和拾圆券，共发行1063万元①，与苏联红军票和伪满洲国票一比一共同流通。为维护嫩江券的信用，1946年6月19日，嫩江省人民政府以主席于毅夫的名义，发布通令，内容如下：

> “查最近各省地方纸币，大量流入本省，以致本省许多地方市场受到影响，商业停滞，物资外流，物价高涨，金融混乱，长此以往，本省财政经济将不堪设想。今为整顿金融，繁荣市场，扶持工商业，便利工（公）私款项应用起见，决定以嫩江省银行钞票为本位币，各县一律通用。现有之苏联红军票及伪满洲票暂准以1∶1使用。至于其他各种流通券或纸币在未接到省府明令前一律严禁使用，各地务须严格执行。”

除伍拾圆和拾圆券外，嫩江省银行还发行了伍圆、壹百圆券，总计发行6.71亿元。伍拾圆券面世之后，社会上出现假票，嫩江省银行

---

① 周逢民、初本德主编：《东北革命根据地货币史》，北京：中国金融出版社，2005年，第70页。

为防止百姓上当受骗，钱财受损，立即对外公布真伪票的特点，将票样对照张贴在商店窗口，让大家认知。由于措施及时妥当，假票很快消失不见。同时，银行用胶印机印刷出新版伍拾圆，陆续回收旧版票，因此旧版伍拾圆假票给社会造成的影响极小。嫩江券除在本省流通外，在相邻的部分地区，如黑龙江、辽北地区也有流通[①]。1946年8月8日，嫩江省发布“融”字第三号布告，公布百圆苏联红军军用票停止流通，军用票逐渐减少。1946年8月9日，嫩江省准许无地名的东北银行地方流通券拾圆、伍拾圆、壹百圆与嫩江省银行流通券等价流通。这时，伪满洲国币与嫩江银行券由最初的一比一开始不断贬值，1∶0.9、1∶0.8、1∶0.7、1∶0.6……最后，百姓拒用，伪满洲国币彻底消失。嫩江券和东北银行币全面占领货币市场。

嫩江券的发行，主要是为了保证军需供给，所以这部分投放达到55%之多。用于加强军队建设，巩固地方政权所需的军政费用占17%。银行周转资金占16%。其余为发展生产、开展贸易、保障民生方面，占12%。

嫩江省政府积极开展土地改革、减租减息运动，广大群众的积极性高涨，抓紧农业生产，支援解放战争。所以，为解决农耕困难，嫩江省银行积极发放农业贷款，如1946年8月，贷出500万元，分发到14个县，再由县政府负责分发到广大穷苦贫民手中。12月，嫩江省银行又发放3000万元贷款，名称为“运输合作贷款”，指定是买牲口，帮助农民解决运输和春耕之用。

嫩江券占领市场后，渐渐取得了民众的认可，成为嫩江省区域内商品流通的主要媒介，在群众中享有很高的声誉，对支援前线，稳定嫩江根据地发挥了特殊作用。

1947年3月，嫩江省银行与东北银行嫩江分行合并，成立东北银

---

① 辽宁省档案馆等编：《东北解放区财政经济史资料选编》第三辑，哈尔滨：黑龙江人民出版社，1988年，第514页。

行黑嫩省分行。此后，嫩江券停止发行，通过登报公布收兑期限，由各地分行负责收兑，无银行的地方委托当地税务机构收兑。至此，嫩江省银行流通券彻底退出了流通领域。

赤币档案

于毅夫（1903—1982），原名于成泽，笔名洪波、逸凡。吉林双城辛家窝堡（今属黑龙江肇东）人。出生于地主家庭，其父早年追随孙中山，曾被委任为黑龙江省宣抚使，后遭军阀通缉，携家迁居天津。

1926 年秋大学毕业后，投笔从戎，参加北伐战争。1928 年秋随东北军回到东北，任黑龙江省立第一中学校长。1930 年秋，到天津任市长张学铭的秘书。1933 年春起，从事中共地下情报工作。1935 年夏起在东北人民抗日会工作，主办会刊《东北之光》。1936 年 7 月加入中国共产党。1937 年 6 月参与领导成立东北救亡总会，任常务委员兼宣传部部长。1941 年春转移至香港，从事抗日统战工作。1942 年夏到上海从事地下工作。1943 年 3 月进入华中解放区，任新华社华中分社总编辑、新四军情报部副部长、联络部部长，参加敌后抗日游击战争。抗战胜利后，任中共中央华中局调查研究室主任。1945 年 11 月任嫩江省政府主席。1947 年春，任黑龙江省政府主席。中华人民共和国成立后，历任黑龙江省人民政府主席、中共中央统战部副部长、中共吉林省永吉县委第一书记兼吉林市委书记、中共吉林省委书记处书记、吉林省政协副主席等职。

巧解燃眉之急：
冀热辽解放区热河省利民商店拾圆流通券

热河省利民商店流通券是解放战争时期冀热辽解放区热河省发行的货币，面值只有拾圆 1 种，流通使用时间只有 1 个月。

该券为横式，票面尺寸为 126×63 毫米。正面【图一】主色调为蓝色。四周有传统的花纹装饰边框，边框上部两角印有大写面值的空心体“拾”，下部两角印有阿拉伯数字面值的空心体“10”。票面上端正中，自右至左，弧形印有“热河省利民商店流通券”，标明票券发行机构和票券名称。下面左右两侧分别加盖红色号码，右侧是阿拉伯数字，左侧是英语字母，表示印制编码。票面中间左侧有一个不规则竖式花框，框内印有大写面值“拾圆”字样。右侧为椭圆形，内为流通券的主图案，展现的是一辆火车正在快速行驶的画面，车头上端冒出滚滚的浓烟，非常震撼。面值下面加盖两枚红色篆书小方印，分别是“经理之章”“副理之章”。票面左下方，有时间“民国三十五年印”。

背面【图二】主色调为紫色。四周有传统的花纹装饰边框，边框四角分别印有表示面值的空心美术体“拾”字。边框中间印有热河省利民商店发行流通券的通告，共3条，自左至右排列：

一、本券经省政府批准发行，并得以此券完纳全省各种税收。

二、本券与边币一比一兑换。

三、本券全部准备金由热河全省税收保证。

下面印有“热河省利民商店”7个字。

这张流通券无论是设计水平还是印刷质量都非常高。通过审视票券背面的文字，能够获得以下信息：一是该券面值为拾圆；二是该券印制于1946年；三是该券由热河省政府批准发行；四是该券与同时期流通的晋察冀边区银行冀热辽券的兑换比价是1∶1；五是该券的发行准备金是热河省的全部税收。

1914年，热河地区设立直隶省热河特别区，1928年始建热河省。解放战争时期，热河省是冀热辽根据地的一个重要组成部分，包括承德、丰宁、赤峰、隆化、围场、滦平、平泉、凌源、阜新、林西等地区，地理位置和战略地位非常重要，它是沟通关内外的通道、东北的大门，是兵家必争之地。1945年，中国共产党领导下的八路军冀热辽军区所辖各部队对日伪展开攻势。从6月起，八路军开始进军热河。冀热辽地区处于国民党军队包围中，并与晋察冀老区隔绝，斗争十分艰苦。9月，根据中共晋察冀中央局的决定，中共冀热辽区委员会热河分委员会、冀热辽区热河行政公署及热河军区在承德建立。10月，热河省民主政府在承德正式成立。11月，中共热河省委员会正式成立。至1946年6月，热河省辖有热西、热东、热中、热北、热辽、热南6

熱河省利民商店流通券
(A)
(1)
拾圓
民國三十五年印

图一

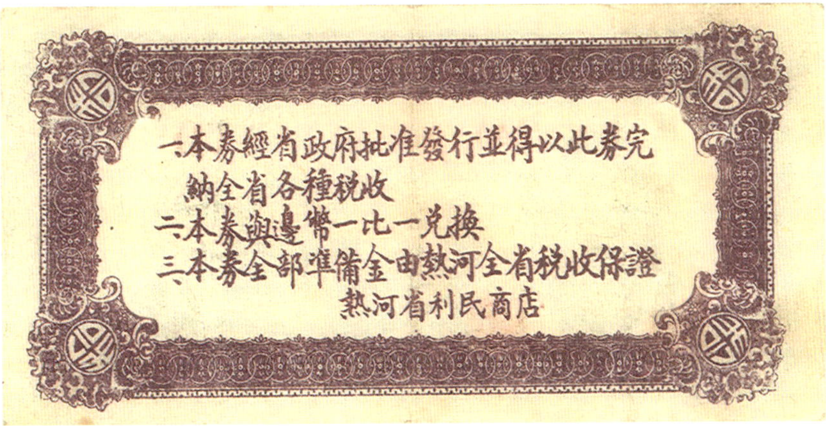
一、本券經省政府批准發行並得以此券完
納全省各種稅收
二、本券與邊幣一比一兌換
三、本券全部準備金由熱河全省稅收保證
熱河省利民商店

图二

个专区和承德市。在党的领导下，热河省为巩固民主政权，积极扩大人民武装，全力清剿土匪，开展减租减息与土地改革，根据地得到进一步巩固和稳定发展。

热河省在全面抗战后期主要使用晋察冀边区银行冀热辽券。1944 年，抗战胜利前夕，中共中央北方局和晋察冀边区政府抽调干部去冀东，为了支持保证冀东军费，保证群众生产生活，决定发行冀热辽根据地晋察冀边区银行冀热辽券，于 1945 年 6 月、7 月开始印刷发行。

1945 年 9 月，冀热辽军区财政科科长杨玉森带队到沈阳和锦州接收半裁胶印机和石印机，筹建冀热辽印刷局。12 月，印刷局转移到承德。

承德是热河省省会，此时临近春节，买卖交易频繁。可是市面上的晋察冀边区银行冀热辽券很少，发行量跟不上革命形势发展的需要，使得政府和军队财政开支困难，而且老百姓过年手里也要有现钱才能买东西。为解决流通领域筹码不足，热河省领导决定自行印制钞票以解急需。

1945 年 11 月 27 日，中共中央发出“热河极为重要，所去干部留热河工作”的指示，先后将去东北的 1 万名部队战士和 1000 名干部留在热河工作。冀热辽印刷局与已经到达承德的陕甘宁根据地延安光华印刷厂、八路军印刷厂派往东北接收的干部共同筹建热河省财政厅印刷局。

热河省财政厅印刷局设在承德市西街，杨玉森任局长，陈子良任副局长，姜明任指导员，有 60 多名职工。印刷局有 1 台大石印机、2 台半裁胶印机、1 台四裁胶印机、1 台锅炉蒸汽机。

来自延安的同志建议，在货币流通领域上热河省财政厅可以效仿陕甘宁边区发行“光华商店代价券”的模式，所以热河财政厅印刷局就以冀热辽军区后勤部利民商店的名义，印制“热河省利民商店流通券”，面值为拾圆。流通券由朱益山设计、于纯德制版，采用半裁胶印机印制。根据热河省社会经济环境，决定流通券与晋察冀边区银行冀热辽券的比价是 1∶1。由于使用的是粉浆版，天冷、墨稠、药水多，开机不久，版纹就裂掉了。印刷局抓紧时间，又制作了第二块钞版，调整了油墨、药水的比例，为了提高温度，还在房屋安装火炉，终于将首批热河省利民商店流通券印制成功。因为临近春节，热河省党政机关和军队都着急用钱，流通券采取了即印即发的方式。为了提高流通券的产量，印刷局工人就加班加点 24 小时不间断印制。经过印刷局全体干部职工的努力，终于完成了印制任务，保证了市场流通，解决了热河省财政厅无钱可用的困境，保证了春节期间货币市场的投放和融通。

1946 年 1 月，晋察冀边区印刷总局派人到承德，准备建立冀察热辽印刷局。2 月，承德周边战斗形势紧张，晋察冀边区印刷总局决定撤回筹建冀察热辽印刷局的工作人员，并将半裁胶印机、四裁胶印机、大小石印机等印钞设备撤往张家口。热河省财政厅将原印刷局工人遣散回家，热河省利民商店流通券也随之停止印刷。

因为是以热河省全境内的税收为准备金，而且与晋察冀边区银行冀热辽券的比价为 1∶1，所以热河省利民商店流通券信用极佳，百姓愿意使用，商铺也乐于接受，在当地货币市场上占有绝对的主导地位。

据档案资料记载，热河省利民商店流通券印制总额为 431.25 万元，发行总额为 322 万元。1946 年 8 月，热河省银行成立，发行热河省钞，利民商店流通券由热河省钞收回。流通券印制时间虽然只有短短的 1 个月，却起到了支援前线、保证生产，保障当地军民生活给养等积极作用。

赤币档案

陈子良（1918—2007），江苏淮阴人。1930 年到国民党中央党部下属的印刷厂当学徒。1938 年，赴延安抗大学习。1940 年，在八路军印刷厂做印刷工。1941 年，任延长石油厂副厂长。1945 年 9 月，随部队赴东北。长春解放后，被分配到东北银行工作，管理印钞。抗美援朝时，曾去朝鲜组建随军银行。1953 年夏天，到一汽工作，为第一任工具处处长。1955 年，赴苏联学习，归国后任锻造厂车间主任。1959 年 11 月到 1969 年底，在北汽工作；1970 年到 1980 年，在陕汽工作；1980 年，被调到一机部汽车局当副局长。1983 年，汽车局改为中国汽车工业公司，任纪检组组长，1986 年离休。参与了红旗轿车、北京吉普 212、陕汽拖炮车等三种检阅车的制造过程。

团结互助　渡过灾荒：
苏皖边区政府救灾公债券

苏皖边区政府救灾公债券发行于1946年春季，是苏皖边区政府为抵御自然灾害、救济受灾群众而发行，面值有伍拾圆、壹佰圆、贰佰圆和伍佰圆四种，公债券由边区政府委托各行政专员公署和直属机关对外发售。

现能收集到的有第一、第二、第三、第五和第七行政公署发出的公债券。据实物资料观察，各行署发售的公债券虽设计风格和版式特征各不相同，但各种公债券都印有本公债的条例或有关说明。

第三行政区专员公署发出的公债券，皆为竖式，各种面值版式和形制均相同，唯券面尺寸大小不同，其中伍拾圆券为66×195毫米，壹佰圆券为70×139毫米，伍佰圆券为68×132毫米。下面以伍拾圆券为例（此券附有存根联），介绍一下公债券的设计风格和版式特征。

公债券正面【图一】为红色油墨印刷，采用主副券版式，上端副券为公债存根，印有双线组成的一长方形方框，框内上下四栏，第一栏印有“救灾公债存根”字样；第二栏印有“购买人”字样，具体人名购买时当场填写；第三栏印有“县　区　乡　村”，具体地址，也是购买时当场填写；第四栏印有面值“伍拾圆”。方框下端印有公债券编号，“救（三）字第　号”字样。

编号下面是主券，一个由传统花纹图案构成的竖型装饰方框。方框内上端自右至左印有“救灾公债券”字样。下面竖排印有三列，自右至左，分别是“苏皖边区政府发行”“伍拾圆”“第三行政区专员公署经发”字样。下面右左侧，分别加盖蓝色篆书小方印“专员之章”“财政处长之章”。券面最下端有印制时间“中华民国卅五年四月一日印”。主副券之间盖有第三行政区专员公署的红色骑缝章。

背面【图二】为黑色油墨印刷。副券处为空白，主券上端自右至左印有“救人一命功德无量”字样，这句话下面有一条横线。横线下面印有本公债发出的情况说明，竖列，4 条，共计 9 列。

（一）本公债券由苏皖边区政府发行，并委托第三行政区专员公署经发，专作救灾之用。

（二）本券以本年度公粮田赋及各种税收作抵押金，每月利息二分，秋收后全部还清。

（三）本券自十一月一日起，完粮纳税一概通用，但不准在市面作货币流通。

（四）本券只供济灾经费之用，任何机关私人，不得移作机关公用或有私人贪污，违者应受到政府之戾历（厉）惩处。

券下方盖有红色篆书“苏皖边区第三行政区专员公署印”大方印。

第五行政区专员公署发出的公债券，皆为竖式，各种面值版式和形制均相同，唯券面尺寸大小不同，其中贰佰圆券为 109×154 毫米。下面以贰佰圆券为例，介绍一下公债券的设计风格和版式特征：

救災公債存根
購買人　周長泰
伍拾圓
救（三）字第　號
救災公債券
蘇皖邊區政府發行
伍拾圓
第三行政區專員公署經發
中華民國卅五年四月一日印

图一

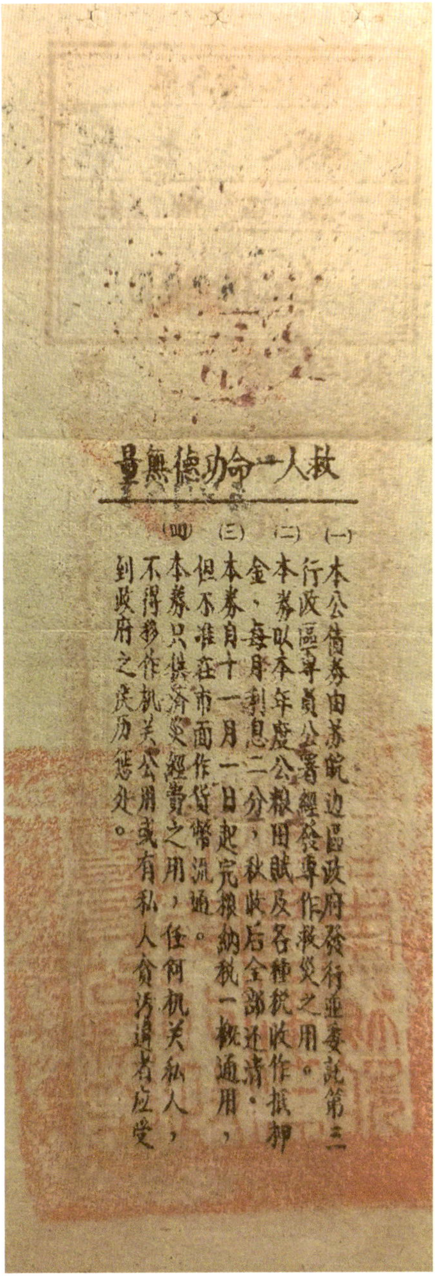
救人一命功德無量
(一) 本公債券由蘇皖边區政府發行並委託第三行政區專員公署經發專作救災之用。
(二) 本券以本年度公粮田賦及各種税收作抵押金，每月利息二分，秋收后全部还清。
(三) 本券自十一月一日起完粮納税一槪通用，但不准在市面作貨幣流通。
(四) 本券只供济灾經费之用，任何机关私人，不得移作机关公用或有私人貪污違者应受到政府之嚴厉懲处。

图二

公债券正面【图三】为黑色油墨印刷。票面由直线构成长方形边框，方框分为两栏，第一栏内自右至左印有“苏皖边区政府救灾公债券”，标明该公债票的名称和性质。第二栏内最右侧第一列印有“灾债字第号”，即该公债券的编码。第二列“金额华中币贰佰圆整”字样。第三到第七列，分别印有“主席李一氓”“副主席刘瑞龙”“季方”“韦悫”“方毅”。第八列印有“填发机关”字样，下端加盖篆书红色“苏皖边区第五行政区专员公署印”小方印。第九列印有时间，“中华民国三十五年　月　日　发于淮阴”。左端盖有第五行政区专员公署的红色骑缝章。

该券背面【图四】由直线构成长方形边框，框内印有本公债条例，黑色油墨印刷，也为竖列，共7条、8列。具体内容如下：

（一）本公债定额为华中币玖千万元，完全用于赈济灾民之用。

（二）本公债以三十五年粮赋收入为基金。

（三）本公债分伍百元、贰百元、壹百元、伍十元四种，均为无记名式。

（四）本公债利率定月息贰分，还本时一次付清。

（五）本公债债券在未到期前，不得在市面作通货流通，到期后依票面金额连同利息完纳三十五年十一月一日后各种赋税或向华中银行兑现。

（六）公债自填发日起至三十五年十一月一日开始偿还。

（七）本公债还本付息指定华中银行作为经理机关。

第七行政区专员公署发出的公债券，为单面印刷，故券背面无文字图案。皆为竖式，各种面值版式和形制均相同，唯券面尺寸不同，

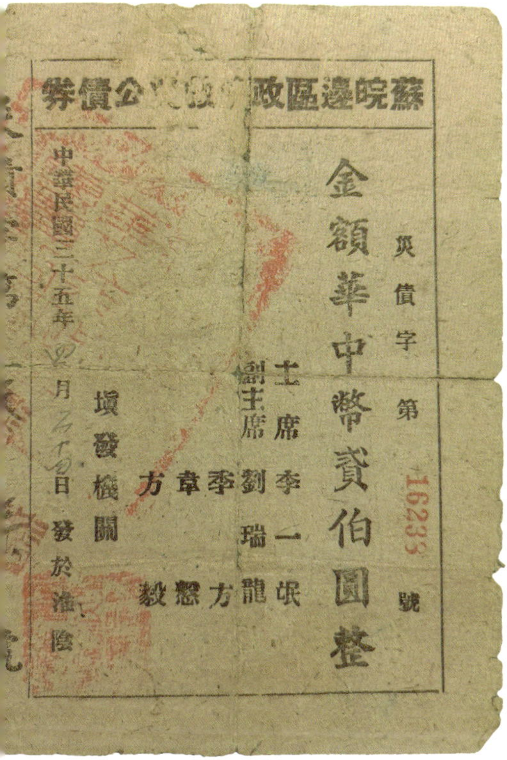

蘇皖邊區政府救災公債券

災債字第 16233 號

金額華中幣貳伯圓整

主席 李一氓

副主席 劉瑞龍 季方 韋慤 方毅

填發機關

中華民國三十五年四月二十四日發於淮陰

图三

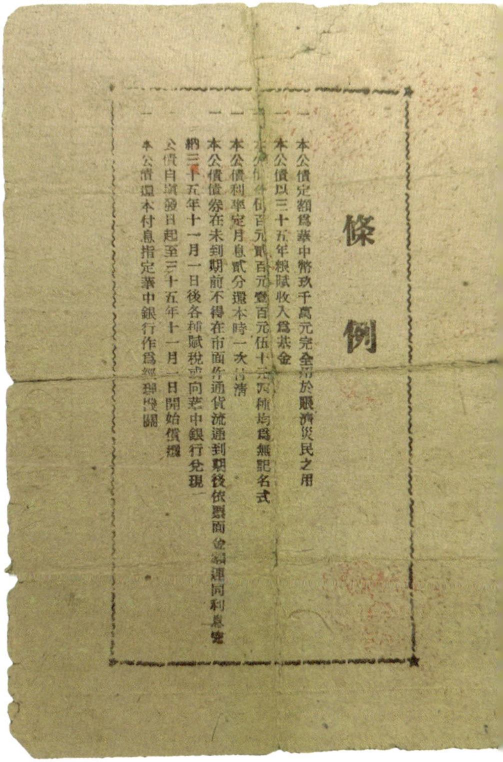

條例

一 本公債定額爲華中幣玖千萬元完全用於賑濟災民之用

一 本公債以三十五年糧賦收入爲基金

一 本公債分伍百元貳百元壹百元伍十元四種均爲無記名式

一 本公債利率定月息貳分還本時一次付清

一 本公債債券在未到期前不得在市面作通貨流通到期後依票面金額連同利息完納三十五年十一月一日後各種賦稅或向華中銀行兌現

一 本公債自頒發日起至三十五年十一月一日開始償還

一 本公債還本付息指定華中銀行作爲經理機關

图四

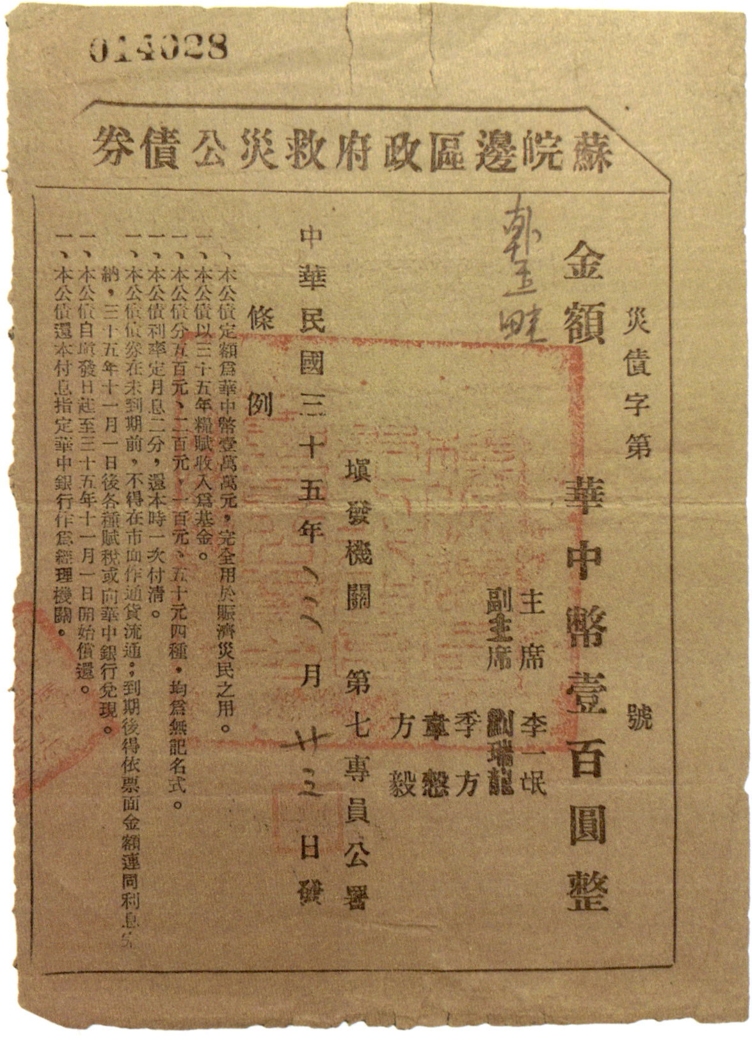
014028

蘇皖邊區政府救災公債券

災債字第　號

金額 華中幣壹百圓整

主席 李一氓

副主席 劉瑞龍 季方 韋慤 方毅

填發機關 第七專員公署

中華民國三十五年　月　日發

條例

一、本公債定額爲華中幣壹萬萬元，完全用於賑濟災民之用。

一、本公債以三十五年糧賦收入爲基金。

一、本公債分五百元、二百元、一百元、五十元四種，均爲無記名式。

一、本公債利率定月息二分，還本時一次付清。

一、本公債債券在未到期前，不得在市面作通貨流通；到期後得依票面金額連同利息交納，三十五年十一月一日後各種賦稅或向華中銀行兌現。

一、本公債自頒發日起至三十五年十一月一日開始償還。

一、本公債還本付息指定華中銀行作爲經理機關。

图五

其中壹佰圆券为 127×168 毫米。下面以壹佰圆券为例，介绍一下公债券的设计风格和版式特征：

公债券【图五】为单面黑色油墨印刷，有直线构成的边框，框内分两栏，第一栏为梯形框，框内自右至左印有“苏皖边区政府救灾公债券”，标明该公债票的名称和性质。第二栏是一个直线构成的长方形框。框内右侧第一列印有“灾债字第　号”，即该公债券的编码。第二列“金额　华中币壹百圆整”字样。第三到第七列，分别印有“主席李一氓”“副主席刘瑞龙”“季方”“韦慤”“方毅”。第八列印有“填发机关　第七专员公署”字样。第九列印有时间，“中华民国三十五年　月　日发”。年份左侧印有本公债条例，也为竖列，共 7 条。具体内容与第五行政区专员公署发出的公债条例大致相同，但第一条定额为华中币一万万元。券面正中加盖红色篆书“苏皖边区第七行政区专员公署印”大方印，左端盖有第七行政区专员公署的红色骑缝章。

通过对上述各行政专员公署发出的苏皖边区救灾公债内容的解读，我们大致了解了公债券发行的相关情况，包括用途、金额设计、发行机构、利息以及偿还方式等。那么，接下来，就让我们详细地梳理一下该公债券发行的主要背景，以及对当时苏皖边区救济赈灾的社会作用。

1945 年 8 月，日本帝国主义无条件宣布投降之后，中国社会处于两种前途、两个命运决战的关键时期。为进行经济建设和改善生活，饱受战乱的中国人民，发自内心地希望能有一个安定和平的环境。在这种社会背景下，产生了由中国共产党在苏皖边区建立的民主联合政府。1945 年 10 月，根据党中央指示，中共中央华中分局在淮安成立。10 月 29 日，苏皖边区临时行政委员会组成，邓子恢、张鼎丞、谭震林、粟裕、曹荻秋等 27 人为委员，李一氓为主席，刘瑞龙、季方、韦悫、方毅为副主席。11 月 1 日，边区政府在清江市（现淮阴市）宣告成立。

边区政府决定统一全区行政区划，清江市为边区政府直辖市。各行政区设专员公署，直接受边区政府领导。苏皖边区东滨黄海，南界长江，西迄商丘、涡河、裕溪口一线，北枕陇海路，下辖 8 个行政区、73 个县市，全区人口 2300 余万，总面积 10.5 万余平方公里。

14 年的抗日战争给广大人民带来了非常惨重的生命和财产损失，生产生活资料严重匮乏，苏皖边区政府面对的是一个经济凋敝、满目疮痍的状况。1945 年春夏直至 1946 年春，该地区旱、涝、蝗虫、冰雹等自然灾害接踵而至，随之而来的是苏皖边区 40 年未遇到的大范围的春荒，民生艰难。全区约五分之一人口受灾，多达 420 万余名灾民衣食无着，挣扎在死亡线上，尤以第三、四、五、六、七行署为最。例如，第五行政区受灾人口在青黄不接时竟达 170 余万，占全区人口的 44% 还多。又如，涟水城，有 600 余户彻底断粮，一天吃两顿饭的有 3%；一天只吃一顿饭的有 60%；三天只吃一顿饭的有 10%。而且，伴随饥荒而来的是疫情，如回归热、疟疾、脑膜炎、猩红热等重病开始大范围蔓延开来。

人民政府为人民。面对严重的灾情，为了战胜和克服灾荒，为了救助百姓，苏皖边区政府千方百计地想办法。1946 年 2 月 10 日，苏皖边区临时参议会召开第二次驻会常委会，专题研究救灾工作。华中分局书记邓子恢提出“募捐救急”、“生产救灾”、“平衡粮价”、“惩奸救灾”（没收汉奸财产粮食或罚款救济灾民）、“减租减息”五项救灾措施。

随后，在外无分文接济、财政状况非常困难的环境下，苏皖边区政府开始全力组织救灾，和老百姓一起共渡难关，在全区掀起了声势浩大的生产救灾运动。

1946 年 3 月 16 日，苏皖边区临时行政委员会召开参议会，鉴于各地灾荒严重未减，为发扬贫富互济，克服灾荒，加强生产，决定请政府发行救灾公债一万万元，边区政府立即接受决议。3月20日，苏皖边区决定发行三十五年救灾公债9200万元，并同时在当日《新华日报》（华中版）全文刊发救灾条例：

第一条　苏皖边区政府为救济灾荒，发行公债，定名为三十五年救灾公债。

第二条　本公债之用途，以40%进行直接救济，60%以工代赈。

第三条　本公债定额为边币9200万元。由各行政专员公署根据下列分配数字自行印制，于民国三十五年4月1日均按票面十足发行。计：第一行政区3000万元，第二行政区1500万元，第三行政区500万元，第四行政区200万元，第五行政区1500万元，第六行政区600万元，第七行政区1100万元，第八行政区600万元，边府直属200万元。

第四条　本公债之发行以认购为原则，其办法由各专员公署详订之。

第五条　本公债利率定月息2分，还本时一次付清。

第六条　本公债除第一行政区于民国三十五年8月1日平均分偿本息一半外，其他各行政区及第一行政区之其余半数均于民国三十五年11月1日开始本息全部清偿。

第七条　本公债之还本付息，以三十五年午秋两季粮赋收入为基金，由边区政府财政厅依照本公债还本付息所规定应付还之边币数额，按期如数拨交华中银行备付。

第八条　本公债还付本息指定华中银行及其所属各分行为经理机关。

第九条　本公债分500元、200元、100元、50元四种，均为无记名式。

第十条　本公债债票未到期前不得在市面作通货流通，到期后得依票面金额连同利息完纳三十五年11月1日后各种赋税，或向华中银行兑现。

第十一条　对于本公债有伪造或毁损信用之行为者，由司法机关依法惩治。

第十二条　本条例自公布日施行。

救灾公债共发行9200万元，其中40%作直接救济，进行赈款赈粮的发放与平粜，60%作为以工代赈，这种合理举措兼顾到有劳动力和无劳动力的灾民。例如，第五行政区以工代赈开河及浚河20多条，在盐东，因为开河解决了4万余灾民的生活困难；第六行政区两次组织灾民运盐，灾民共得工资粮近163万斤，用400万救灾公债从盐场购进食盐3.9万担，运至淮阴县，允许灾民自行贩卖，获利度荒。这种方式调动了灾民抗灾垦荒自救的积极性，故公债券发行得非常顺利，经过苏皖边区全体人民的共同努力，终于战胜了灾荒，安然渡过了难关。这减少了灾民因灾荒而四处逃荒流徙的社会问题，以及由此带来的土地荒芜，使边区的生产得到了恢复和发展，稳定了社会秩序，巩固了建立不久的边区政府。这种对人民疾苦完全负责的精神，只有在党政军民齐心合力的解放区才能做到。

因受战争影响，公债券到1949年还有一部分没有兑换。为保证人民经济利益不受到损失，取信于民，1949年5月11日，苏皖边区政府第二行署发布通知，如苏皖边区救灾公债持有人来银行要求归还本息，各县政府、银行办事处依照之前1946年颁行的办法，按照原有券面计算本息，一并清偿，予以回收。

苏皖边区政府发行救灾公债券的财政措施，为华中地区以及其他解放区提供了实践经验和理论参考。保存至今的这一张张公债券，见证了苏皖边区政府以人民的利益为利益，与人民共患难同生死的民生意识；书写了中国共产党与人民心连心、同呼吸、共命运的高尚情怀！

赤币档案

李一氓（1903—1990），四川省彭州市人。1925 年加入中国共产党。早年赴法国勤工俭学，追求革命真理。大革命时期，曾任国民革命军总政治部宣传部科长，南昌起义参谋团秘书长。他参加过红军二万五千里长征，并先后任陕甘宁省委宣传部部长，新四军秘书长，淮海地委、苏北区委书记，苏皖边区政府主席兼中共中央华东局宣传部部长。抗战胜利后，先后任苏北区党委书记、华中分局宣传部部长、大连大学校长等职。新中国成立后，曾任中国驻缅甸大使、国务院外事办副主任、中联部副部长、中纪委副书记、中顾委常委、国务院古籍整理出版组组长、中国国际交流协会会长。第一届全国人民代表大会代表；中国共产党第八次、十二次、十三次代表大会代表。

善于变通　迎刃而解：
华中银行苏中办事处本票

银行本票是银行的一种票据，由银行签发，承诺凭票无条件支付确定的金额给收款人或者持票人。华中银行苏中办事处于 1947 年曾发行大额面值的本票，为收购粮食和棉花之用，与华中银行纸币等值流通，是一种重要的金融票据。

华中银行苏中办事处发行的本票，作为一种红色票据，调剂了根据地金融、保护了根据地物资，在支持生产事业发展、助力经济繁荣等方面发挥了一定的作用。其本票因为发行时间短，且面值较大，后期回收彻底，所以保存至今的非常稀少。

全面抗日战争时期，中国共产党领导的各抗日民主政府建立的银行，都曾印制和发行过大量纸币。但由于当时形势发展变化得较快，交通受阻、运输困难等因素，“边币”或“抗币”一时不能及时投放市场；或者印制数量不足，不能满足商品交易的需要；或因大面值钞票短缺，造成市场交易不便。出现上述情况时，为稳定社会经济，适应业务需要，从实际出发，各家银行都会采取一些措施，方便大宗款项收付，开办本票业务，发行各种面值的定额本票投入市场，以代替“边币”或“抗币”流通。待到银行纸币充裕时，再悉数回收销毁。

解放战争时期，华中银行苏中办事处也曾经发行各种大面值的本票。那当时为什么要发行本票？为什么要以苏中办事处的名义发行本票呢？

苏中办事处的成立与华中银行总行和印钞厂北撤紧密相关。1946年，蒋介石悍然撕毁停战协定，进攻中原解放区。中共中央华东局财委，决定华中银行总行和各印钞厂北撤山东，于1947年4月与山东北海银行总行合署办公。在华中银行总行及印钞厂北撤的同时，即在苏中地区成立了苏中办事处，负责苏中地区的金融业务，对外仍以华中银行的名义开展相关业务活动。邓克生担任办事处主任，所以本票上都印有他的手写体签名。1947年11月，华中银行总行在射阳县复建后，华中银行苏中办事处即行撤销。

1947年下半年，在解放军大举反攻胜利形势的影响下，国民党当局的法币严重贬值，急剧下跌。华中解放区各地人民在交易时普遍拒绝使用法币，愿意使用华中银行纸币，“华中币”的使用范围越来越大，货币供应量也骤然加大。可是“华中币”的印制数量一时难以满足需要，需求量激增。另外，秋收登场，棉花上市，流通领域需要很多筹码，各地都出现筹码供应不足的态势，造成收购农副产品资金困难。

由于本票印制比印钞所需的设备少，制作印版、印制技术较印钞相对简单，在时间上比印钞要快，成本上也低一些。所以，华中银行苏中办事处为尽快解决市场筹码缺少的困难，便利解放区驱逐法币，保障人民群众切身利益，经请示华中银行总行批准，印制和发行了定额本票。本票由苏皖边区政府驻苏中办事处指拨当年所收公粮为准备金，准备金总额超过本票发行总额。

本票面值有三种，分别是壹仟圆、贰仟圆和伍仟圆，作为华中银行纸币的大额流通券来投放市场，与“华中币”等值流通。这三种本票形制均为竖式，白色光纸精印，蓝色油墨单面印刷，每种面值本票设计风格和版式特点如下：

壹仟圆票【图一】。票面尺寸为 84×153 毫米。正面四周有传统的花纹装饰边框，边框上两角分别印有表示面值的实心体“壹仟”二字，下二角分别印有阿拉伯数字“1000”。框内上端中间，自右至左横书“华中银行苏中办事处”，楷书。下面中间位置横书“本票”二字。下面加盖该张本票红色印制编码。票面中部偏下花框内竖印面值“壹仟圆”，上面加盖红色篆书“华中银行苏中办事处”印章。面值右侧，印有“完粮纳税　一律通用”字样；左侧印有“主任”二字，下面为“邓克生”手写体签名。票面最下端印有“中华民国三十六年八月发行”。

贰仟圆票【图二】。票面尺寸为 83×157 毫米。版式与壹仟圆本票相同，唯边框上两角分别印有表示面值的实心体“贰仟”二字，下二角分别印有阿拉伯数字“2000”。

伍仟圆票【图三】。票幅尺寸为 84×156 毫米。版式与壹仟圆本票相同，唯边框上两角分别印有表示面值的实心体“伍仟”二字，下二角分别印有阿拉伯数字“5000”。

因为是作为大额货币流通，所以本票的设计和印制防伪性很强，如花纹装饰边框内都印有浅色几何纹饰作底纹，几何纹设计烦琐，线条流畅；印有苏中办事处主任邓克生的手写体签名，“邓”字字体较大，笔画连贯，一气呵成；几何底纹上面，印有“华中银行”四字，自右至左，两字竖排，两列。“华中银行”四字空心体篆书，颜色与几何底纹颜色一致，需要仔细观察才能发现；在面值处，加盖“华中银行苏中办事处”印章，既提高了本票的信用，又增加了防伪措施。

为保证本票的顺利投放和流通，1947 年 10 月 10 日，苏中办事处以邓克生的名义对社会发布《关于发行本票的通告》。《通告》指出

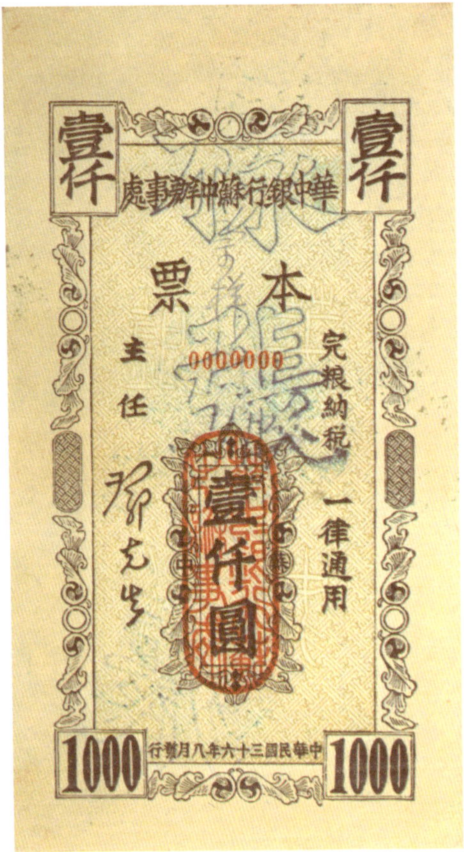
壹仟
壹仟
華中銀行蘇中辦事處
本票
完粮納稅
一律通用
主任
0000000
壹仟圓
1000
中華民國三十六年八月發行
1000

图一

图二

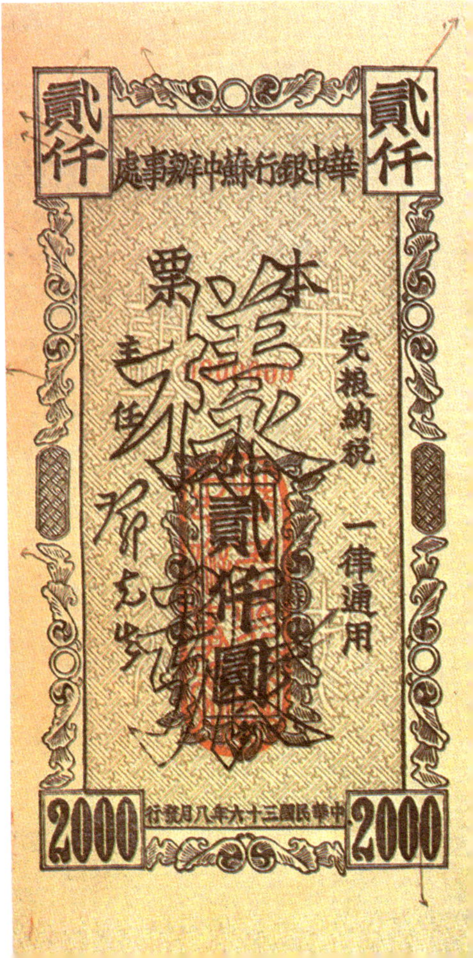
貳仟
貳仟
華中銀行蘇中辦事處
本票
完粮納稅
一律通用
主任
貳仟圓
2000
中華民國三十六年八月發行
2000

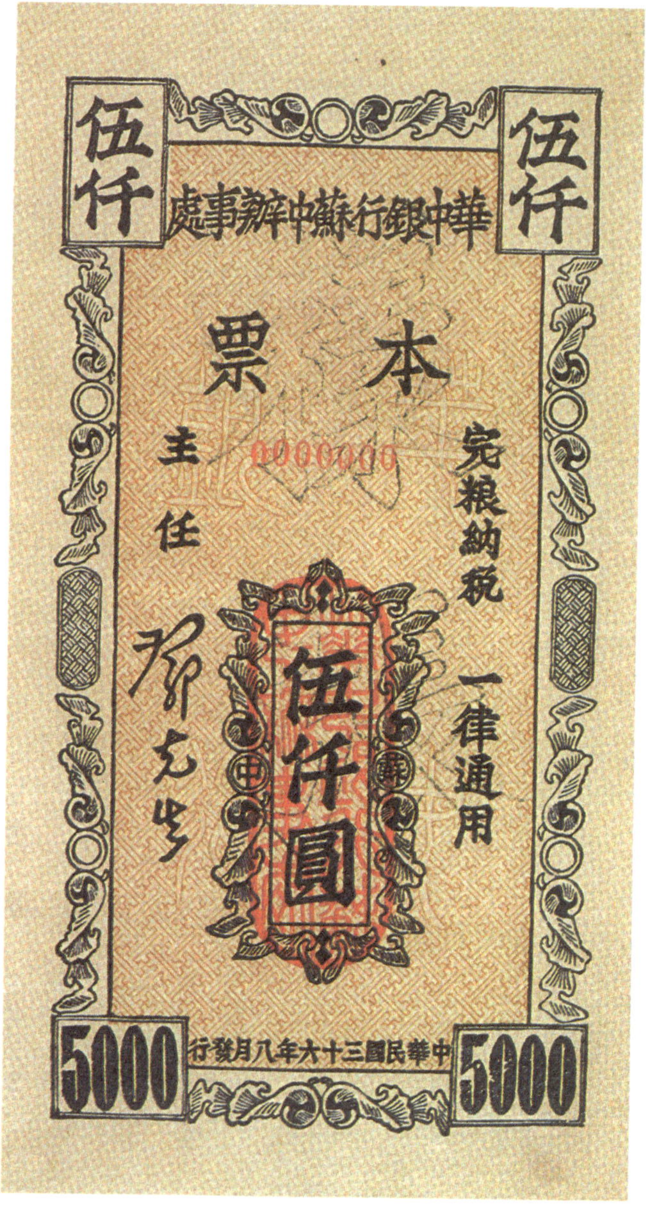
伍仟
伍仟
華中銀行蘇中辦事處
本票
完粮納税
一律通用
主任
0000000
伍仟圓
中
蘇
中華民國三十六年八月發行
5000
5000

图三

了发行本票的目的、本票的面额。规定了本票在全苏中第一、第二、第九3个行政区域范围内，均与华中银行纸币券等价流通。本票可随时向苏中办事处所辖的各分支行、各县办事处兑换小票，或抵押银行往来债务，或汇兑，并可向各地公营商店购买货物，完粮纳税、缴纳公粮代金及抵缴一切款项。

因为本票是华中银行苏中办事处印发，准备金充足，可以随时随地购买商品，信用很好，群众都愿意持有本票作为大宗货款结算的流通票据。随着革命形势的发展，1948年6月，该本票被陆续兑换收回。

苏中办事处本票与华中银行纸币的等值流通，意味着本票进入流通领域，不仅补充了“华中币”筹码的不足，活跃了金融，而且也及时地阻击了对法币的使用。可以这么讲，华中银行苏中办事处本票的发行，巩固了华中银行纸币券的地位，保护了解放区人民群众的经济利益。

赤币档案

邓克生（1911—1976），湖南长沙人，是我党优秀的经济工作者，社会经济学家。1927年考入农业专科学校。1938年加入中国共产党。1940年5月，到新四军苏中根据地，此后长期从事财经工作，曾担任华中银行总行副行长、工商局副局长、中国人民银行苏北分行行长、江苏省财经委员会副秘书长等职。主要著作有《新经济学讲话》《经济学常识》《货币常识》《社会主义经济问题》《生产力和生产关系》等。其中，《货币常识》一书，以通俗的语言，依据翔实的材料，揭露国民党法币的本质，论述了根据地货币的作用。

蛟龙翻腾保家园：
冀察热辽解放区长城银行券

长城银行是冀察热辽解放区设立的区域性银行，成立于1948年，曾印制和发行加盖“冀察热辽流通券”字样的长城银行券。面值有壹佰圆、贰百圆、伍佰圆、壹仟圆、伍仟圆，合计5种，此外还印发有伍萬圆和拾萬圆的本票。长城银行券流通的范围是整个冀察热辽解放区，对支援解放战争起到了重要作用。因为发行时间不到一年，故存世量较少。

不同面值、不同版式的长城银行券的印制时间均为1948年，每种长城券都是横式印制，上面都印有巍峨的长城图案，券正面上端都印有“长城银行”字样，其左侧印有英文印制编码，右侧印有阿拉伯数字编码，都印有“冀察热辽”“流通券”字样，正面面值下端两侧各加盖方形篆书“总经理章”“经理之章”小方印。券背面都印有英文行名“BANK OF CHANG CHUNG”和面值。

壹佰圆券，票幅尺寸为132×53毫米。正面【图一】色调为赭/黄色，四周有装饰花框，花框四角印有大写面值空心体“壹佰”二字。中部左侧主图案为巍峨的长城，右侧为面值“壹佰圆”字样，下部中间有“民国三十七年印”。背面【图二】色调为绿色，周边有装饰花框，中心图案为羊群，远处有起伏的山峦，两侧为阿拉伯数字面值“100”。下部中间印有英文面值“ONE HUNDRED YUAN”，其下有“1948”字样。

贰百圆券，票幅尺寸为149×60毫米，正面【图三】色调为黑/橙色，四周有装饰花框，花框四角斜书有大写面值空心“贰百”二字。中部左侧主图案为长城，右侧为面值“贰百圆”字样。其下方有“中华民

图一

图二

图三

图四

国三十七年印”。背面【图四】色调为红色，周边有装饰花框，花框四角有阿拉伯数字面值“200”。中心图案为传统装饰花卉，花卉中心及两侧亦印有阿拉伯数字面值“200”。下部中间印有英文面值“TWO HUNDRED YUAN”。

伍佰圆券，有两种券别：其一，票幅尺寸为149×60毫米，正面【图五】色调为蓝/黄色，四周有装饰花框，花框四角斜书有大写面

图五

图六

值空心体“伍佰”二字。中部左侧主图案为毛泽东头像，右侧为面值“伍佰圆”字样。其下方有“中华民国三十七年印”。背面【图六】色调为深褐色，周边有装饰花框，花框四角有阿拉伯数字面值“500”。中心图案为长城，两侧亦印有阿拉伯数字面值“500”。下部中间印有英文面值“FIVE HUNDRED YUAN”，其下有“1948”字样。

其二【图七、图八】，票幅尺寸为 152 × 60 毫米，设计风格和版

長城銀行
NO.GK
775382
流通券
伍佰圓
冀察熱遼
中華民國三十七年印

图七

BANK OF CHANG CHUNG
500
FIVE HUNDRED YUAN
1948

图八

長城銀行
NO. FZ
30583
流通券
壹仟圓
冀察熱遼
中華民國三十七年印

图九

图十

式特征与第一种伍佰圆券相同，唯正背面色调不同。

壹仟圆券，有两种券别，票幅尺寸均为 155×62 毫米。其一，正面【图九】色调为褐 / 黄色，四周有装饰花框，花框四角斜书有大写面值空心体“壹仟”二字。中部左侧主图案为双马耕地，右侧为面值“壹仟圆”字样。其下方有“中华民国三十七年印”。背面【图十】色调为暗紫色，有装饰花框，中心图案为长城，两侧为阿拉伯数字面值“1000”。下部中间印有英文面值“ONE THOUSAND YUAN”，其下有“1948”字样。

其二，正面【图十一】为褐 / 粉色，背面【图十二】蓝灰色，图案版式和第一种壹仟圆券相同。

伍仟圆券，票面尺寸为 168×62 毫米。正面【图十三】为灰 / 蓝色，有装饰花框，花框上端两角有大写面值空心体“伍仟”二字，下端两角有阿拉伯数字面值“5000”。中部右侧主体图案为山海关城楼，左侧为面值“伍仟圆”字样，其下方有“中华民国三十七年印”。背面【图十四】为蓝色，有装饰花框，中心图案为长城，两侧为阿拉伯数字面值“5000”，下部中间印有“1948”字样。

长城银行本票均为竖式，其中伍万圆票面尺寸为 56×135 毫米。

長城銀行
NO. TS
06412
壹仟圓
流通券
冀察熱遼
壹仟
中華民國三十七年印

图十一

BANK OF CHANG CHUNG
1000
1000
ONE THOUSAND YUAN
1948

图十二

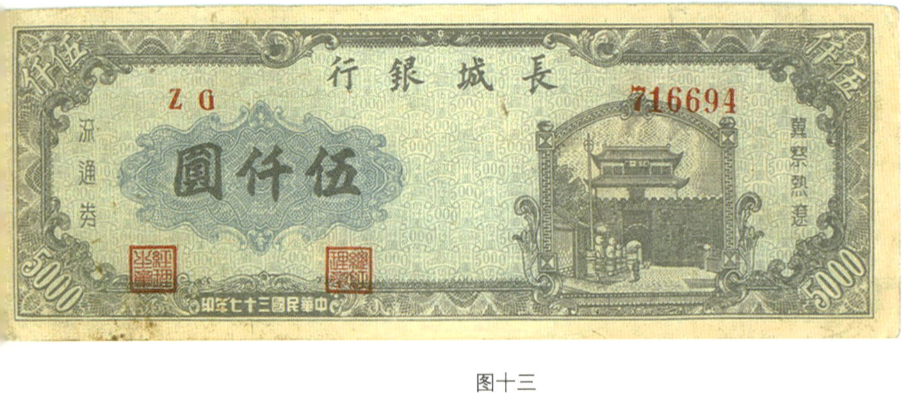
長城銀行
Z G
716694
伍仟圓
流通券
冀察熱遼
伍仟
5000
中華民國三十七年印

图十三

图十四

图十五

图十六

正面【图十五】为蓝色，有装饰花框，上端印有“长城银行”“本票”字样。主体图案是长城，票面下部有装饰花纹，花纹中印有大写面值“伍万圆整”字样。面值右侧印有“史立德”，左侧印有“申玉洁”手写体签名，下端各加盖“史立德”“申玉洁”红色方形印章。票面底部加印流通区域，如“冀东”、“热河”或“冀热察”字样。票背面【图十六】为绿色，有装饰花框，上部、中部为表格背书栏，填写姓名、日期、住址等信息，下部为三条使用说明。

长城银行券是委托嫩江西方印刷厂（即嫩江省银行印钞厂）和佳木斯东北银行工业处印刷，用胶印机印制完成。券面的设计充分地体现出冀察热辽地区的地理风光和人民生产生活情况，具有浓郁的地域特色。

冀察热辽解放区包括原河北省东北部、察哈尔省东北部、辽宁省西部走廊和热河省全部，人口1600万，面积27.7万余平方公里。冀察热辽地区的战略位置非常重要，控制了锦古、北宁、平绥三条铁路线，以及渤海地区的一些港口。它是华北和东北的通道与联系纽带，是东北的屏障和大门。

冀察热辽解放区的经济条件也较为优越。冀东地区物产丰富，人口稠密，土地肥沃，纺织、陶瓷等手工业，以及盐业和渔业都很发达。热河省等部分地区矿产资源丰富，盛产一些重工业原料。

1946年10月，中共中央冀察热辽分局成立，下辖热河省委、冀东党委和冀热察区党委。1947年6月，冀察热辽解放区并入东北解放区，其行政事务，由中共中央东北局冀察热辽分局领导下的东北行政委员会冀察热辽办事处负责。同年8月23日，东北局发出“关于冀察热辽分局当前工作”的指示，指出：今后半年内的任务，应当是尽全力、更积极地动员和组织冀察热辽的力量，配合全国各个战场，充分发挥冀察热辽的作用。

自1947年秋季攻势以后，冀察热辽解放区的革命形势有了明显的变化，冀东、热河、冀热察三个地区已连成一片，原来这三个地区分散发行和管理货币的方法，必须加以改变。因为之前使用的晋察冀边区银行冀热辽分行“冀东票”、热河省银行券等不能互相混合流通，就使得这三个地区的经济融合和物资交流受到种种制约。

为支援大规模野战军作战的军需财政供给，集中一切财政经济力量开展对敌经济斗争，发展繁荣本地区的社会经济，统一冀察热辽解放区的币制要求立即被提上议事日程。

1948年2月，东北行政委员会冀察热辽办事处发出“冀经字第一号布告”，首先肯定了自解放战争以来晋察冀边区银行冀热辽分行“冀东票”、热河省银行券对各自战略区的社会经济发展起到的积极作用，对保障战争胜利发挥了重要意义。同时，布告指出这三个战略区的货币存在一定的局限性，为了适应战争形势发展的需要，“全冀察热辽地区之货币，必须统一，使货币能在各地行使，不受地区之限制，以便利内地物资之交流与经济之发展”。

2月下旬，长城银行正式成立，作为该解放区统一的银行机构，负责印制、发行“长城银行冀察热辽流通券”，使之成为这一地区的统一本位币。总行最早设在赤峰，后迁至承德。冀察热辽办事处经济部部长史立德兼任长城银行行长，申玉洁任副行长，下设冀东、热河、冀热察三个分行。

长城银行的定名非常具有文化内涵，很有意义。在我国红色金融发展史上，先后成立了数百家金融机构，这些机构大多以政权、行政区来命名，但以辖区内的著名文化古迹来命名的，仅此一家。因为长城像一条巨龙，横跨冀察热辽地区，称作长城银行，一方面符合冀察热辽的行政区域特点，另一方面也鼓舞了广大军民的战斗气势。

长城银行设立之初，根据冀东、热河、冀热辽三个地区的社会经济状况和货币购买力情况，规定长城银行券与热河省银行券的兑换比率为1∶1，与晋察冀边区银行冀热辽分行“冀东票”的兑换比率为1∶5，比率严禁提高或压低。热河银行省券、晋察冀边区银行冀热辽分行“冀东票”未收回前，按前述比价，三种钞票在市面上混合流通。

长城银行券发行后，因为“腿长”（能在冀察热辽解放区各个战略区行使）、纸质好、印刷精良等原因，很受群众喜爱，称之为“长城钱”①。解放锦州后，长城银行券的使用范围更加扩大。

1948年5月、6月物价波动，热河地区通货膨胀很厉害，热河的凌源、建昌等县，靠近冀东地区，使得粮食倒流，造成长城银行券一时间流向冀东地区。一些商贩唯利是图，用长城银行券到冀东地区购置物资，导致热河省银行券币值下跌，市面上出现热河省银行券与长城银行券贴水的现象，每10元贴水2元②。政府发现这一问题后，立即采取措施，一方面大量兑换热河省银行券，另一方面平抑物价，强有力地维护了金融市场秩序的稳定。

1948年11月，沈阳解放，东北解放区连成一片，南北贯通。12月，停止发行长城银行券。1949年初，东北银行总行接管了长城银行，组建成东北银行热河省分行，仍在流通的长城银行券则由东北银行总行指定辽西、热河、沈阳三地分、支行及办事处负责收回。

长城银行流通券与解放战争时期其他各区域性红色货币一样，为迅速占领冀察热辽解放区金融市场，建立革命货币体系，发展经济，支援战争，起到了历史上无可替代的作用。

---

① 中国人民银行金融研究所等编：《中国革命根据地货币》（上册），北京：文物出版社，1982年，第561页。

② 辽宁省档案馆等编：《东北解放区财政经济史资料选编》第三辑，哈尔滨：黑龙江人民出版社，1988年，第505页。

赤 币 档 案

史立德（1914—2000），河北保定清苑人。1932 年考入北平（今北京）中国大学文史系。1935 年，参加一二·九运动。1936 年 5 月，加入中国共产党，任北平学生抗日救国联合会交际部部长。

1937 年抗日战争全面爆发后，曾率领保定后援会及清苑县部分民工，往返于窦店前线，运送伤兵、弹药给养达 20 余日。1937 年 9 月，分配到冀中抗日根据地，先后出任冀中各界抗战建国联合会主任、冀中军区敌工部部长。1945 年 8 月，奉令去北平受降。1945 年 9 月初，被调往中共冀察热辽分局，出任承德市市长。1946 年 9 月，任冀察热辽政府经济部部长兼长城银行行长。1948 年，任锦州军管会副主任、市长，后任市委书记兼市长。1950 年 4 月，任沈阳市委秘书长。1954 年，任全国供销合作总社局长、副主任和党组副书记，1981 年调任国务院财贸办公室（财贸小组）副主任。

挺进大别山：
皖西地方流通券

皖西地方流通券是解放战争时期，刘邓大军千里挺进大别山后发行的货币，属于短期过渡性质货币。该套流通券均是小面值的券别，共有5种面值9种版别，分别是伍分、壹角、贰角、贰角伍分和伍角，其中壹角券有2种、伍角券有4种、其余面值流通券各1种，均为横式，尺寸不一。作为一种区域性货币，流通于金寨、六安、霍山、岳西、舒城、潜山、霍邱、寿县、肥西、庐江等皖西解放区。

各种券别的皖西地方流通券的设计风格和版式特征如下：

伍分券。票幅尺寸为85×53毫米，正面【图一】色调为蓝色，四周装饰有传统的花纹装饰边框，边框四角分别印有表示面值的空心体“伍”和“分”字。票面上端左侧自右至左，印有“皖西流通券”字样，标明票券名称。右侧加盖红色六位阿拉伯数字，表示印制编码。票面中间左侧有一个不规则花框，框内印有面值“伍分”，为空心体。右侧为主体图案，一艘正在海面航行的轮船。面值下面加盖两枚紫色印章，分别是“局长之印”“副局长印”，篆书书体。票面左下角，有“中华民国三十七年印”字样。

背面【图二】色调为红色。四周装饰有传统的花纹装饰边框，边框四角均印有表示面值的空心体“5”字。票面上端自左至右，印有“工商总局”，标明票券的发行机构。票面中心一不规则方框内，印有特大空心体“5”字。右左两侧分别印有“公私款项”“一律通用”，表示流通券的使用范围。最下端左侧印有“局长”，右侧印有“刘征田”字样，均为手写体。

壹角券有两种版别。第一种，票幅尺寸为93×48毫米，正面【图三】色调为红色，四周装饰有传统的花纹装饰边框，边框四角分别印有表示面值的空心体“壹”和“角”字。票面上端左侧自右至左，印有“皖西流通券”字样，标明票券名称。右侧加盖蓝色六位阿拉伯数字，表示印制编码。票面中间左侧有一个不规则花框，框内印有面值“壹角”，为空心体。右侧为主体图案，一座石孔桥，桥上有楼阁建筑。面值下面加盖两枚蓝色印章，分别是“局长之印”“副局长印”，篆书书体。票面左下角，有“中华民国三十七年印”字样。

背面【图四】色调为紫红色。四周装饰有传统的花纹装饰边框。票面上端自左至右，印有“工商总局”，标明票券的发行机构。票面中心为莨苕叶纹围着一双线圆圈，圆圈中为一艘正在海面航行的轮船。右左两侧分别印有“公私款项”“一律通用”，表示流通券的使用范围。最下端左侧印有“局长”，右侧印有“刘征田”字样，均为手写体。

第二种，票面尺寸为88×48毫米，正面【图五】色调为红色，四周装饰有传统的花纹装饰边框，边框四角分别印有表示面值的空心体“壹”和“角”字。票面上端左侧自右至左，印有“皖西流通券”字样，标明票券名称。右侧加盖蓝色五位阿拉伯数字，表示印制编码。票面中间左侧有一个不规则花框，框内印有面值“壹角”，为空心体。右侧为主体图案，一座双层亭子，两侧被郁郁葱葱的树木环绕。面值

图一

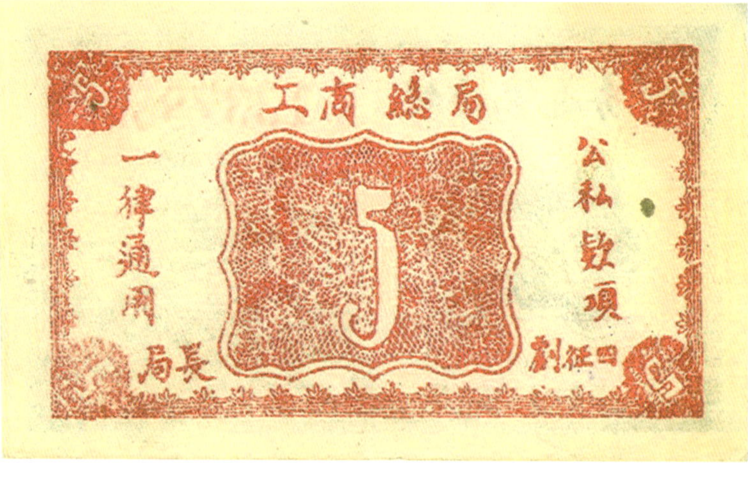

图二

图三

图四

下面加盖两枚黑色印章，分别是“局长之印”“副局长印”，篆书书体。

背面【图六】色调为蓝色。四周装饰有传统的花纹装饰边框。票面上端自左至右，印有“工商总局”，标明票券的发行机构。票面中心为莨菪叶纹图案，中间印有面值“1”字。右左两侧分别印有“公私款项”“一律通用”，表示流通券的使用范围。最下端左侧印有“局

图五

图六

长”，右侧印有“刘征田”字样。

贰角券。票幅尺寸为 95×50 毫米，正面【图七】色调为红色，四周装饰有传统的花纹装饰边框，边框四角分别印有表示面值的空心体“贰”字。票面上端左侧自右至左，印有“皖西流通券”字样，标明票券名称。右侧加盖蓝色五位阿拉伯数字，表示印制编码。票面中间左侧有一个不规则花框，框内印有面值“贰角”，为空心体。右侧为主体图案，一座被巨大海浪托起的双层亭子。面值下面加盖两枚蓝色印章，分别是“局长之印”“副局长印”，篆书书体。票面左下角，有“中华民国三十八年印”字样。

背面【图八】色调为蓝色。四周装饰有传统的花纹装饰边框。票面上端自左至右，印有“工商总局”，标明票券的发行机构。票面中心为层层花卉图案，中间印有面值“2”字，特大空心体。右左两侧分别印有“公私款项”“一律通用”，表示流通券的使用范围。最下端左侧印有“局长”，右侧印有“刘征田”字样。

贰角伍分券。票幅尺寸为 93×52 毫米，正面【图九】色调为深蓝色，四周装饰有传统的花纹装饰边框，边框四角分别印有表示面值的空心体“25”字样。票面上端左侧自右至左，印有“皖西流通券”字样，标明票券名称。右侧加盖红色五位阿拉伯数字，表示印制编码。票面中间左侧有一个不规则花框，框内印有面值“贰角伍分”，为空心体。右侧为主体图案，一座双层亭子，两侧被郁郁葱葱的树木环绕，与壹角券第二种版别图案相同。面值下面加盖两枚红色印章，分别是“局长之印”“副局长印”，篆书书体。票面下端中间有“中华民国三十八年印”字样。

背面【图十】色调为红色。四周装饰有传统的花纹装饰边框，框内有黄色点状底纹。票面上端自左至右，印有“工商总局”，标明票券的发行机构。票面中心为莨菪叶纹，中间印有面值“25”字样，为

图七

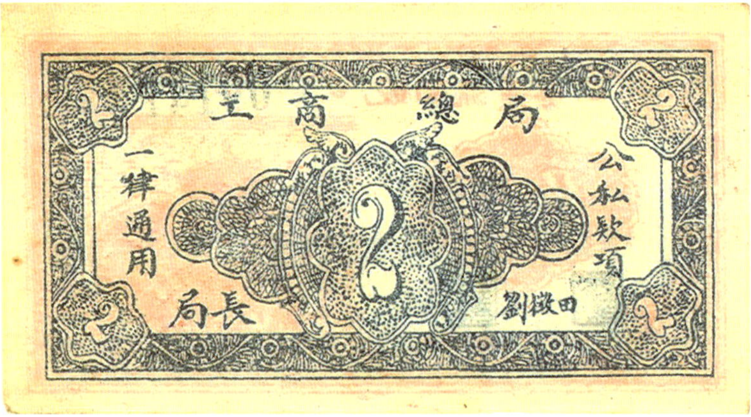

图八

图九

图十

空心体。右左两侧分别印有“公私款项”“一律通用”，表示流通券的使用范围。最下端左侧印有“局长”，右侧印有“刘征田”字样，均为手写体。

伍角券有四种版别。第一种，票幅尺寸为 97×50 毫米，正面【图十一】色调为黑色，四周装饰有传统的花纹装饰边框，边框四角分别印有表示面值的空心体“伍角”和“伍”字样。票面右左两端分别印有“皖西”“四专”。票面上端中间自右至左印有“工商管理局”字样，标明票券发行机构。右侧加盖蓝色五位阿拉伯数字，表示印制编码。票面中间左侧为主体图案，拱形框印有一农民挑担。右侧一不规则花框内印有面值“伍角”，为空心体。面值下面两侧加盖两枚红色印章，分别是“局长之印”“副局长印”，篆书书体。票面右下端有“民国三十七年印”字样。

背面【图十二】色调为红色。四周装饰有传统的花纹装饰边框。边框四角分别印有表示面值的空心体“5”字样。票面上端自右至左，印有“工商管理局”，标明票券的发行机构。票面中心印有面值，分别用阿拉伯数字和英文表示。票面右侧印“陈力生”签名，左侧印有“刘文波”签名，陈力生是皖西第四专署副专员，刘文波曾担任皖西工商总局科长。下端印有“本券以公粮税款作保证金，拾角换银币一元，完粮纳税通用”字样，竖式 8 列，表明流通券的使用范围和兑换比例。票面下端装饰框外印有“1948”。

第二种【图十三、图十四】票面式样、票幅尺寸与前者一致，唯正面印制编号为红色六位阿拉伯数字，背面色调为蓝色。

第三种，票幅尺寸为 90×50 毫米，正面【图十五】色调为蓝色，四周装饰有传统的花纹装饰边框，边框四角分别印有表示面值的空心体“伍角”和“伍”字样。票面上端中间自右至左印有“工商管理局”字样，标明票券发行机构。左侧加盖紫色五位阿拉伯数字，表示印制

图十一

图十二

图十三

图十四

编码；右侧自右至左印有“皖西四专”字样。票面中间为主体图案——毛泽东正面头像。头像两侧不规则花框内各印有面值“伍角”，为空心体。票面下端两侧各加盖一方红色印章，分别是“局长之印”“副局长印”，篆书书体。票面下端有“民国三十八年印”字样。

背面【图十六】色调为土褐色。四周装饰有传统的花纹装饰边框。

图十五

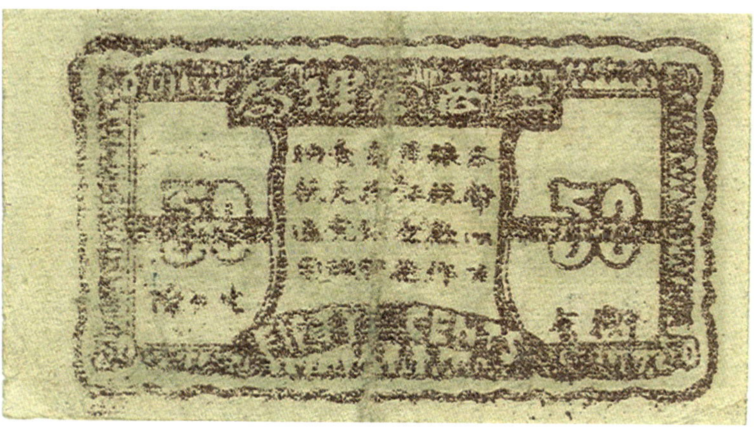

图十六

票面上端正中由右至左，印有“工商管理局”字样，标明票券的发行机构。票面中心印有“本币以公粮税款作保证金，拾角换银币壹元，完粮纳税通用”字样，竖式6列。票面右下角印有“余衡”签名，左下角印有“陈力生”签名，余衡是三河县（后改市）民主政府领导人。两侧为面值“50”字样，最下端为英文面值。

第四种【图十七、图十八】，票幅尺寸为88×50毫米，式样与第一种版别基本一致，唯正面色调为紫色，票面右侧上端加盖“三河”二字，印章为“陈力生印”“余衡之印”。背面左侧签名为“余衡”，右侧签名为“陈力生”，年份为1949年。

1947年夏季，刘邓大军千里跃进大别山后，重建了皖西革命根据地。1947年11月15日，中共皖西区委及皖西行署、皖西军区在岳西县汤池畈成立。初时，下辖三个地委、专署、军分区。1948年2月，又成立了第四地委、专署、军分区。皖西解放区人民开展了轰轰烈烈的土地改革运动，推动了生产的发展。为繁荣市场，扩大内外交易，恢复了一些工厂、作坊和商店，特别是有的地方还成立了工商联合会和供销社，社会生产和日常消费得以促进，经济得到逐步发展，皖西解放区得到进一步巩固和发展。

1948年9月，皖西党委为了开展经济工作，整顿财政金融，加强税收，保障军民生产生活，成立了皖西工商总局，皖西财委副书记刘征田兼任工商总局局长。工商总局的主要工作是负责管理皖西地区内的金融、税收和工商业等。据刘征田在新中国成立后撰文回忆，工商总局设有工商科、税收科、财会科、审计出纳科、金融科、秘书科六个科室，各专署设有工商分局，县设工商局。

这一时期的皖西解放区，面临着非常严峻的社会经济形势。1948年6月，中州农民银行正式发钞。8月，中共中央中原局指示所属各区，在“中州币”未大量发行之前，可自行印制发行一定数量以银元为计

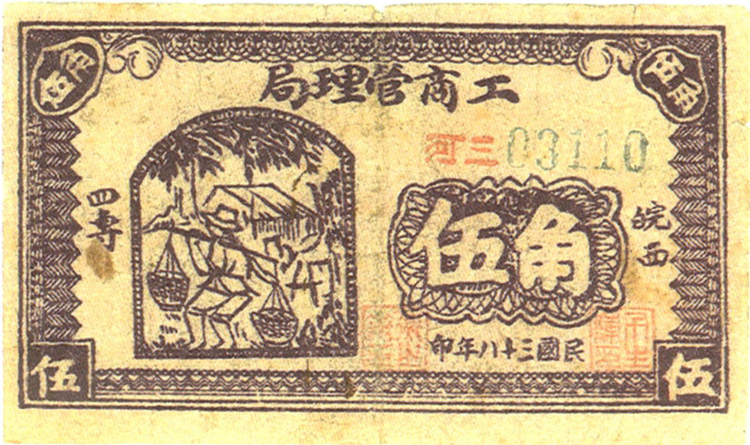

图十七

图十八

算单位的小额流通券作为过渡货币。由于皖西区交通不便，又有敌人封锁，而且“中州币”发行量不足，暂时无法满足该地区的需求。国民党当局发行的法币、金圆券不断贬值，导致物价飞涨，不仅百姓深受其苦，而且也破坏了解放区的货币经济和贸易交换秩序。因此，保护人民利益不受损失、有力支援军队的给养、避免国民党当局货币掠夺解放区资源，加强对敌经济斗争等问题，迫切地摆在皖西地区党政军领导人面前。

1948 年 10 月，中共皖西区委决定发行皖西地方流通券。11 月，皖西财委拨付 2 万枚银元作为流通券的发行准备金，由工商总局负责筹建印刷厂，印制和发行皖西地方流通券。12 月，中共皖西区委下达《关于发行皖西地方流通券的通知》：

> “为保护人民利益，反对敌人破产之货币掠夺，加强对敌经济斗争，决定在皖西未发行中州票之前，先由工商总局发行皖西地方流通券。从一月一号起即在全区开始流通。……凡一切之公款收入，一律禁要蒋币，完全以流通券为征收及计算之单位。”

皖西工商总局印刷厂在晓天镇郭家冲建立，厂长是郑守一，有 16 名工人。最初采用油印机进行试印，印出的流通券质量很差。后来，工商总局从无为县设法搞到了道林纸和石印机，改用石印印刷，质量有了较大的提高。印刷厂又通过地下党从上海购买到一台号码机，工商总局会计科负责在流通券上打印编号。通过印刷厂全体工人的努力，1949 年 1 月，皖西地方流通券在皖西二分区、三分区所辖的晓天、七里河、河棚、毛坦厂、张家店等镇首先被投放市场流通。因为准备充足，流通券投放得非常顺利，回笼率也很高。很快，流通券扩大到金寨、霍山、潜山、岳西、寿县等地区。

1949 年 1 月下旬，六安解放，皖西行署机关迁至六安城。2 月，印刷厂也随之搬迁到六安城关，继续印发流通券。据统计，在晓天印制流通券总额为 1 万元，面值有伍分、壹角 2 种。在六安印制流通券总额为 0.5 万元，面值有壹角、贰角、贰角伍分 3 种。

皖西地方流通券伍角券是由四专区单独印制，故票券上加印“四专”二字。因为皖西第四行政公署所辖的庐江、三河、无为等地位于合（肥）安（庆）公路东侧，而合庆公路沿线当时仍被国民党军队占领，给皖西地方流通券的运输造成危险，所以皖西四专区单独印制，在四专区管辖范围内流通使用。据统计，皖西“四专”流通券印制总额为 0.5 万元，加上晓天、六安印制的数量，皖西地方流通券的印制总额为 2 万元。

皖西地方流通券和银元的比值是 1∶1，即 10 角流通券可以兑换 1 元银币，信誉很高，百姓乐于使用。为提高流通券的社会影响力，皖西区党委要求各地党政机关、军队，凡公款收支、税收均以流通券作为计算单位。

皖西地方流通券使用不久之后，解放军胜利南下，南下部队带来了大量的“中州币”“北海币”“华中币”和人民币，各种货币在皖西开始流通，皖西流通券与“华中币”“北海币”的比价为 1∶30000，与“中州币”的比价为 1∶750，与人民币（第一套）的比价为 1∶300。

1949 年 4 月 18 日，皖西区委发出《关于使用人民币》的指示。指出“过去我皖西为排除伪钞，特发行一种地方流通券，这一措施在当时非常必要。但今天大部分地区为我控制，伪钞已成废纸，流通券之历史任务应告结束，否则必打击人民币。因此，我们目前方针，皖西流通券立即停止在市场使用，限期收回”。并且，还明确了皖西流通券的收兑办法，“首先以缴纳公款及各项税收，其次由银行贸易机关用人民币及物资，按当地市价兑回”。

随后，皖西地方流通券按人民币 300 元兑换流通券 1 元的比例被全面收兑。据统计，到 1949 年 6 月 10 日，共收回流通券约 1 万元。

皖西地方流通券虽然是地域性货币，流通时间短暂，但它在繁荣地区经济、活跃市场、驱逐蒋币、稳定金融、畅通贸易以及支援前线作战等方面，起到了积极的作用。

赤币档案

刘征田（1916—1999），阳泉郊区马家坡村人。1935 年冬，参加了共产党领导的秘密外围组织——反帝大同盟，从此走上了革命道路，并于两年后加入中国共产党。历任山西决死第二总队政治工作员、太行太岳冀南联合办事处秘书、太行第三专员公署路西办事处副主任兼财粮科长、太行第七专署秘书主任和代理专员等职、太行第五专员公署副专员、第二野战军第三随军办事处主任、皖西第二专署专员、皖西财委副书记和工商总局局长等。新中国成立后，历任安徽省委工业部副部长、省政府工业厅厅长、省计委副主任和主任、省委常委、合肥市委第一书记和市政协主席、安徽省政府顾问等。

大北山开金融花：
华南解放区裕民银行流通券

裕民银行流通券是解放战争时期，华南地区潮揭丰人民行政委员会裕民银行印制和发行的票券。1948年12月，裕民银行在大北山南山圩正式成立，这是华南解放区成立的第一家银行。1949年2月开始陆续发行票券，俗称“裕民券”，与港币挂钩，每一元裕民券兑换港币0.5元。裕民券共计6种面值、9种版别，分别是壹角、贰角、伍角、壹圆、伍圆和拾圆，其中壹角、贰角和壹圆券各有2种版别。

裕民券均为横式，印制时间均为1949年。结合现有资料，主要券别的设计风格和版式特征如下：

壹角券有两种版式。其一，票面尺寸为89×44毫米。券正面【图一】主色调为浅褐色，四周有传统的花纹装饰边框，边框上边两角印有表示面值的空心体“壹角”和下边两角印有空心体“壹”字样。券面上端偏左，自右至左印有“裕民银行”字样，标明票券发行机构。行名右侧为红色油墨加盖的流通券印制编码。券面中间右侧为有一半圆形，内为主图案——牌坊和古树。其下为印制时间，左侧花团纹饰内印有大写面值“壹角”二字。面值下端两侧各加盖有一篆书红色小方印，分别是“刘化南章”“黄润泽章”。

券背面【图二】主色调为绿色，四周有传统的花纹装饰边框，装饰框四角均印有面值“10”字样。票面中部为一椭圆形，内有图案为两只帆船，一大一小，正在航行。两侧有“刘化南”“黄润泽”手写体签名。

其二，票面尺寸为 96×57 毫米。券正面主色调为深黄色，四周有传统的花纹装饰边框，边框右侧上下角印有表示面值的空心体“壹”

图一

图二

和“角”字样。券面上端偏右，自右至左印有“裕民行”字样。券面中间左侧为主图案——农民挑肥耕田图，右侧印有大写面值“壹角”和印制时间。面值两侧竖式印有“总经理”和“副经理”字样。券背面主色调为蓝绿色，中间图案是湖边凉亭图。

贰角券有两种版式。其一，票面尺寸为 89×44 毫米。设计风格和版式特征与壹角券其一版相同，只不过正面【图三】主色调为紫色，背面【图四】主色调为橘红色。

图三

图四

其二，票面尺寸为 96×54 毫米。设计风格和版式特征与壹角券其二版相同。只不过票券正面在两侧竖式“总经理”和“副经理”字样下方，再各加盖“刘化南章”和“黄润泽章”篆书小方印。

伍角券。票面尺寸为 96×54 毫米。设计风格和版式特征与贰角券其二版相同。

壹圆券有两种版式。其一，票面尺寸为 116×76 毫米。正面【图五】主色调为橘红色，四周有传统的花纹装饰边框，边框四角印有表示面值的“1”字样。装饰框内以传统花草作底纹，票面上端自右至左印有“裕民行”三字。中部黑色花纹印有空心体大写面值“壹圆”，下有印制时间。面值右侧加盖“裕民行总经理”篆书黑色小方印，其下有“刘化南”签名；面值左侧加盖“裕民行副经理”篆书黑色小方印，其下有“黄润泽”签名。券面左右两侧边框内均印有竖排的“流通券”字样。

券背面【图六】主色调为蓝紫色，四周有不规则装饰框，中间图案是轮船。左右花框上各有一只舵盘。整幅画面，以“船”为喻，稳握舵盘，在党的领导下向前航行。

其二，票面尺寸为 103×54 毫米。正面主色调为棕色，主图案为牧羊。背面主色调为蓝紫色。

伍圆券。票面尺寸为 114×78 毫米。正面主色调为赭红色。四周有传统的花纹装饰边框。上端自右至左印有“裕民行”三字。正中为主体图案——乡村风景，有两头大水牛、一头小水牛。图案右侧印有“伍”字，左侧印有“圆”字。票面右端印有手写体“刘化南”，上方盖有“裕民行总经理”篆书红色小方印；左端印有手写体“黄润泽”，上方盖有“裕民行副经理”篆书红色小方印。背面主色调为红色。

拾圆券。票面尺寸为 114×78 毫米。票正面主色调为浅黄色。四周有传统的花纹装饰边框，边框四角印有表示面值的空心体“拾”字。

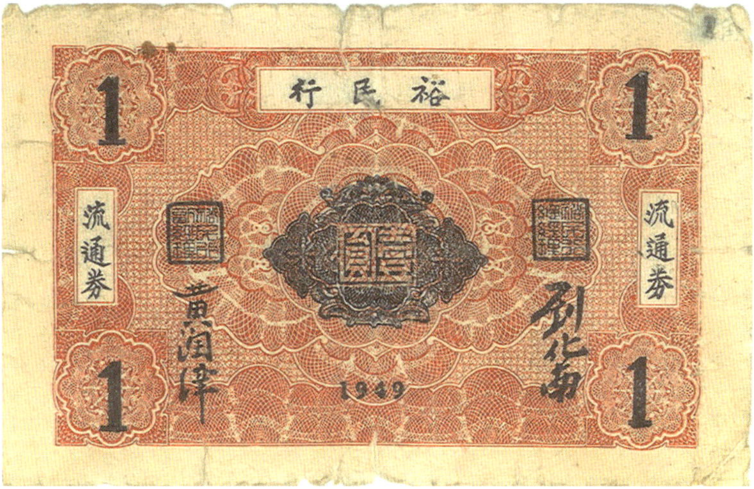

图五

图六

上端自右至左印有“裕民银行”四字。正中花环内印有大写面值“拾圆”二字，下有印制时间。左右侧图案为华南地区插秧及风景图。

背面主色调为黄紫色。四周有传统的花纹装饰边框，边框四角印有表示面值的“10”。正中图案为西洋别墅，下有印制时间。图案右侧有手写体“刘化南”，图案左侧有手写体“黄润泽”。左右边框处各有一个由五个圆圈构成的花环，花环内印有面值“10”字。

裕民银行的设计风格有典型的地域特征，因为初期叫“裕民行”，后改名为“裕民银行”，所以流通券上印有两个发行机构的名称。

1948 年，在党的领导下，潮汕人民武装粉碎了敌人多次“围剿”，巩固了大南山、八乡山等革命根据地。随着工农业生产的恢复，商品交易逐渐增加，对货币的需求与日俱增。然而，国民党当局发行的金圆券币值日跌，造成急剧恶性膨胀，百姓对此深恶痛绝，拒绝使用。市场交易筹码短缺，一些地区以使用银元、港币或私人钱庄票券作为交换媒介，部分地方还出现了原始的“以物易物”的交换方式，这种混杂的货币市场，给广大百姓带来生活不便和财产损失。为使得商品交易正常流通，保护人民利益，支援解放战争，迫切需要建立人民的金融机构，发行自己的货币。

1948 年，潮（潮安）揭（揭阳）丰（丰顺）人民行政委员会成立，领导军民开展革命斗争和发展生产建设。同年夏季，中共潮梅地委根据当时的形势和群众的要求，召开了潮汕党、政、军负责人参加的联席会议，决定成立裕民银行，发行裕民银行流通券。为保证币值稳定，坚决不滥发、不滥用，要保证有物资、资金、外汇作为发行基金，和港币的比值是 2∶1。负责具体筹建工作的是刘化南和黄润泽。

1948 年 12 月，潮揭丰人民行政委员会在南山圩（今揭西县南山区）成立裕民银行，这是解放战争时期华南解放区建立的第一家银行，以解决军队财政困难、供应市场上的需求、保障人民财产利益为宗旨。

刘化南和黄润泽被委任为正副经理。取名“裕民”二字，充分体现了革命政权始终高擎“为人民服务”的旗帜，团结带领人民求解放、谋幸福，奋力开创幸福美好的生活。

为保证“裕民券”的顺利发行，刘化南和黄润泽积极投入到印制货币的工作中。二人千方百计地想办法解决印钞的技术和机器问题，通过党组织从汕头买回 2 台印刷机和一批道林纸，同时又找来两位制版师傅和 100 余名工人，在南山圩的福音堂很快就印制出第一批“裕民券”。

1949 年 2 月，“裕民券”顺利发行，潮揭丰人民行政委员会发布布告颁布新币条例。新币条例规定：

一、本解放区各市镇工商贸易一律以新币为单位；

二、严禁外币在市面上流通，所有外币买卖向裕民行照价兑换；

三、特准人民保有金银硬币，但不准流通于市面，以杜绝外溢；

四、不准买空卖空，操纵市场；

五、一切商号或民众团体发行伪币流通券须于 10 天内全部收回；

六、各地商会须组织外汇比率评定委员会，评定外汇比率并公布；

七、各商号兑换伪金圆券须照外汇比率计算；

八、如有伪造新币或破坏金融行为者，一经查出，当予严办。[①]

① 吴平主编:《华南革命根据地货币金融史料选编》, 1991 年, 第 205 ~ 206 页。

1949年2月17日，揭阳河婆（现为揭西县城）解放，潮汕解放区中的大北山与南阳山、大南山连成一片，又与东江解放区连接，裕民银行也随边区党政军机关迁到河婆，是为总行。

裕民银行除总行外，还先后在大南山设立分行，在河婆、棉湖等地设立办事处。1949年6月，在潮汕地委第一次财经会议上通过《裕民银行组织章程》，章程中明确了裕民银行成立的宗旨、内部设置、总分行设置等，使得银行和全体员工开展业务有章可循。

由于实行谨慎的发行政策，充分保护人民的利益，“裕民券”上市之后受到广大人民群众的欢迎，在解放区畅通无阻，迅速占领潮汕地区的金融阵地。“裕民券”由于币值稳定，一些地区的群众甚至用一元港币换回一元五角的“裕民券”，无形中提高了“裕民券”的币值和社会信用。由此，解放区军民通过“裕民券”获得了大量港币以及其他外币，又用这些货币通过对外贸易购买到更多的生产生活物资，活跃了解放区的经济，促进了生产发展，稳定了潮汕地区的金融基础。

裕民银行除发行流通券外，还积极发放农业贷款，支持解放区的生产建设。例如，1949年6月，裕民银行决定在个别老解放区举办第一期肥料贷款，贷款对象为生活水平在贫农以下及无购买力之部分贫苦中农，贷款总额为“裕民券”10万元，购买豆饼4000片，由裕民贸易公司出资，各村合作社主办发放。贷款暂定4个月，利息以每片豆饼50磅收干精稻谷10司马斤。通过有计划有步骤地供给农民资金，照顾了老区贫苦农民生活，极大地提高了广大农民发展农业生产的热情。裕民银行还积极开展工业和商业贷款，支持贸易公司收购土特产品外运香港，开展对外贸易。据统计，裕民银行共发放工业贷款25万元、商业贷款223万元。

随着解放战争的不断胜利，1949年7月8日，中共中央华南分局创办的南方人民银行正式成立，发行“南方券”。裕民银行改组为南方人民银行潮汕分行。因为“裕民券”在潮汕地区影响广泛，所以确定“裕民券”与“南方券”等值并行流通。

1949 年 10 月，广州解放，成立中国人民银行华南区行，南方人民银行奉命改组为华南区行，“南方券”与“裕民券”以 1 元兑换 250 元第一套人民币的比率陆续收兑。至此，“裕民券”结束其历史使命，正式退出金融舞台。裕民银行虽然存在时间短，票券流通时间亦很短，但粉碎了国民党反动派对解放区的经济封锁，为华南地区的解放奠定了坚实的金融基础，为南方人民银行的成立在组织架构、专业人才、银行管理等方面提供了宝贵的经验。

赤币档案

刘化南（1910—1969），广东省揭西县南山镇田心村人。1933 年，毕业于上海暨南大学，后从事教育工作。1948 年 6 月，加入中国共产党，同年被选为潮揭丰人民行政委员会委员，任大北山区民兵总指挥兼基干团（后改称二支队第六团）团长、政委。1948 年夏，召开潮汕党政军负责人参加的联席会议，决定成立裕民银行，发行“裕民流通券”，被委任为裕民银行行长。与黄润泽在南山福音堂建印刷厂，开始印制“裕民流通券”。1948 年 7 月 23 日，南方人民银行潮汕分行成立，裕民银行并入潮汕分行，被委任为潮汕分行主任。1951 年，调到中国人民银行广东省分行担任放款科科长、货币管理科科长。1954 后，调到中国人民银行汕头市第三中学任教，随后又调至金山中学任党支部书记、校长。

为华南解放提供保障：
粤赣湘边人民流通券的印制和发行

粤赣湘边人民流通券，是解放战争时期粤赣湘边区印制和发行的纸币。在解放战争时期，粤赣湘边区及其发行的人民流通券为广东全境和全华南地区的解放作出了重大贡献。

粤赣湘边人民流通券共有贰角、伍角、壹圆、伍圆、拾圆5种面值，有横式和竖式两种，均为单面印刷。每种流通券的设计风格和版式特征如下：

贰角券【图一】。横式，票面尺寸为97×63毫米。色调为红/黑色，周边有花纹框，主图案是农民赶着耕牛。农民头戴斗笠，身披蓑衣。券面上端右至左印有“粤赣湘边人民流通券”字样。右侧楷书竖印“贰角”字样。左侧第一排竖印“财经委主任”，第二排竖印“黄松坚”手写体签名，下端钤盖篆书“黄松坚”红色小方印。左下侧印有“No”。

伍角券【图二】。横式，票面尺寸为100×60毫米。色调为红/黑色，周边有花纹框，主图案是三人渔猎。券面上端右至左印有“粤赣湘边人民流通券”字样，左右上角印有“5”字样。左侧楷书竖印“伍角”

图一

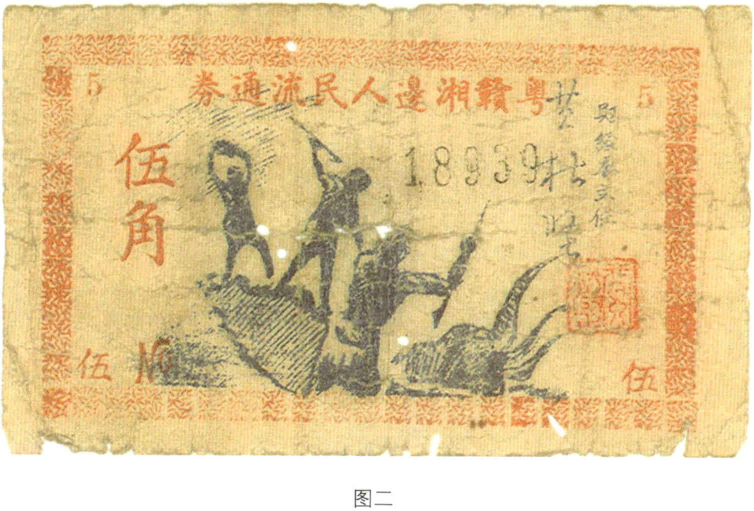

图二

字样。右侧第一排竖印“财经委主任”，第二排竖印“黄松坚”手写体签名，下端钤盖篆书“黄松坚”红色小方印。左下侧印有“No”。左右下角印有“伍”字样。

壹圆券【图三】。竖式，票面尺寸为60×132毫米。色调为紫/黑色，周边有花纹框，主图案是大树下牲畜拉车。券面上端右至左印有“粤赣湘边人民流通券”字样，券面中间印有“壹圆”二字。下端右侧第一排竖印“财经委主任”，第二排竖印“黄松坚”手写体签名。左侧钤盖篆书“黄松坚”红色小方印。券面最下端分别印有流通券号码和印制年份“1949”。

图三

伍圆券【图四】。横式，票面尺寸为130×61毫米。色调为蓝/黄色，主图案是帆船。券面上端右至左印有“粤赣湘边人民流通券”字样，左右上角印有“伍”字样，券面左侧自上而下印有

“5”“1949”和“伍圆”字样。因系残票，推断右侧第一排竖印“财经委主任”，第二排竖印“黄松坚”手写体签名，第三排钤盖篆书“黄松坚”红色小方印。右下端印有流通券号码。

拾圆券【图五】。横式，票面尺寸为135×63毫米。色调为黄/蓝色，周边有花纹框，主图案是农民犁地。在田野上，一人扶犁，一马在前

图四

图五

面，近旁有三棵高大的树木，画面简单，线条生动。券面上端右至左印有“粤赣湘边人民流通券”字样，左右上角印有“10”字样，券面左侧自上而下印有“10”“1949”和“拾圆”字样。右侧第一排竖印“财经委主任”，第二排竖印“黄松坚”手写体签名，第三排钤盖“黄松坚”红色小方印。右下端印有流通券号码。

粤赣湘边人民流通券因为受到印制条件的限制，采用木刻版双色油印，设计简单，线条粗犷，图案主要是表现边区百姓开展生产和生活的场景，吸收传统民间设计，极具广东、江西、湖南地方特色。

这套券名为“粤赣湘边人民流通券”，即发行指导机构为粤赣湘边区委员会和粤赣湘边纵队司令部。解放战争时期，粤赣湘边区是革命游击区，范围包括广东北部、东部和珠江三角洲部分地区，以及赣南、湘东南地区。

1948年12月下旬至1949年1月中旬，为贯彻在解放战争期间“建立巩固的大块根据地，把游击战争推向新的阶段”的指示，粤赣湘边区党委召开第一次全体会议。1949年1月，中国人民解放军粤赣湘边纵队成立，林平（又名尹林平）为司令员兼政治委员，黄松坚为副司令员，左洪涛为政治部主任。

1948年12月15日，粤赣湘边区委员会正式成立，主要任务是统一领导粤赣湘边区各地党组织，广泛开展游击战争，反击国民党反动派的进攻，建立巩固的战略基地，为野战军南下解放广东全境奠定基础。林平担任书记，副书记为黄松坚、梁威林。下辖江南、江北、九连、滃江、五岭和珠江三角洲6个地委。1949年12月，粤赣湘边区委员会撤销。

1949年，中共中央华南分局在《华南解放区财经工作纲领草案》中指出，为加强财经工作领导，各级党特设财经委员会，任务是：1. 建立本区财经制度及机构。2. 根据当地情况，有计划有步骤地执行中央财经政策。3. 培养财经干部[①]。

1949年4月，粤赣湘边党委根据革命战争的发展形势和斗争需要，成立财经委员会，由左洪涛和黄松坚担任正副主任。下属各地委分别设立3—5人组成的财经小组，由地委1名常委参加，业务直接由区党委领导。在极端艰苦的条件下，粤赣湘边财经委的建立，对维持根据地正常的财经状况、满足战争的基本需求，起到了十分重要的作用。

粤赣湘边人民流通券正式面世于1949年8月16日，大约流通时间4个月。

1949年8月，粤赣湘边全区各县城和主要市镇相继解放，而且和闽粤赣边区连成一片，各种物资交流和市场交易日趋扩大和发展。边区县区之间多以谷米作为贸易媒介和流通手段，既影响物资交流，又给广大群众带来不便。为了适应市场急需和顺应人民的要求及有利于部队补充给养，粤赣湘边纵队司令部决定发行粤赣湘边人民流通券。

1949年8月14日，粤赣湘边纵队司令部政治部发行粤赣湘边人民流通券布告（“经”字第零零一号），内容如下：

本区各县城及重要市镇相继解放，地区广阔，交通便利，而我华南人民银行之人民券一时尚未发行，以致商场交易，货物买卖，诸多不便。本队为适应各地人民需要及繁荣市场，自十六日起发行粤赣湘边人民流通券，票面分十元、五元、一元、五角、二角等五种，在本解放区作为缴纳税款，商场买卖及私人一切收支之用，一律十足行使。一俟华南人民银行人民券发行后，当按值收回。凡我各级党政军民等，对此人民流通券应予确实保护，通行无阻，如有拒用歧视或乘机

① 中央档案馆、广东省档案馆编：《中共中央华南分局文件汇集1949.4—1949.12》，1989年，第439页。

抬高物价，投机取巧，扰乱金融者，一经查获，定予严惩不贷，切切此布。

布告中的华南人民银行即南方人民银行。布告详细解读了粤赣湘边人民流通券的发行背景、五种面值、性质用途，以及保证顺利流通的措施等。

因为国民党当局的银圆券和金圆券被逐出市场，粤赣湘边区各地以谷米作为交换媒介，不便之处很多。一方面，加重了商户店铺的商品成本，导致物价上涨；另一方面，在交易过程中谷米损耗也很多，故社会各界尤其是商人均盼望政府早日发行纸币。所以，粤赣湘边人民流通券面世之后，得到了广大群众的一致拥护和信赖，大家争相到财经委员会要求兑换。

粤赣湘边人民流通券发行一个月后，敌对势力伪造假券，企图扰乱市场。为保护人民群众的经济利益，政府决定停止大面值流通券，只可使用辅币券。1949 年 9 月 26 日，中国人民解放军粤赣湘边纵队司令部政治部发出布告，指出立即停止使用拾圆、伍圆、壹圆面值的流通券。

1949 年冬，广东解放，南方人民银行改组为中国人民银行华南区分行，广东全境使用第一套人民币，华南地区的各种钞券陆续被回收。粤赣湘边人民流通券与第一套人民币兑换的比价为 1∶250，即 1 元粤赣湘边人民流通券兑换人民币 250 元。至此，粤赣湘边人民流通券完成自己的历史使命，退出流通领域。

粤赣湘边人民流通券的发行用途，主要是作为机关、部队的经费，收兑金银和外币，发放抵押贷款等。在解放战争时期，粤赣湘边人民流通券可以说是功不可没，为广东全境和全华南地区的解放和开展生产生活建设提供了充足的经费保障。

赤币档案

黄松坚（1902—1986），广西巴马人。1924 年在家乡历任农运特派员、农军总队长、三南农军第三路军司令。1929 年 8 月加入中国共产党。1937 年 8 月，到延安中央党校学习。1938 年，到广东工作。1939 年 7 月，任北江特委书记。1949 年 1 月，任中国人民解放军粤赣湘边纵队副司令，领导九连、江北、五岭、赣南、湘南地区的游击战争。1949 年后，任中共中央华南分局组织部部长、委员会书记。1954 年 4 月，任广西人民政府委员、民政厅厅长、全国政协委员、中南民族事务委员会委员等职。1961 年后，任广西政协副主席。

海岛扬威：
琼崖临时人民政府光银代用券

琼崖革命是中国革命的重要组成部分，以“武装斗争二十三年红旗不倒”而闻名于世。在中国革命精神体系中，党在领导琼崖革命过程中所形成的革命精神是一朵奇葩，以其独特的风采和精神风貌镌刻了中国新民主主义革命史上的光辉篇章。

由于斗争残酷和地理环境的特殊性，琼崖根据地始终没有建立银行。为巩固根据地，提供革命斗争物质保障，据资料记载，琼崖根据地在全面抗日战争和解放战争时期，先后共发行过 5 种面值的光银代用券，其中 1949 年琼崖临时人民政府发行有五分、壹角和五角 3 种面值光银代用券。

每种琼崖临时人民政府光银代用券的设计风格和版式特征具体如下：

五分券。竖式，票面尺寸为 37×75 毫米。正面【图一】色调为蓝色，四周有传统的花纹装饰图案，上端正中自右至左印有两排字，第一排“琼崖临时人民政府”，标明发行机构；第二排“光艮（银）代用券”，表明票券性质。中间竖写“五分”两个大字，代表面值。下端加盖红色的印制号码。背面【图二】色调亦为蓝色，四周也有传统的花纹装饰图案，上方为一支稻穗。下方自右向左两列，印有“冯白驹”“何浚”的手写体签名。其下印有年代“1949”。

壹角券。竖式，票面尺寸为50×112毫米。正面【图三】色调为棕色，四周有传统的花纹装饰图案，上端正中自右至左印有两排字，第一排“琼崖临时人民政府”，标明发行机构；第二排“光艮（银）代用券”，表明票券性质。中间竖写“壹角”两个大字，代表面值。下端加盖红色的印制号码。四角均印有空心五星，五星内有“一角”二字。背面【图四】色调为浅灰色，四周也有传统的花纹装饰图案，上方为一妇女手握稻穗图案，下方自右至左两列，印有手写体“主席冯白驹”“副主席何浚”字样。四角半弧内均印有阿拉伯数字“1”。

五角券。横式，票面尺寸为124×55毫米。正面【图五】色调为赭色，四周有传统的花纹装饰图案，上端正中自右至左印有两排字，第一排“琼崖临时人民政府”，标明发行机构；第二排“光艮（银）代用券”，表明票券性质。左侧为稻穗圆圈图案，图案里面竖写“五角”两个美术字，代表面值。右端自右至左两列，印有“冯白驹”“何浚”的手写体签名。正中为斜线组成的五角星上半部，下面印有年份“1949”。四角均印有“五角”二字。背面【图六】色调为淡普蓝色，四周也有传统的花纹装饰图案。正中为长方“亚”字形和几何纹饰图案，图案中间加盖红色的印制号码。四角空心花朵内均印阿拉伯数字“5”。

琼崖临时人民政府是该套代用券的发行机构，它是解放战争时期，党在海南岛琼崖地区建立的民主政权，其前身是抗战时期琼崖东北区抗日民主政府。1948年，改称琼崖临时民主政府。1949年，因人民政权已迅速扩大与普遍，解放海南岛全境，消灭反动派势力已指日可待。为了迎接解放战争的胜利，为与全国人民政府名称相统一，1949年7

琉崖臨時人民政府
光民代用券
五分
B66473

图一

冯白駒
何濬
1949

图二

琉崖臨時人民政府
光民代用券
壹角
B160374

图三

主席冯白駒
副主席何濬

图四

图五

图六

月 13 日，琼崖临时民主政府发出政第 1 号“训令”，将琼崖临时民主政府改称为琼崖临时人民政府，主席冯白驹，副主席何浚。临时人民政府下辖东区、西区、南区、北区专员公署和琼崖少数民族自治区行政委员会。1950 年 5 月，海南军政委员会成立，琼崖临时人民政府撤销。

券面手写体签字的“冯白驹”和“何浚”二人，当时分别担任琼崖临时人民政府正、副主席，故代用券上印有二人签名，以维护币券信用。

1946年6月底，全面内战爆发后，琼崖解放区在国民党军队的大举进攻和反复“清剿”之下，经济遭到严重破坏。因此，在坚持自卫战争的同时，领导解放区人民进行经济建设，发展生产，搞好商业贸易，做好财税工作，打破敌人的经济封锁，成为琼崖党组织和民主政府的重要任务。1947年10月20日至11月30日，琼崖独立纵队在白沙县第二区红毛下乡便文村（今属琼中县什运乡）召开了广东省琼崖游击队独立纵队第一次全军代表大会。为加强部队建设，提高部队战斗力，冯白驹在大会报告中提出“建立后勤部门，加强经济给养、卫生、军需生产的工作，解决我军各种困难”。

当时，国民党当局印发的各类纸币广泛流通于琼崖境内，由于超额滥发，引起币值狂跌、物价飞涨。1947年1月，为促进五指山革命根据地内的商品交流，遏制物价上涨，琼崖临时民主政府就曾授权大众合作社发行临时光银代用券。因为有大众合作社物资作为后盾，故这种代用券信用较高，在五指山革命根据地一直流通使用。

1949年4月，市场上发现了伪造的大众合作社印制的光银代用券。为保护广大群众的利益，5月24日，琼崖临时民主政府发出布告宣布停止使用代用券，并限于6—8月三个月内由各级政府负责以光洋兑换收回。

为防止解放区内的银元外流，方便商业交易，适应解放战争发展的需要，琼崖临时民主政府决定发行新的光银代用券。为说明发行代用券的原因，代用券的职能、面值等，以保证代用券的顺利发行，提高根据地货币的信誉，政府于6月1日特发布“民”字第二号布告《关于印发光银代用券的决定》，同时颁布《发行光银代用券条例》及《伪造光银代用券治罪暂行条例》。

《发行光银代用券条例》内容如下：

一、本府鉴于国民党反动卖国政府行将灭亡，其所发行之纸币，已被人民摈弃，变为废纸。兹为便利人民交换贸易，解决人民经济生活困难，特因时制定，暂发行光银代用券，由本府主席及副主席签名盖章发出。

二、光银代用券系光银辅币，限在琼崖行使，是地方性临时性的纸币，一俟全琼解放，正式纸币行使，当即收回。

三、光银代用券印发壹分、壹角、伍角三种，均按照票面，当光银十足行使，一切商民不得歧视，不得折扣。违者按情处罚。

四、光银代用券，均照票面计算，每十角兑换光银壹元，各县民主政府，均可兑现。

五、凡一分、一角、五角之光银代用券，均有其特别标志，不许有模仿伪造等行为，违者必予严惩，惩罚办法另定之。

六、一分、一角、五角三种光银代用券之样本，均随布告附贴，希望商民人等，精细辨识。

七、本府发行之一分、一角、五角三种光银代用券，自民国三十八年六月一日起一律行使。

八、本条例有未妥善处，由本府修改公布施行。

通过这份条例，我们可知琼崖临时民主政府对光银代用券的定位是地方性临时性货币，作为银元的辅币参与流通。最初设计的面值有壹分、壹角、五角三种。

为保证光银代用券的印制工作顺利进行，特别设立制币室，由吴伯熙担任主任一职，配备有五六名工作人员。代用券上的图案由教育厅长吴乾鹏设计，制币室严格管理代用券的印制，在代用券的票面尺寸、纸张、正反面花纹、图案、字迹、颜色等方面都做到有防伪特点。

1949年7月28日，为进一步提高光银代用券的信用和促进新版代用券的流通，琼崖临时人民政府以主席冯白驹和副主席兼财政厅厅长何浚的名义发布“民”字第三号布告。布告内容主要是说明光银代用券发行的原因，指出新发五角券的基本式样、壹角券的设计变化。另外，布告还鼓励广大群众发现伪券后及时上报。

布告主要内容如下：

国民党反动政权，已土崩瓦解，伪金圆券早已变成废纸，因而一切商民交易陷于停滞。本府为适应广大人民生活之需求，与畅通农村城市经济交流起见，曾经布告以本府名义，用正副主席署名，印发一角、五角票面光银代用券，以利人民交易。惟经已发出普遍行使者，仅一角票面代用券。至五角票面代用券，今才印就，这种五角票面代用券，决定从本年八月一日起开始发行普遍行使，其正面是赭色，背面是淡普蓝色，正背面式样，兹随布告张贴于右，用资识别。

又本府名称已公布改为“琼崖临时人民政府”，故印发的光银代用券上面所印之本府名称，亦是“琼崖临时人民政府”，不再是民主政府。另为简便计，今从B字头号码起，一角票面代用券之下行号码，将其删去，背面之琼崖临时民主政府篆体方形红印，亦行省除，合并布告周知。

凡我琼各界同胞，务宜辨别真伪，倘发现有伪造、仿造等混乱金融行为者，应即具报当地人民政府，严加究办，切切。

五角代用券在市场流通后，社会上出现伪券，琼崖临时人民政府当即领导群众开展反假币斗争，发布《关于辨别真伪光银代用券》的“民”字第五号布告，教授群众掌握五角券的辨伪方法，并对拘获和举报伪造分子的群众分别给予光银150元和100元的奖励。

琼崖临时人民政府原计划要发行壹分券，后为适用商品交易的实际需要，改为发行五分券。为此，琼崖临时人民政府在1950年1月21日发布《取消印发壹分代用券，另发行光银伍分票面代用券》的“民”字第六号布告，布告内容如下：

> 本府为适应广大人民生活需要，确保城乡经济交流，发展生产，繁荣经济，曾经布告以本府名义，用正副主席署名印发光银伍角、壹角、壹分票面代用券三种。惟经已印发出普遍行使各城乡者，仅光银伍角、壹角票面代用券两种，而光银壹分票面代用券，尚未印发行使。现为适合各界同胞买卖交易之便起见，故将前所决定印发壹分票面代用券取消，另行印发光银伍分票面代用券行使。此种光银伍分票面代用券，则自布告之日起，开始发出普遍行使。并随布告张贴该代券正背面式样，以资识别。务我琼各界同胞注意。

综上所述，琼崖临时人民政府发行的代用券有五分、壹角、五角三种，分三批印发。第一批代用券面值为壹角，于1949年6月1日起发行，每拾角兑换光银壹圆；第二批代用券面值为五角，7月28日起发行；第三批于1950年1月21日起发行，取消原计划印发的壹分代用券，改发行五分代用券。

此次发行的代用券，在琼崖革命根据地普遍流通使用，直到1950年7月23日停止流通。据琼崖临时人民政府制币室1949年10月报告，当时制币室保管有银元44274元，这一数字早已超过当时代用券的发行额。由于代用券准备金充足，因而信用很高，对于促进根据地生产建设，稳定根据地社会经济，繁荣商品交易，排挤国民党当局货币，防止银元外流等起到了重要作用。

1950 年 4 月 10 日，琼崖临时人民政府就发出《公布行使人民币》的第七号布告，要求“以人民币为通用货币，在全琼范围内普遍行使”，并规定了银元与人民币的比价。海南岛全境解放后，海南军政委员会于 1950 年 7 月 23 日再次发出通告，宣布光银代用券停止使用，规定于 8 月 30 日前，人民群众存留的琼崖临时人民政府发行的光银代用券按中国人民银行海南分行的牌价，1 元折合人民币（第一套人民币）11500 元的比价收兑。至 1951 年底，人民币已全面地占领了海南岛货币流通领域。

革命战争年代，琼崖共产党人坚韧不拔，独立自主地创造了传奇色彩的琼崖革命精神。琼崖临时人民政府光银代用券的印制和流通，生动地再现了共产党人坚持孤岛奋战、进行艰苦卓绝武装斗争的场景；昭示了解放战争时期琼崖人民为理想信念不惧牺牲、不懈奋斗、自立自强的革命精神。

赤币档案

冯白驹（1903—1973）原名裕球，曾用名继周、布文。海南琼山县（今琼山市）云龙乡长泰村人。1926 年 9 月加入中国共产党。曾任中共琼崖特委书记、琼崖抗日独立纵队司令员兼政委、中国人民解放军琼崖纵队司令员兼政委、琼崖临时人民政府主席、海南军区司令员兼政委、海南行政公署主任、广东省委书记和副省长、浙江省副省长等职。

国家名片的诞生：
揭开首批面世的人民币之谜

1948 年 12 月 1 日，在千呼万唤、众人翘首企盼中，中国人民银行在河北石家庄正式挂牌成立。同一天，第一套人民币首批伍拾圆券在河北省平山县正式对外发行。接着，人民银行又在石家庄市场投放贰拾圆券、拾圆券两种。我们将这三种面值的券别称为首批面世的人民币。

大家都知道，印制钞票需要设计、制版、印刷等环节，过程极其烦琐，需要提早准备。那么，首批面世的人民币是谁设计的？在哪里印制的？为什么在那里印制？这其中又有哪些曲折动人的故事呢？

第一套人民币的发行是和解放战争的胜利推进紧密相关。1947 年，经过一年多的战争，人民解放军取得了一系列重大胜利。随着各解放区的不断扩大和巩固，彼此间的经济金融活动越来越紧密。原来的各区域货币不能适应形势发展的需要，成立统一的银行、发行统一的货币已迫在眉睫。

当时在河北平山主持中央财经工作的董必武，积极推进创建全国统一性的银行和发行统一的钞票工作。早在 1947 年春天，晋察冀、晋冀鲁豫、陕甘宁和华东等解放区代表就齐聚河北武安县冶陶镇，参加华北财经会议。会议指出，目前财政经济工作的首要任务，就是要保障长期战争的军需供给。1947 年 8 月 1 日，董必武拟定并上报给中央《华北财经办事处组织规程》，其中在第三条华北财办的任务中，第五项是“筹建中央财政及银行”。15 日之后，即 8 月 16 日，该组织规程即获中央批准。于是，董必武率领华北财经办事处开始酝酿筹建中央银行，并着手考虑新钞票的设计和印制问题。

首批面世的人民币是指定由晋察冀边区印刷局印制完成的。

综观各解放区的印刷局，晋察冀边区印刷局的印钞设备是比较好的。该局有大量胶印机，生产规模也很大，建立时间较长，印刷和制版经验丰富，它印制的晋察冀边区银行“边币”，从式样、色彩、质量等方面都很过硬。

1947 年 9 月，董必武在南汉宸的陪同下，亲自到位于阜平南峪村的晋察冀边区印刷局进行实地考察，首先听取局长王文焕的工作汇报，然后走访每一个车间，详细了解该局的造纸、印刷设备、票版设计、制版技术、生产能力及生产完成情况等，为新币的印制做好充分调研准备。董必武鼓励印刷局全体干部职工要努力工作，支援解放战争，这对印刷局职工完成生产任务、设计人民币的票版，起到了很大的推动作用。而且通过这次视察，董必武对印制新中国的中央银行统一钞票有了更进一步的设想。

1947 年 10 月 2 日，因印钞需要，董必武致电中央拟定银行的名称为“中国人民银行”。8 日，中共中央回电同意使用“中国人民银行”作为中央银行的名称。遵照党中央指示，董必武主持完成了中国人民银行筹备处的准备工作，南汉宸任主任，同时从晋察冀边区银行、山东根据地等征调经验丰富的人员，负责组织并筹划新币的票版设计工作。董必武与南汉宸共同商定了新币的几种版面、主要面值及设计图案的准备、制版选样、选定纸张等问题。因为董必武的楷书写得潇洒漂亮，于是南汉宸邀请他题写了钞票上“中国人民银行”六字行名和面值数字。

晋察冀边区印刷局接到印制人民币的任务后，非常重视。王文焕局长负责组织，经验丰富的票版设计师王益久和沈乃镛负责人民币各种版别的票面设计，其中王益久设计正面，沈乃镛设计背面。两人配合默契，相得益彰，是当时各解放区印制部门中艺术水平最高的票版设计师。尤其是王益久，艺术水平非常高超，曾先后参与设计晋察冀边区银行纸币、冀热辽版纸币、中州农民银行纸币、西北农民银行纸币等。新中国成立之后，王益久和沈乃镛作为中国人民银行第一印制局的主要设计师，先后参与了第二、第三套人民币图案的设计。

1947 年 11 月，晋察冀边区印刷局将设计出的几种版别的票样画稿送到南汉宸处，并呈董必武审定。董必武立即电报党中央。当时毛泽东正在转战陕北的途中，毛泽东得知票样上印有他的头像后，致电董必武，表示不同意这样做。他说：“票子是政府发行的，不是党发行的。我现在是党的主席，不是政府主席，因此票子上不能印我的像。”综合中央和各方意见，董必武最后指出，既然银行是人民银行，那钞票设计要体现人民性质，票券图景要反映解放区工农业生产的情景，正面和背面，除必要外，一律用中文，不用英文，现有票券需重新设计。而后，南汉宸派人到到印刷局传达中央及董必武的指示，同时，将董必武为中国人民银行题写的行名、面值大写文字及纪年文字一并送来。该字为柳体楷书，文字书写得端庄秀丽、美观大方。

为贯彻落实指示精神，王文焕立即召集设计人员重新开始人民币票券的设计修改工作。王益久和沈乃镛新设计出的拾圆元券正面图案【图一、图二】为水车灌溉和矿厂；贰拾圆券正面图案【图三、图四】为农夫与驮驴和火车站；伍拾圆券正面图案【图五、图六】为毛驴水车和矿山工厂，都是反映工农业生产的。同时，边区政府财政处也派

图一

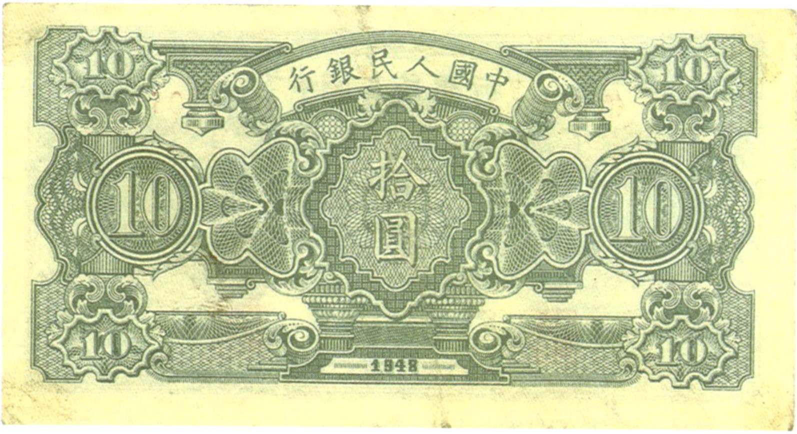

图二

人准备印钞用纸及油墨等材料，先后在冀中、山东等地征调大批模造纸和道林纸，为人民币的印制准备了丰厚的物资基础。

石家庄解放以后，晋冀鲁豫和晋察冀边区合并，组成华北人民政府，董必武任主席。同时，冀南银行和晋察冀边区银行合并组成华北银行，南汉宸任总经理。1948 年 9 月，董必武主持召开华北财经委员

图三

图四

会第一次会议，会议决定："人民银行券定于明年1月1日发行。今年三个月为准备阶段。在印刷上力求精美，防止造假。由南（汉宸）起草一个关于发行人民银行券指示，内容着重号召人民予以支持，注意稳定物价金融，避免波动，防止假票，与蒋币斗争等。"

1948年10月3日，中共中央发出关于印刷新币通知："决定中

图五

图六

国人民银行新币……委托华北、华东印刷十元、五十元、一百元新币，尽可能于年前完成五十亿元。印刷必须力求精细，应由中国人民银行派员负责检查票版、票纸，切勿粗制滥造，以防假票流行。”此时，晋察冀边区印刷局已改为华北银行第一印刷局，按照华北银行总经理南汉宸的指示，为保证新币的如期发行，第一印刷局的广大干部职工全力以赴地投入到赶制印版和印制人民币的工作当中。

印制首批人民币，任务光荣，责任巨大！为圆满完成任务，印制局的工人夜以继日地忘我工作。此时，又恰巧碰上连阴雨天气，房间积水严重，工人们就赤脚站在水里干活儿。因为漏雨，印刷局专门安排工人打着雨伞遮挡机器和印钞纸。首批人民币就是在如此艰苦的条件下印制完成的。

华北银行第一印刷局印制的首批人民币新币券别，有拾圆、贰拾圆、伍拾圆三种面值，均为横式。拾圆券，票幅尺寸为 121×63 毫米，正面主色调为浅绿 / 深绿，背面图案为花符，背面主色调为蓝 / 绿，石印四色印刷。贰拾圆券，票幅尺寸为 121×64 毫米，正面主色调为蓝 / 绿 / 咖，背面图案为花符，背面主色调为紫 / 红，胶印四色印刷。伍拾圆券，票幅尺寸为 133×69 毫米，正面主色调为浅蓝 / 红黑，背面图案为花符，背面主色调为黄棕，胶印五色印刷。票券正面下端加盖“总经理章”“副经理章”小型方章，红色，篆书。因为是战时货币，年号采用了公元纪年和民国纪年两种方式，正面印有“中华民国三十七年”字样，背面印有“1948”字样。

首批人民币刚刚印出，董必武立即将票样送到党中央驻地——西柏坡，面交毛泽东审阅。这一张张散发出淡淡油墨香气的钞票，是人民政权自己的统一货币，由我们独立设计和印制，看着手中崭新的钞票，两位革命家心中感慨万千！

1948 年 12 月 1 日，华北人民政府和中国人民银行分别发布“布告”

和“通告”，宣告成立中国人民银行，12月1日发行中国人民银行票——“新币”（人民币），作为华北、华东、西北三区的本位货币，并在以后以人民币统一其他各解放区的货币。

随着解放战争的胜利推进，在隆隆的炮声中，人民币开始在解放区广泛流通。沈阳、天津、北平等大城市相继解放后，人民币的印制工作开始由农村转入城市。中国人民银行接收接管旧金融机构后，迅速利用国民党当局遗留下来的印钞设备大量赶印人民币。据统计，1949年以前，印制第一套人民币的有东北银行工业处所属佳木斯印刷厂、沈阳造币厂、华北银行第一印刷局、华北银行第二印刷局、华北银行第三印刷局、苏北印钞厂等；1949年之后，京、津、沪印钞厂，汉口、重庆印钞厂以及上海、北京的委托印刷协作厂等共21个印刷厂。

人民币的发行，与之前各解放区的各种货币一样，并不是以金银为发行基金，而是以粮食、布匹、棉花以及其他生产和生活必需品为发行基金。为了保证人民币的顺利发行，巩固其信用，政府做了大量工作，组织力量通过开会、黑板报、广播等各种方式，向群众进行广泛的宣传解释，说明发行人民币的意义，号召广大群众使用人民币、爱护人民币，宣传重点放在城镇和集市，然后向农村普及。

中国人民银行钞票的发行，使各解放区的货币得到逐步统一，加强了对敌经济斗争的力量，给国民党反动派以致命的打击，加速了解放战争的胜利进程。

赤币档案

南汉宸（1895—1967），山西赵城（今洪洞县）人。1926年10月加入中国共产党。他曾担任杨虎城的秘书长，从狱中智释刘志丹同志，西安事变暴发后，协助周恩来同志处理事变后的事宜。1939 年 9 月到延安，被任命为中共中央统战部副部长，负责日常工作。1941 年 2 月，毛泽东在杨家岭召见了南汉宸，委任他为陕甘宁边区政府委员兼财政厅厅长，6 月任中共中央财政经济委员会委员。面临国民党对延安实行封锁禁运的局面，他受命于危难之际，以出色的运筹与决策，在最艰难的环境下解决了延安 7 万多人的穿衣吃饭问题。

1945 年冬季，南汉宸被任命为晋察冀边区政府财政处处长。1947 年，率领晋察冀代表团去河北武安县冶陶镇出席董必武主持召开的华北财经会议，任华北财经办事处副主任，负责筹建解放区银行。1947 年 10 月，根据中央指示，华北财办成立“中国人民银行筹备处”，南汉宸任筹备处主任。1948 年 4 月，与董必武一起在石家庄组织召开华北金融贸易会议。7 月，任华北银行总经理。8 月，任华北人民政府委员。12 月 1 日，中国人民银行正式成立，发行统一的人民币，南汉宸被任命为总经理。而后，他组织力量，接收接管天津、北平、上海等城市的财政和金融机构。为稳定物价，在一些地区试行折实储蓄，负责筹建中国人民保险公司。1949 年 10 月，中央人民政府委员会召开第三次会议，南汉宸被任命为中国人民银行行长。1950 年 6 月，当选交通银行常务董事。1952 年，中国国际贸易促进委员会成立，南汉宸任主席。1954 年 9 月，被推选为全国人大常委会委员。

南汉宸是中国人民金融事业的创建人之一，从 1948 年至 1954 年，他在中国人民银行行长的岗位上工作了 6 年，进行了一系列卓有成效的工作，为新中国构建了一个完整的金融体系。

后 记

每一件革命文物都讲述着一个故事，见证了一段历史，折射出一种精神。红色货币是革命文物的一个重要组成部分，在设计、印制、发行和流通过程中留下许多可歌可泣、感人肺腑的故事，这些事迹都被如实地记录在每枚钱币上。

2011 年，因为策划组织“红色金融历史展”，我开始着手梳理红色金融和红色货币发展的历史脉络，不断拓宽自己的研究领域，深度挖掘每枚红色货币的历史内涵。依托中国钱币博物馆丰富的馆藏品，结合史料，将看似静止的一张张纸币、一枚枚铸币充分地激活，并将它们与当时的革命实践活动紧密结合。本书介绍的红色货币很有特点，具有典型性，而且，为了宣传红色政权的经济建设，适当地收录了一些股票和债券。本书不是以学术著作风格写成的，而是采用了科普风格，目的在于使内容更具可读性。

本书在撰写过程中，得到了中国钱币博物馆领导和同事的鼓励与支持，书中钱币图片除特别说明外均为博物馆藏品；在出版过程中，得到了中国工人出版社吕静、刘广涛等同志的积极帮助，在他们的努力下，本书才得以付梓问世。在此，一并致以最诚挚的谢意。

王纪洁

2022 年 11 月